Hausbock

Richard Auer, Jahrgang 1965, studierte Diplom-Journalistik an der Katholischen Universität Eichstätt und hielt der Stadt auch danach die Treue. Mit seiner Frau und drei Söhnen wohnt er mitten in der barocken Altstadt. Seit zwei Jahrzehnten arbeitet er als Lokalredakteur beim »Eichstätter Kurier«. Im Emons Verlag erschienen »Vogelwild«, »Walburgisöl« und »Teufelsmauer«.
www.autorenwerkstatt-auer.de

Dieses Buch ist ein Roman. Handlungen und Personen sind frei erfunden. Ähnlichkeiten mit lebenden oder toten Personen sind rein zufällig.

RICHARD AUER

Hausbock

OBERBAYERN KRIMI

emons:

Bibliografische Information der Deutschen Nationalbibliothek
Die Deutsche Nationalbibliothek verzeichnet diese Publikation in der Deutschen Nationalbibliografie; detaillierte bibliografische Daten sind im Internet über http://dnb.d-nb.de abrufbar.

Cäcilienstraße 48, 50667 Köln
info@emons-verlag.de

Umschlagmotiv: Heribert Stragholz
Umschlaggestaltung: Tobias Doetsch
Druck und Bindung: Books on Demand GmbH, Norderstedt
Printed in Germany
Erstausgabe 2012
ISBN 978-3-89705-958-0
Oberbayern Krimi
Originalausgabe

EINS

»Wo bleiben die Kinder bloß?« Mike Morgenstern hatte sich ein Bier aufgemacht und sich auf einen gemütlichen Samstagabend gefreut. Doch mit der Ruhe wurde es nichts. »Verdammt noch mal, Fiona, jetzt ist es schon acht, und die beiden sind immer noch nicht zu Hause.«

»Du brauchst gar nicht so rumzufluchen. Wie oft soll ich es dir denn noch erklären? Ich hab ihnen gesagt, sie müssen um sieben Uhr da sein.« Fiona schaute auf ihre Armbanduhr. »Sie sind gegen vier mit den Fahrrädern und dem Fußball los. Zum Bolzplatz an der Altmühl Richtung Rebdorf.«

»An der Altmühl …«, sagte Morgenstern, und hörte selbst, dass seine Stimme ein wenig zu schrill klang.

»Mike, du weißt ganz genau, dass Marius und Bastian gut schwimmen können. Marius kann's inzwischen sogar besser als du. Sie werden halt die Zeit vergessen haben. So etwas passiert am Bolzplatz schon mal.« Sie strich ihm über den Kopf. »Reg dich bitte nicht auf.«

Doch Mike Morgenstern, Kriminaloberkommissar bei der Kripo in Ingolstadt, regte sich auf. Wie ein Tiger im Zoogehege ging er in der Küche auf und ab, schaute jede Minute auf die Uhr oder blickte durchs offene Wohnzimmerfenster auf die Straße hinab in der Hoffnung, dass seine beiden Söhne endlich auftauchten, verschwitzt vom Fußball und Radfahren und erfüllt vom schlechten Gewissen, das der Vater mit einer tüchtigen Gardinenpredigt noch ein bisschen größer machen würde.

»Na, ihr kommt mir mal nach Hause!«, schimpfte er leise vor sich hin und schaute wieder auf die Uhr. »Wenn sie in zwei Minuten nicht da sind, fahre ich zum Bolzplatz und ziehe sie eigenhändig an den Ohren nach Hause.«

»Geht's dir noch gut?«, fragte seine Frau.

»Ich mach mir halt Sorgen«, gab Morgenstern zu. »Ich habe genug Phantasie, um mir alle möglichen schrecklichen Dinge auszumalen. Vergiss nicht: Ich bin bei der Kripo.«

»Jetzt mal nicht gleich den Teufel an die Wand«, sagte Fiona.

»Die Jungs sind sieben und neun Jahre alt. Die passen schon auf. Sie steigen zu keinem Fremden ins Auto, nehmen von niemandem vergiftete Schokolade an, fahren immer brav auf dem Radweg und setzen sogar die Helme auf. Was soll da passieren?«

Demonstrativ begann Fiona, Wasser ins Spülbecken der Küchenzeile einzulassen. Mit viel Geklapper wusch sie ein paar Teller und Töpfe ab, im Bemühen, häusliche Normalität zu verbreiten. Morgenstern nahm brav ein Geschirrtuch vom Haken und trocknete die Teller ab. Doch schon der zweite glitt ihm aus den Händen, fiel auf den gefliesten Boden und zerbrach mit lautem Knall in mehrere Teile. Entnervt begann er, mit Schaufel und Besen die Scherben zusammenzukehren.

»Scherben bringen Glück«, sagte er dabei, aber aus seinem Mund hörte es sich mehr wie eine Verwünschung an. »Sie sind noch zu klein, als dass sie sich dauernd draußen rumtreiben dürfen, noch dazu ohne Handy, mit dem man sie ein bisschen unter Kontrolle hätte«, haderte er halb mit sich und halb mit Fiona, während er die Scherben in den Mülleimer warf. »Andere Kinder sitzen um die Zeit vorm Fernseher oder machen ein Computerspiel oder solche Sachen.«

Fiona klapperte aufgebracht im Spülbecken. »Denk mal an deine eigene Kindheit. Ich möchte gar nicht wissen, was ihr da alles getrieben habt, damals in Nürnberg.«

»Das waren andere Zeiten, das lässt sich mit heute gar nicht vergleichen«, beharrte Morgenstern und dachte an verwilderte Grundstücke, an Bombentrichter am Stadtrand und zugewucherte Bunkeranlagen. Einmal hatte einer aus ihrer Bande sogar eine alte Handgranate aus der Pegnitz gefischt. Besser, wenn er Fiona nichts davon erzählte.

Ein reines Wunder, dass sie damals ihre Kindheit alle heil überstanden hatten. In der frommen Bischofsstadt Eichstätt, wo Familie Morgenstern inzwischen wohnte, würde man so viel Glück vermutlich der rastlosen Hilfe der Schutzengel zuschreiben. Es gab nicht viele Städte, in denen den Schutzengeln eine riesige Kirche mitten in der Stadt geweiht war. Morgenstern war bisher immer achtlos daran vorbeigegangen, aber für einen Moment trug er sich nun mit dem Gedanken, er könnte dort, gläubig oder eher abergläubisch, mal eine kleine Kerze anzünden. Nur so für den Fall der Fälle.

»Ich fahr jetzt zum Bolzplatz und suche die Jungs«, sagte Morgenstern entschlossen. »Diese elende Warterei ist ja nicht zum Aushalten.«

»Und wenn sie nicht da sind?«, fragte Fiona. Die Frage blieb unbeantwortet in der Luft hängen.

»Nun fahr schon«, sagte Fiona schließlich, um die bleierne Stille zu durchbrechen. »Jetzt hast du mich mit deiner Nervosität schon angesteckt. Zieh los, ich halte hier die Stellung. Und nimm das Handy mit, damit du mir gleich Bescheid geben kannst, wenn du sie gefunden hast.«

Morgenstern schlüpfte in seine Jeansjacke und verhedderte sich in der Eile im linken Ärmel. »Verdammt, das Ding wird auch immer enger«, schimpfte er.

»Nein, du wirst immer breiter«, korrigierte ihn Fiona und half ihm in die Jacke.

Morgenstern war gerade in der Tür, als das Telefon läutete.

Er wandte sich zum Apparat, sah die Nummer auf dem Display und wurde von einer Beklommenheit erfasst, die ihm den Brustkorb einschnürte.

»Was ist das für eine Nummer?«, fragte Fiona, als sie sah, dass Morgenstern stocksteif dastand und keine Anstalten machte, das Gespräch anzunehmen. »Kennst du die? Sag schon!«

»Das ist die Polizeiinspektion in Eichstätt«, flüsterte Morgenstern. »Die kenne ich auswendig.« Er stöhnte. »Verdammt noch mal, den Jungs ist irgendetwas passiert. Ich hatte gleich so ein schlechtes Gefühl.« Das Telefon läutete beharrlich weiter.

»Jetzt geh schon ran«, sagte Fiona.

»Mach du.« Morgenstern hielt ihr das Telefon entgegen.

»Feigling!«, zischte Fiona und nahm das Gerät. Sie atmete tief durch und hob ab: »Fiona Morgenstern am Apparat.«

Morgenstern sah seine Frau durchdringend an. »Stell auf Lautsprecher«, flüsterte er, doch sie hörte ihn nicht.

»Ja«, sagte sie in den Hörer. »Das sind unsere Kinder. Bastian und Marius.« – »Was sagen Sie da? Das gibt's doch nicht.« – »Ich kann das einfach nicht glauben.«

Morgenstern versuchte vergeblich, aus Fionas Reaktionen schlau zu werden.

»Ja, wir kommen sofort.« – »Aber natürlich, mein Mann kommt

auch mit.« Sie sah Morgenstern von der Seite an. »Genau, der mit den Cowboystiefeln.« – »Ähm, nein, nicht Kriminalhauptkommissar, sondern erst Oberkommissar.« – »Da haben Sie recht, so etwas sollte eigentlich nicht passieren.« – »Also dann, bis gleich, wir sind in fünf Minuten da.«

Fiona legte auf und atmete erleichtert aus. Dann legte sie den Arm um Morgensterns Schulter.

»Was ist los?«, fragte er. »Spann mich nicht auf die Folter.«

»Die Jungs sind in der Polizeiinspektion. Wohlbehalten. Wir sollen sie abholen.«

»Und was ist passiert, was eigentlich nicht passieren sollte?«, fragte Morgenstern. Die Beklemmung in seiner Brust, auf der linken Seite, wie er nun ganz deutlich spürte, hielt unvermindert an.

Fiona schaute erst noch ernst, doch plötzlich lachte sie. »Die beiden Kinder des Kriminaloberkommissars Mike Morgenstern sind von einer Polizeistreife aufgegriffen worden, als sie in ein unbewohntes altes Haus eingebrochen sind. Nachbarn haben die Polizei alarmiert. Unsere braven Buben haben anscheinend mehrere Fensterscheiben eingeworfen.«

»Eingeschossen«, präzisierte Morgenstern, und er fühlte, wie sich die eiserne Klammer um seinen Brustkorb löste und er wieder frei atmen konnte. »Bestimmt haben sie die Scheiben eingeschossen. Mit den Steinschleudern, die ich neulich mit ihnen gebastelt habe. Dabei habe ich ihnen klipp und klar gesagt, dass sie damit nur auf Bäume zielen dürfen. Sie haben mir das ganz fest versprochen.«

»Ach, Mike, du bist manchmal so naiv. Und jetzt lass uns losfahren. Die Kinder warten.« Sie schmunzelte. »Und deine Kollegen auch. Da darfst du dir was anhören. Mir schien, dass sie sich prächtig amüsieren in ihrer Inspektion.«

Der alte rote Landrover röhrte, als sie ans östliche Stadtende, zur Kipfenberger Straße, fuhren, wo sich die Inspektion direkt neben dem weitläufigen Gelände der Bayerischen Bereitschaftspolizei befand. Sie kamen am Leonrodplatz vorbei, einem prächtigen barocken Platz, der mit Autos vollgeparkt war. Morgenstern sah die weiße Fassade der Schutzengelkirche, doch die war ihm nun wieder herzlich gleichgültig, von einem Gedanken an eine Kerze ganz zu schweigen. In der einbrechenden Julidämmerung flanierten Spaziergänger, schlenderten Grüppchen von Studenten der nahen Katholischen Universität, trödelten Fahrradtouristen in aufreizender Gemächlichkeit durch die schmale Ostenstraße. Morgenstern, der eilige Vater, hupte sie ungnädig zur Seite und handelte sich von Fiona dafür einen strafenden Blick ein.

»So pressiert es nun auch wieder nicht«, sagte sie. »Unsere Jungs sind in sicherem Gewahrsam, das steht fest.«

Morgenstern presste die Lippen zusammen und drückte das Gaspedal bis zum Bodenblech durch.

Als sie den Wagen auf dem Parkplatz vor der Inspektion abstellten, sah Morgenstern bereits einen untersetzten uniformierten Kollegen fröhlich aus dem Fenster spähen. Er kannte ihn, wie die meisten Beamten der Eichstätter Landpolizei. Schließlich war er, als er von Nürnberg nach Ingolstadt versetzt worden war, der Volleyballmannschaft der örtlichen Polizei beigetreten, um Anschluss zu finden.

»Das ist der Ludwig Nieberle. Der lacht sich einen Ast«, sagte er finster zu Fiona.

»Jedenfalls können die Jungs dann nichts allzu Schlimmes angestellt haben«, erwiderte sie aufmunternd. »Da musst du jetzt durch.«

Sie läuteten an der Eingangstür, die sich im selben Moment öffnete. Hinter einer dicken Glasscheibe stand feixend der dicke Beamte und winkte sie in einen Besucherraum, vollgehängt mit Fahndungsplakaten, Hinweisen zur Verkehrssicherheit und Werbepostern für eine angeblich glänzende Berufskarriere bei Bayerns Ordnungshütern.

»Da hätten wir die Familie Morgenstern ja komplett«, sagte Nieberle und stellte sich Fiona kurz vor. »Warten Sie, ich hole die Kinder, diese Schlawiner. Ganz der Vater. Ich habe schon gehört, dass die Steinschleudern, die wir bei ihnen gefunden haben, von dir stammen, Mike.«

Morgenstern nickte. »War wohl keine so gute Idee. Wo sind die Jungs?«

»Drüben in der Funkzentrale«, sagte Nieberle. »Der Sandner-Fritz muss ihnen alles ganz genau erklären. Zuerst waren sie ziemlich kleinlaut, aber inzwischen haben sie wieder Oberwasser. Wie gesagt, ganz der Vater halt.« Nieberle grinste von einem Ohr zum anderen. »Der Kleine hat sogar die Dienstmütze vom Fritz auf und durfte mit den Kollegen auf Streife funken.« Er imitierte Bastians hohe Stimme: »Schutter 1, bitte melden.«

In diesem Moment kamen die beiden Kinder in den Besprechungsraum, gefolgt von Sandner. Als sie ihre Eltern sahen, senkten sie die Köpfe, um rechtschaffene Reue zu bekunden.

»Da sind sie, unsere beiden Einbrecher«, sagte Sandner. »Auf frischer Tat ertappt bei der Durchsuchung einer Luxusimmobilie.« Er versuchte, ernst dreinzublicken. »Drei Fensterscheiben sind kaputt.«

»Was war das für ein Haus?«, fragte Fiona.

»Das steht gleich in der Nähe vom Bolzplatz«, antwortete Marius kleinlaut. »Da gehen die anderen auch manchmal rein. Die anderen Kinder.«

Sandner räusperte sich. »Na, ganz so nahe beim Bolzplatz ist das allerdings nicht. Es ist das alte Seifensiederhäusl, oben hinter der Rebdorfer Straße. Das steht schon seit über zwanzig Jahren leer und verfällt.«

»Eine Fensterscheibe war schon kaputt«, betonte Bastian.

»Und die Tür beim hinteren Eingang ist nie zugesperrt«, versicherte Marius.

»Dann wart ihr da also schon öfter drin?«, fragte Morgenstern.

»Heute zum zweiten Mal«, gestand Marius. »Aber wir wollen es auch nie wieder tun. Versprochen.« Treuherzig schaute der Neunjährige in die Runde.

»Das will ich auch hoffen«, sagte Morgenstern mit extra tiefer Brummstimme. »Und was machen wir jetzt?«, fragte er den Kollegen von der Inspektion. »Brauchen wir wirklich einen Bericht und all diese Dinge? Das wäre mir ehrlich gesagt ziemlich peinlich.«

Fiona pflichtete bei: »Es sind ja noch Kinder, der Bastian ist erst sieben.«

»Erst? Mir hat er vorhin voll Stolz erklärt, dass er *schon* sieben ist.« Ludwig Nieberle lächelte. »Zweite Schulklasse. Und dass er bald schon ein Drittklässler wird.«

»Jetzt drück halt ein Auge zu«, bat Morgenstern. »Das lässt sich doch bestimmt auf dem kleinen Dienstweg regeln. Wem gehört denn dieses Haus? Das scheint ja eine ziemliche Bruchbude zu sein.«

»Soweit ich weiß, gehört es einer Erbengemeinschaft. Die will es schon lange abreißen und dafür einen Neubau hinstellen, aber sie darf nicht, weil es unter Denkmalschutz steht.« Nieberle verzog missbilligend das Gesicht. »Das Seifensiederhäusl ein Denkmal? Dass ich nicht lache. Das ist ein altes Gelump.«

»Sie kennen sich ja gut aus«, sagte Fiona, und Morgenstern schien es, dass sie dabei um die Mundpartie ungewöhnlich verkniffen wirkte.

»Das Seifensiederhäusl kennt doch jeder hier in Eichstätt«, antwortete Nieberle. »Nur ihr anscheinend nicht.«

Die Morgensterns schüttelten synchron den Kopf. »Wir sind noch nicht so lange hier«, erklärte Morgenstern knapp.

»Das ist das reinste Politikum. Die Erben haben schon vor Jahren einen Abbruchantrag gestellt. Was sollen sie auch mit der alten Hütte anfangen? Und der Stadtrat hat nach einigem Hin und Her genehmigt, dass das Haus abgerissen werden darf. Aber dann haben sich die Denkmalpfleger in München quergestellt. Und seitdem geht in der Sache nichts mehr voran.«

»Jetzt weiß ich, welches Haus das ist«, sagte Fiona. »Das ist dieses ockerfarbene.«

»Genau«, sagte Nieberle. »Soweit der Putz noch nicht runterfallen ist, ist es ocker. Und auf die Fassade hat irgendjemand mit roter Farbe groß ›Vorsicht – Denkmal!‹ gesprüht.«

»Irgendjemand?«, fragte Fiona. »Das waren sicher die Eigentümer, die sauer sind, weil sie ihre Pläne nicht umsetzen können.«

»Also, ich verstehe beim besten Willen nicht, was an diesem Haus ein Denkmal sein soll«, sagte Nieberle. »Ich komme hier aus Eichstätt, und hier gibt es echte Denkmäler in rauen Mengen. Der Dom, die Willibaldsburg, das Kloster St. Walburg: Das sind für mich Denkmäler. Oder das Rathaus und die Residenz vom Fürstbischof. Aber hier in der Stadt gibt es ja Hunderte von sogenannten Denkmälern.« Er zeichnete mit den Händen imaginäre Anführungszeichen in die Luft. »Irgendwann muss doch mal Schluss sein.« Er schaute die Morgensterns zustimmungheischend an. »Oder? Irgendwann muss Schluss sein. Wir können doch nicht unsere ganze Stadt in ein Freilichtmuseum verwandeln.«

Während Morgenstern grundsätzlich damit übereinstimmte, war seine Frau ganz offenkundig anderer Ansicht. Sie setzte zu einer Erwiderung an, aber Ludwig Nieberle war in Fahrt gekommen.

»Man muss sich dieses Seifensiederhäusl bloß anschauen: Wenn das renoviert wird, wie sich das die hohen Herren in München vorstellen, dann kostet das Pi mal Daumen eine halbe Million.« Er streckte den Daumen von sich und visierte mal mit dem linken, mal mit dem rechten Auge dran vorbei. »Das kann man doch so einem einfachen Eigentümer nicht zumuten. Das ist doch ...«, er suchte nach dem richtigen Begriff für seine helle Empörung, »das ist doch kalte Enteignung.«

Morgenstern nickte, halb zustimmend, halb in der Hoffnung, dass er mit demonstrativ gezeigtem guten Willen seine Jungen ohne Komplikationen und lästigen Papierkram mit nach Hause nehmen konnte. Aber er goss mit dieser Zustimmung nur noch weiteres Öl ins Feuer.

»Wisst ihr, wie mir das vorkommt?«, wetterte Nieberle. Die Morgensterns ahnten es. »Wie bei den Kommunisten ist das! Wenn man mit seinem eigenen Hab und Gut nicht machen kann, was man selbst für richtig hält.«

Fiona erhob vorsichtig Einspruch. »Ich habe gehört, dass es Zuschüsse gibt, wenn man so ein altes Haus herrichtet. Der Staat hilft einem da, auch steuerlich.«

Morgenstern sah sie überrascht an. Seit wann interessierte sich Fiona für solche Dinge?

»Und wer, glauben Sie, zahlt diese Zuschüsse?«, fragte Nieberle zurück. »Natürlich der kleine Steuerzahler. Wir alle, Sie und ich. Und für die wirklich wichtigen Dinge haben sie dann kein Geld mehr. Für die Beförderung von Polizeibeamten zum Beispiel. Und dann gibt es noch die verrücktesten Steuersparmodelle. Da verdienen sich reiche Doktoren eine goldene Nase und können mit ein bisschen Trickserei alles abschreiben. Und das bloß, damit am Ende so ein altes, windschiefes Bauernhaus stehen bleibt. Ich habe ja nichts gegen Denkmalschutz, im Prinzip. Aber was zu viel ist, ist zu viel.«

Fiona setzte erneut zum Widerspruch an: »Ich finde solche Häuser wirklich schön«, sagte sie. »Die haben Charakter.«

»Nicht einmal geschenkt würde ich so eine alte Hütte wie das Seifensiederhäusl nehmen«, schimpfte Ludwig Nieberle.

»Also ich weiß ja nicht …«, wandte Fiona ein, kam aber gegen diesen Inbegriff von Volkes Stimme nicht an.

»Und wissen Sie was, Frau Morgenstern: Wenn dieses Haus mir gehören würde, und diese Herren Denkmalpfleger würden mir vorschreiben, was ich zu tun und zu lassen hätte … Dann würde ich …« Nieberle zögerte kurz, legte dann die rechte Hand vor den Mund und nuschelte den Rest des Satzes so leise, dass Morgenstern ihn eher erahnen als verstehen konnte. Ludwig Nieberle, der Kollege mit dem gemütlichen Bauch und dem gespaltenen Verhältnis zu historischer Bausubstanz, würde, so der Kern der vertraulich zu handhabenden Auskunft, in einem Akt anarchistischen Aufbegehrens bei Nacht und Nebel die ungeliebte Immobilie gezielt zum Einsturz bringen.

»Es wäre nicht das erste Mal, dass so etwas im Altmühltal passiert«, fügte er noch hinzu.

»Dann haben wir ja alles richtig gemacht!«, meldete sich triumphierend Marius zu Wort, der das Gespräch der Erwachsenen offenbar aufmerksam verfolgt hatte.

Fiona wirbelte herum und warf ihrem Erstgeborenen einen vernichtenden Blick zu. »Richtig gemacht? Ich hör wohl schlecht. Fremder Leute Fenster einschießen ist nie richtig, schreib dir das hinter die Ohren!«

»Aber wo die Leute das Haus doch sowieso abreißen wollen?«, beharrte Marius.

»Das klingt logisch«, sagte Nieberle freundlich und tätschelte Marius wohlwollend den Kopf. Offenbar sah er in dem Buben nun plötzlich den Robin Hood der ungerecht behandelten Hausbesitzer.

»Und du nimmst endlich diese blöde Mütze ab«, wandte sich Fiona abrupt an den siebenjährigen Bastian, der ebenfalls mit Interesse zugehört hatte. Gehorsam zog er sich die Polizisten-Schirmmütze vom Kopf und reichte sie Ludwig Nieberle.

»Wenn ich groß bin, werde ich auch Polizist«, kündigte er an.

»Das geht aber nur, wenn du bis dahin immer brav bist«, erwiderte Morgenstern und wandte sich an den Kollegen: »Wie verbleiben wir jetzt?«, fragte er, um die Sache abzuschließen.

Nieberle überlegte einen Moment, ging dann kurz in die Funkzentrale, um sich mit Fritz Sandner abzustimmen, und kam mit einem breiten Lächeln zurück.

»Also, wir machen Folgendes«, sagte er zu den beiden Jungs. »Ihr zwei versprecht mir, dass ihr fremde Häuser in Zukunft in Frieden lasst. Und dann vergessen wir die ganze Sache. Sogar die kaputten Fensterscheiben.«

Marius und Bastian strahlten wie die Honigkuchenpferde, und die Eltern lächelten dankbar. Bastian tuschelte Marius etwas zu, worauf dieser sich vor dem dicken Beamten aufbaute, die rechte Hand ausstreckte und fragte: »Kriegen wir jetzt unsere Schleudern zurück?«

Nieberle nickte knapp, holte zwei Zwillen aus einer Schreibtischschublade und drückte sie Marius in die Hand.

»Wird nicht wieder vorkommen«, versprach Morgenstern beim Hinausgehen. Und Fiona flüsterte er zu: »Ich hab gar nicht gewusst, dass du dich so für alte Häuser interessierst. Seit wann hast du vor mir Geheimnisse?«

Fiona hatte tatsächlich Geheimnisse vor ihrem Mann. Das wurde noch am selben Abend deutlich, als die erleichterten Eltern die Kinder nach einer pädagogisch unerlässlichen Standpauke ins Bett gescheucht hatten und mit einer Flasche Rotwein auf dem Balkon ihrer Mietwohnung in der Eichstätter Altstadt saßen.

»So ein Banause, dieser Nieberle!«, wetterte Fiona über den Beamten von der Polizeiinspektion. »Wenn es nach dem ginge, dann gäbe es überall nur noch die gleichen Neubauten aus dem Bausparer-Prospekt.«

»Na und?«, sagte Morgenstern leichthin.

»Weißt du eigentlich, wie schön so ein altes Haus sein kann?«, fragte Fiona zurück.

»Will ich gar nicht wissen.«

In der Ferne hupte es laut und durchdringend – der Triebwagen auf der eingleisigen Bahnstrecke zwischen Eichstätt-Stadt und Eichstätt-Bahnhof machte alle Anwohner zwischen Wasserzell und Rebdorf mit einem gellenden Warnpfiff auf sein rumpelndes Kommen aufmerksam.

»Ach«, sagte Morgenstern und rekelte sich behaglich in seinem ausgeleierten Korbstuhl. »Ich könnte ewig auf diesem Balkon sitzen.«

»Ewig auf diesem Balkon?« Fiona blickte nachdenklich in den dunklen Abendhimmel. Morgenstern stutzte.

»Ist doch super hier. Herz, was willst du mehr?« Dann hob er sein Glas und nahm einen Schluck.

Fiona rieb die Hände aneinander, als wüsste sie nicht recht, wo sie anfangen sollte. Die Ruh ist hin, dachte Morgenstern. »Also, was liegt dir im Magen?«

»Mir ist es hier zu eng«, murmelte Fiona.

Morgenstern atmete auf. Es ging also um ihr Leben in Eichstätt, fernab von Nürnberg, wo sie früher so zufrieden gelebt hatten und wohin er eines Tages zurückkehren wollte. »Zu eng«, wiederholte er erleichtert. »Das sage ich doch auch immer. Dieses Altmühltal hier, dieses Eichstätt mit seinen braven Menschen, den vielen Kirchen, mit diesem ganzen Idyll, das ist mir auch zu eng. Jeden kennt man, jeder beobachtet jeden.«

Fiona hatte ihm aufmerksam zugehört, schien aber nicht zufrieden. »So habe das nicht gemeint. Das mit der Enge.«

»Wie denn dann?«

»Mir ist es hier zu eng, in unserer Wohnung, auf diesem Balkon.« Sie deutete auf den in der Tat winzigen Balkon, auf dem mit Müh und Not ein rundes dunkelgrünes Bistrotischchen mit einer gelochten Metallplatte und zwei Korbstühle Platz fanden. Wenn ihre beiden Kinder mit dabei sein wollten, saßen sie mit ihren Stühlen schon halb im Wohnzimmer. Die beiden teilten sich außerdem ein schmales Kinderzimmer mit Stockbett. »Wir haben einfach nicht genug Platz.«

»Na ja«, sagte Morgenstern unbestimmt. »Ich komme ganz gut zurecht.«

Doch Fiona ließ nicht locker. »Ich finde es auf Dauer auch nicht toll, dass wir immer Miete bezahlen. Das tut fast keine von meinen Bekannten hier.«

Morgenstern atmete tief durch. Wo führte denn dieses Gespräch hin? Auf jeden Fall nicht zurück nach Nürnberg, so viel war klar. »Und wie bitte schön wohnen deine Bekannten? Und was für Bekannte sind das überhaupt?«

»Die vom Malkurs zum Beispiel. Die haben alle was Eigenes.«

Fiona hatte ihren Blick in die Ferne gerichtet. »Fast alle haben was Eigenes.«

Morgenstern war ratlos. Sicher hatten sie vor Jahren überlegt, ob sie sich eines Tages eine eigene Wohnung würden leisten können. Aber das war in Nürnberg gewesen. Und damals hatten sie das als unrealistisch teuer verworfen. Hier im Altmühltal war ihre Wohnsituation nur ganz selten Thema gewesen. Ihre Wohnung war klein, das stimmte wohl. Sie hatten bei ihrem Umzug nicht viel Zeit zur Suche gehabt und das Erstbeste genommen. Aber Morgenstern war einer von den Männern, die sich gerne mit dem Status quo arrangierten – auch wenn der seine Macken hatte. Manche baumelnde Glühbirne an der Decke würde wohl nie einen Lampenschirm bekommen, jedenfalls nicht vom Hausherrn selbst. Und eine quietschende Zimmertür erhielt erst dann einen Tropfen Öl, wenn Fiona das nervtötende Geräusch nicht mehr ertragen konnte.

»Etwas Eigenes?«, fragte Morgenstern mit kaum unterdrücktem Gruseln in der Stimme. »Aber doch nicht hier in Eichstätt!«

Fiona nickte. »Ich hab mal zusammengerechnet, wie viel Miete wir bezahlen, wenn wir noch zehn Jahre lang in dieser engen Wohnung leben.«

»Soso.«

»Über siebzigtausend Euro.« Fiona lächelte. »Wenn wir das in was Eigenes stecken würden, wäre das ein solider Sockel.« Sie blickte ihn erwartungsvoll an.

Morgenstern wurde mulmig. Die Sache roch für ihn nach Streit. »Ich will aber gar nichts Eigenes. Grundsätzlich nicht, und hier in Eichstätt erst recht nicht. Auf ein eigenes Haus habe ich echt keinen Bock.« Er rutschte in seinem Korbstuhl hin und her, der daraufhin ächzte und knarzte, als würde er gleich unter ihm zusammenbrechen. »Außerdem: Wenn ich mir unseren Kontostand ansehe, kommt so etwas überhaupt nicht in Frage. Da ist immer Ebbe.«

»Keinen Bock, das ist ja wohl das schwächste Argument überhaupt«, sagte Fiona. »Bloß weil du deinen Hintern nicht hochbringst … Außerdem«, ihre Stimme wurde sanfter, »wir haben doch dieses kleine Finanzpolster. Waren das nicht runde zwanzigtausend Euro?«

»Du weißt genau, dass das unsere eiserne Reserve ist. Wer weiß, wie lange es unser alter Landrover noch macht. Dann brauchen wir von heute auf morgen ein anderes Auto. Oder die Spülmaschine geht kaputt. Außerdem …«

»Ja?«

»Außerdem …« Morgenstern dachte an seinen großen Traum. Eine lange Reise durch die USA. Wenn daraus eines Tages etwas werden sollte, dann brauchten sie diese Ersparnisse – Spülmaschine hin oder her, dann müsste er eben ein paar Monate das Geschirr von Hand waschen. Er lächelte. Hatten nicht alle großen Karrieren in den USA so begonnen? Vom Tellerwäscher zum Millionär?

»Was hast du denn?«, fragte Fiona überrascht.

»Ach, ich habe nur kurz an Amerika gedacht. Wir, alle vier, im Wohnmobil von Denver nach San Francisco, das wär's.«

Morgenstern träumte sich für einen Moment hinaus aus dem grünen Altmühltal in die steinige Schlucht des Grand Canyon. Er sah sich am Lagerfeuer sitzen, über sich die Sterne.

»Ich habe mir das genau überlegt«, holte Fiona ihn in die Gegenwart zurück. »Es ist für uns wirklich nicht ganz einfach, ein Haus zu finanzieren. Aber es gibt da eine Möglichkeit: Wir könnten uns ein altes Haus kaufen, eines, das dringend renoviert werden muss. Das richten wir uns her. Das kriegen wir in den Griff.«

»Und Nürnberg?«, fragte Morgenstern ungläubig. Fiona musste doch wissen, dass er wieder zurückwollte.

»Das läuft uns nicht weg. Falls wir eines Tages hier wegziehen wollen, verkaufen wir das Haus eben wieder und haben garantiert ein gutes Geschäft gemacht. Bis dahin aber leben wir glücklich und zufrieden.«

»Und wenn sie nicht gestorben sind, dann leben sie noch heute«, fügte Morgenstern süffisant hinzu.

Fiona blitzte ihn wütend an. »Himmel, Mike, jetzt sei doch nicht so stur.«

»Ich bin nicht stur, ich bin realistisch. Und ich mag nicht. Ich habe weiß Gott genug um die Ohren. Auf der Arbeit und hier mit den Jungs. Ich binde mir doch keine Baustelle ans Bein und stottere für den Rest meines Lebens einen riesigen Kredit bei der Bank ab. Nein danke.« Er schenkte sich Wein nach.

»Warum willst du unbedingt ein eigenes Haus?«, fragte er schließlich. »Ich verstehe das einfach nicht. Das raubt uns das bisschen Freiheit, das wir uns bisher bewahrt haben.«

Fiona schüttelte den Kopf. »Du und deine Freiheit. Das bildest du dir doch bloß ein. Amerika, Nürnberg – du glaubst immer noch, dass dir die Welt offensteht. Werd endlich erwachsen. Du bist hier, du hast einen guten Job, eine prima Familie. Höchste Zeit, richtig sesshaft zu werden.«

»Und wenn ich nicht mag?«, beharrte Morgenstern und spürte dabei schon wieder ein unangenehmes Drücken in der Brust.

»Dann nehme ich die Sache in die Hand. Keine Angst, ich manage das schon für uns. Du darfst dich zurücklehnen. Vertrau mir. Gib mir einfach grünes Licht.« Fiona schaute ihm für einen Moment direkt in die Augen. Dann rückte sie mit der Nachricht des Tages heraus: »Ich habe mich sogar schon ein bisschen umgeschaut.«

Jetzt war die Katze aus dem Sack. Fiona steckte schon mitten in den Planungen, ohne ihm einen Pieps gesagt zu haben. Morgenstern war für kurze Zeit sprachlos. Erst jetzt fiel ihm ein, dass Fiona in den vergangenen Wochen in den Samstagsausgaben der Zeitung den Immobilienteil studiert hatte.

Fiona lächelte seine Empörung einfach weg: »Du wirst schon kein Spießer werden, bloß weil du unter die Immobilienbesitzer gehst.«

»Das wäre ja noch schöner«, sagte Morgenstern und wusste, dass seine Frau zielsicher eine seiner Grundängste getroffen hatte.

Sie rückte näher an ihn heran. »Weißt du, wie ich auf die Idee gekommen bin? Es gibt hier in Eichstätt einen Verein, der sich um alte Häuser kümmert. Um Häuser, die dringend renoviert werden müssten. Die vermitteln solche Häuser und machen Tage der offenen Tür, bei denen man sich beraten lassen kann. Quasi von Hausbesitzer zu Hausbesitzer.«

»Ein Bruchbudenverein«, fasste Morgenstern unbarmherzig zusammen.

»Wenn du meinst. Auf jeden Fall ist so eine ›Bruchbude‹ etwas, was sogar wir finanzieren könnten.«

»Und ich bin dann in den nächsten Jahrzehnten der Heimwerker vom Dienst. Mit goldener Kundenkarte beim OBI. Ausgerechnet ich mit meinen zwei linken Händen.« Morgenstern streckte wie zum Beweis seine Arme aus.

»Du könntest das schon schaffen, wenn du dir einen Ruck gibst«, beharrte Fiona.

Morgenstern kannte Fiona viel zu gut, als dass er noch weiter widersprechen würde. An diesem Abend hatte das keinen Sinn mehr. Es war inzwischen dunkel geworden. Über ihnen glänzte ein makelloser Sternenhimmel. Morgenstern erkannte wie immer nur ein einziges Sternbild und wies seine Frau umgehend darauf hin.

»Schau mal, da ist der Große Wagen. Wie schön!«

»Der Große Wagen«, wiederholte Fiona. »Unser Umzugswagen, eines Tages, in unser eigenes Haus.«

Morgenstern lächelte. »Du reimst dir die Dinge immer so zusammen, dass sie dir genau in den Kram passen. Es könnte ja auch der Wagen sein, der uns nach Nürnberg bringt. Oder nach Amerika.«

»Vergiss es«, sagte Fiona trocken und stand auf. »Ich hol dann mal eine zweite Flasche Wein. Und was zum Lesen.«

»Zum Lesen?«, fragte Morgenstern. »Einen Krimi?«

»Nein, viel spannender. Etwas zur Einstimmung. Ein paar Zeitschriften von diesem Denkmalschutzverein. Und eine Broschüre über seine Woche des offenen Jurahauses. Die startet, wie es der Zufall so will, morgen Abend.«

»Toller Zufall«, sagte Morgenstern. »Und was sind das für Häuser, die man da zu sehen kriegt?«

»Jurahäuser. Die sind typisch hier für Eichstätt und Umgebung.«

Wenig später kehrte sie mit den Zeitschriften und der entkorkten Flasche Wein zurück. Im Funzellicht einer Laterne beugten sich die beiden über die Hefte.

»Das Jurahaus« hieß die Zeitschrift – und auf dem Titel zeigte sie ein gedrungenes, klobiges Bauernhaus mit symmetrisch angeordneten kleinen Fenstern und einem flach geneigten Dach, das mit hellen, dünnen Steinplatten gedeckt war.

»Und so ein Haus schwebt dir vor?« Morgenstern deutete auf das Bild. »Du spinnst ja total. Das ist ein uralter Kasten. Und außerdem ist das irgendwo in der Pampa.« Er war nun entschlossener denn je, Fiona zu stoppen.

»Ich will ja nicht dieses Haus hier haben«, sagte Fiona. »Das gibt es alles auch in klein, auch hier in der Stadt. Man muss nur das passende finden.«

»Was ist denn das überhaupt für ein komisches Dach?«, motzte Morgenstern.

»Das ist ein sogenanntes Legschieferdach«, erklärte Fiona mit unverkennbarem Stolz auf unlängst angelesenes Wissen. »Das sind keine normalen Dachziegel, sondern die Kalkplatten hier aus den Steinbrüchen.« Sie deutete zur Hangkante des Altmühltals, die schon fast gänzlich in Dunkelheit versunken war. Dahinter lagen Steinbrüche. »Mit den Platten haben die Menschen hier immer schon ihre Häuser gedeckt.«

»Und das hält dicht?«, fragte Morgenstern.

»Ja, aber das Haus braucht einen ziemlich stabilen Dachstuhl, weil die Platten so viel wiegen. Man deckt die Platten immer in mehreren Lagen, damit kein Wasser eindringen kann.«

Morgenstern staunte erst, dann wurde er misstrauisch. »Wie lange treibt dich das Thema denn schon um? Du kennst dich verdächtig gut aus mit der Materie.«

»Ein paar Monate. Ich wollte mich erst informieren, bevor ich dich nervös mache.«

»Vielen herzlichen Dank fürs Mitgefühl«, sagte Morgenstern verschnupft. Mit zunehmender Unlust blätterte er in der Zeitschrift. Er sah komplizierte Zeichnungen von Dachstühlen und Balkenkonstruktionen, blickte auf halb verfallene Häuser mit eingebrochenen, grau vermoosten Dächern, zerschlagenen Fensterscheiben und finsteren, rußigen Räumen, fand aber auch viele Fotos von frisch renovierten ockerfarbenen Häusern mit Blumengärten, grünen Fensterläden und blühenden Rosenstöcken neben der Tür.

Fiona reichte ihm noch die Broschüre mit dem Programm der »Woche des offenen Jurahauses«. »Ich habe mir schon ein paar interessante Termine ausgesucht. Wäre zum Beispiel schön, wenn du am Dienstagabend ein bisschen früher von der Arbeit heimkommen könntest.«

Morgenstern fühlte sich von Fiona überfahren – und mit einem Mal wurde ihm alles zu viel.

Wütend knallte er die in schlichtem Schwarz-Weiß gedruckte

Broschüre auf den Balkontisch, nahm sein volles Glas, trank es auf einen Zug aus und stellte es ebenfalls auf den Tisch, halb auf die Zeitschriften. Im Aufstehen stieß er an den Tisch, das Glas kippte um und fiel zu Boden. »Ich geh jetzt ins Bett«, sagte er, drehte sich um und ging in die Wohnung. Drinnen murrte er noch eine ganze Weile vor sich hin. »Ein Haus? Ich brauch doch kein Haus! Ein Haus bringt nur Ärger. Nichts als Ärger.«

Als Fiona zehn Minuten später zu ihm ins Bett schlüpfte, schlief er schon friedlich wie ein Säugling.

»Und wir kriegen doch ein Haus, ob du willst oder nicht«, flüsterte sie ihm ins Ohr. »Eins mit einem Steindach.« Morgenstern grunzte.

ZWEI

Morgensterns Handy läutete Alarm – mit der gewohnten Melodie: Wagners Walkürenritt, zu dem er sich vom Vietnam-Kriegsfilm »Apocalypse Now« hatte inspirieren lassen. Schlaftrunken schaute er auf den Wecker: Vier Uhr dreißig, draußen dämmerte es.

»Bullshit«, fluchte er und überlegte, wo er das vermaledeite Handy am Vorabend deponiert hatte. Er schwang sich aus dem Bett, nahm kurz den Kopf zwischen beide Hände. Was hatte er bloß für einen üblen pelzigen Geschmack im Mund? Der Rotwein, logisch. Eine neue Sorte. Fiona war anscheinend momentan in einer Experimentierphase.

Wagners Walküren ritten weiter. »Dada dada daaada dada dada daaada …« Eigentlich eine saublöde Melodie, fand Morgenstern jetzt, wo sie ihn aus dem Tiefschlaf gerissen hatte, an einem Sonntagmorgen, ach was, mitten in der Nacht.

»Daada dadada Daada …«

Fiona wachte auf. »Hast du's vielleicht bald?« Genervt zog sie sich das Kissen über den Kopf, während Morgenstern nach der Jeans fingerte, die er am Vorabend getragen hatte. Als er das Handy endlich in der Hand hielt, waren die Walküren mindestens einmal nach Walhall und wieder zurückgeritten.

»Ja!«, meldete er sich mürrisch und verzog sich in den schmalen Flur, um Fiona nicht weiter zu nerven. Eine Kollegin war am Telefon – nur gut, dass sie ihn nicht sehen konnte, in ausgeleiertem, verwaschenem T-Shirt und Unterhose.

»Wir haben seit etwa einer Stunde einen Großbrand. In der Nähe von Titting«, sagte sie knapp. »Und es gibt einen Toten. Es sieht nach einem Gewaltverbrechen aus. Deswegen rufe ich dich an.«

»Titting?« Morgenstern dachte kurz nach. »Titting, von da habe ich mein Weißbier –«

»Meine Güte, Mike! Ist das das Einzige, was dir dazu einfällt?«, fragte die Kommissarin von der Einsatzzentrale.

»Ist aber sehr bekannt, das Weißbier. Die Gutmann-Brauerei –«

»Es brennt aber nicht in der Brauerei. Hast du was zum Schreiben?«

»Ja.« Morgenstern fand irgendwo im Flur einen Kugelschreiber und ein Stück Papier.

»Es handelt sich um eine Mühle im Anlautertal. Die Schwarzmühle, zwischen Emsing und Altdorf.«

»Schwarzmühle im Anlautertal«, wiederholte Morgenstern.

»Die Feuerwehren der ganzen Umgebung sind schon im Einsatz. Die Kollegen von der Polizeiinspektion Eichstätt auch. Und den Toten haben sie direkt neben der Mühle gefunden. Mit einer klaffenden Wunde am Kopf. Anscheinend ist es der Besitzer.«

»Wer kommt sonst noch?«

»Peter Hecht aus Schrobenhausen. Ich habe ihn eben angerufen. Er ist schon unterwegs und holt dich bei dir zu Hause ab. Du brauchst also nicht selbst zu fahren.«

»Der Spargel«, sagte Morgenstern. »Wenigstens eine gute Nachricht.«

Als er sich ächzend und leise vor sich hin maulend anzog, wachte Fiona endgültig auf.

»Wo musst du denn hin?«, fragte sie und richtete sich im Bett auf.

»Ans Ende der Welt. Im Anlautertal brennt eine alte Mühle. Und der Müller ist tot oder wer auch immer da wohnt.«

Fiona war von einem Moment auf den anderen auf den Beinen. »Im Anlautertal? Eine Mühle? Das wird doch nicht die Schwarzmühle sein?«

Morgensterns Antwort dauerte ein Weilchen, weil er gerade in sein Sweatshirt schlüpfte. »Schwarzmühle? Doch, so heißt sie. Sag bloß, du kennst die?«

Fiona, im gestreiften Pyjama, war bereits in der Tür und eilte Richtung Küche. »Aber klar«, rief sie. »Die Mühle steht am Dienstag auf dem Programm. Bei der Woche des offenen Jurahauses. Da wollte ich mit dir hin. Die muss wunderschön sein.«

Als Morgenstern in die Küche kam, hatte Fiona das kleine Programmheft der Denkmalschutzwoche bereits auf den Tisch gelegt und suchte nach der Seite mit der Schwarzmühle.

Ein Schwarz-Weiß-Foto zeigte ein quadratisches zweistöckiges Haus mit Legschieferdach und Fensterläden.

Murmelnd las Fiona vor: »Die Schwarzmühle (Markt Titting)

wurde erstmals im Jahr 1382 erwähnt. Nach Jahrzehnten des Niedergangs wurde die Mühle im Jahr 1998 von Dr. Rupert Ledermann erworben und seither sorgfältig saniert. Öffnungszeit am Dienstag von siebzehn bis zwanzig Uhr.«

Bedrückt schaute sie auf das Foto. »Bist du dir sicher, dass das diese Mühle ist?«

Morgenstern kramte nach seinem Notizzettel. »Schwarzmühle im Anlautertal«, las er vor. »Da wird es kaum noch eine zweite geben. Und jetzt brauche ich dringend einen Kaffee.«

»Läuft schon durch.« Fiona deutete auf die Maschine. »Ich mache so viel, dass du dir auch noch einen in der Thermoskanne mitnehmen kannst. Wird bestimmt ein langer Tag für dich.«

»Gute Frau«, sagte Morgenstern dankbar. »Aber glaub ja nicht, dass ich deswegen bei dieser Hauskaufgeschichte einknicke.«

Fiona lächelte.

Gemeinsam gingen sie noch einmal die Ankündigung im Programmheft durch. »1998 von Dr. Rupert Ledermann erworben«, las Morgenstern laut vor. »Vermutlich ist das der Tote.« Die Kopfwunde fiel ihm ein, und ein Frösteln überkam ihn. Er schob seine Kaffeetasse zur Seite und atmete tief durch. Draußen hupte ein Auto. Hecht stand mit einem dunkelblauen Dienst-Audi unten auf der Straße.

»Der muss gefahren sein wie ein Henker«, sagte Morgenstern zu Fiona.

Das Wort »Henker« blieb wie ein dunkles Omen im Raum stehen, als Morgenstern mit seiner Thermoskanne zu Hecht hinunterhetzte.

Draußen war es inzwischen hell geworden. Er setzte sich auf den Beifahrersitz, und sie fuhren los. Nach Norden, an die Grenze zwischen Oberbayern und Mittelfranken.

Vom Altmühltal aus schlängelte sich die schmale Straße die Jurahöhe hinauf, von dort ging es durch die Dörfer Preith, Pollenfeld, Wachenzell und dann an Steinbrüchen vorbei und durch dichte Wälder hinab ins Anlautertal. Morgenstern schaltete das Radio an. Auf Bayern 3 herrschte beste Laune. Ein fast hysterisch fröhlicher Moderator kündigte einen sommerlichen Sonntag an, dessen angeblicher Höhepunkt die große Bayern-3-Party irgendwo im Fichtelgebirge werde.

Schweigend steuerte Hecht den Wagen durchs Anlautertal. Mittlerweile sahen sie die Rauchwolke, die in der Ferne in den Himmel ragte und einen seltsamen Kontrast zu dem malerischen Tälchen bildete, das von Trockenrasenhängen mit vereinzelt hingesprenkelten Wacholderbüschen geprägt war. In der Mitte des Tals schlängelte sich die Anlauter, ein breiter Bach, in aberwitzigen Schlaufen durch die sattgrünen Wiesen. Die Flurbereinigungsmanager der sechziger Jahre hatten dieses Tal anscheinend schlichtweg übersehen, als sie Bäche und Flüsse in betonierte Kanalkorsette gezwungen hatten.

Die Mühle stand etwas abseits der Kreisstraße auf der anderen Seite der Anlauter, erreichbar über eine schmale Brücke und einen asphaltierten Zufahrtsweg, der als Sackgasse gekennzeichnet war. Bereits von der Hauptstraße aus war Morgenstern klar, dass hier nichts mehr zu retten war. Das Gebäude war schon jetzt nur noch ein Skelett. Als sie abbiegen wollten, hielt ein junger Feuerwehrmann sie auf. Ein allenfalls zwanzigjähriger Bursche, der mit einer Verkehrskelle winkte und seinen Helm trug, als fürchtete er, hier auf freiem Feld könnte ihm der Himmel auf den Kopf fallen.

»Sie können da nicht durch«, sagte er.

»Kripo Ingolstadt«, gab Hecht aus dem heruntergekurbelten Seitenfenster zurück.

Der Feuerwehrler musterte die beiden Insassen skeptisch, und dann kam tatsächlich die Aufforderung: »Darf ich mal Ihren Ausweis sehen?«

Hecht fummelte nach seinem Geldbeutel und hielt dem Milchgesicht, das durch einen Jackenaufnäher als Mitglied der Freiwilligen Feuerwehr Emsing erkennbar war, den Dienstausweis unter die Nase. Eifrig winkte ihn der junge Mann daraufhin weiter. Aber Morgenstern meldete sich vom Beifahrersitz zu Wort.

»Weiß man schon was Genaueres?«

Der Feuerwehrler reagierte zurückhaltend. »Auskünfte gibt allein unser Kommandant. Ich steh ja nur hier draußen.« Er seufzte tief. »Ich würde jetzt auch lieber löschen, als hier rumzustehen und den Verkehr zu regeln.«

»Kann ich verstehen«, sagte Morgenstern. »Da gibt es einmal einen Großbrand, und Sie dürfen nicht löschen, bergen, retten.«

»Und dafür habe ich monatelang jeden Samstag die Truppmannausbildung gemacht. Erst Stufe eins, dann Stufe zwei. Alles fehlerfrei.«

»Warum dürfen Sie denn nicht löschen?«, fragte nun auch Hecht und streute damit weiter Salz in eine erkennbar offene Wunde.

Der Mund des jungen Mannes wurde schmal. »Man hat mich hierhergestellt. Basta. Das hat der Kommandant schon am Feuerwehrhaus entschieden.«

»Na dann. Viel Erfolg noch. Glauben Sie uns: Sie haben eine ganz wichtige Aufgabe. Doch, doch.« Morgenstern winkte kurz, und Hecht trat aufs Gaspedal. Der Feuerwehrler blieb an der Kreuzung zurück. Mit durchgestrecktem Rücken, und die Kelle hielt er nun so entschlossen wie ein päpstlicher Schweizergardist seine Hellebarde.

Die Mühle war umgeben von Feuerwehrfahrzeugen. Aus allen umliegenden Dörfern waren die Wehren ausgerückt, aus Titting und Kinding, aus Altdorf, Emsing, Wachenzell und Hirnstetten. Der Fuhrpark, der hier zusammengekommen war, wirkte auf Morgenstern kurios: Modernste Fahrzeuge standen neben uralten Hanomag-Lastwagen mit rundlichen Motorhauben; die kleineren Wehren hatten ihren ganzen Stolz, die örtliche »Tragkraftspritze«, an einen Traktor angehängt und zur Schwarzmühle gebracht.

Beim Näherkommen sah Morgenstern, dass das Wasser der Anlauter aus so vielen Rohren auf die Mühle gespritzt wurde, dass sich ein Schleier über die Brandstelle senkte. Umso größer war die Qualmwolke, die aus dem Gebälk stieg. Wenn hier tatsächlich irgendetwas von den Flammen verschont bliebe, würde es von den Wassermassen zerstört werden.

Hecht stellte den Wagen in sicherer Entfernung auf einer Wiese ab. Sie stiegen aus und beobachteten das Schauspiel fasziniert. Gerade als sie sich der Mühle nähern wollten, fiel mit einem schauerlichen Krachen der riesige Dachstuhl in sich zusammen. Ein Funkenregen stob nach oben. Feuerwehrmänner schrien Befehle, einige der Löschteams zogen sich mit ihren Schläuchen eilig zurück. Wenig später neigte sich einer der beiden Hausgiebel wie in Zeitlupe. Einen Moment sah es aus, als würde sich die gewaltige Steinmauer noch einmal anders besinnen und stehen bleiben. Majestätisch, unverrückbar, wie seit Jahrhunderten am angestammten Platz. Doch dann senkte sie sich, weiter und weiter, brach im Fallen in der Mitte auseinander und stürzte mitten in die Brandstelle.

Morgenstern wich automatisch zurück, obwohl er viel zu weit entfernt war, als dass ihn herumfliegende Trümmer hätten erreichen können. Ein Inferno, dachte er und bemerkte, dass er fröstelte. Von der Mühle stand nun nur noch eine einzelne Giebelmauer. Und auch sie würde sicher bald einfallen oder aus Sicherheitsgründen zum Einsturz gebracht werden.

»Na, Mike, hier ist was geboten«, hörte er plötzlich eine vertraute Stimme hinter sich.

Er wandte sich um. Es war Hauptkommissar Manfred Huber, der Leiter der Polizeiinspektion Eichstätt. Ein gemütlich wirkender, in langen Dienstjahren ergrauter Landpolizist mit leichtem Hang zum Übergewicht. Er reichte erst Hecht, dann Morgenstern die Hand.

»Guten Morgen. Aber was heißt schon ›gut‹. Hier ist die Hölle los.« Er deutete auf eine Wiese neben dem Haus, zu einer Stelle, die von zwei Feuerwehrleuten behütet wurde. »Der Tote liegt dort drüben. Ursprünglich lag er ganz nahe bei der Haustür. Ich habe ihn wegbringen lassen. Ging nicht anders.«

»Ist es Dr. Ledermann, der Besitzer der Mühle?«, fragte Morgenstern.

»Allem Anschein nach schon. Ein paar Feuerwehrleute aus der Umgebung haben ihn vorläufig identifiziert.«

»Sind vielleicht noch andere Menschen unter den Trümmern?«

Huber zuckte mit den Schultern. »Es heißt, dass Ledermann allein hier gewohnt hat. Der Bürgermeister war ziemlich schnell da und wusste zum Glück ein bisschen was über die Verhältnisse in der Mühle. Hoffen wir, dass Ledermann heute Nacht auch allein war.«

»Wer hat den Brand gemeldet?«, fragte Hecht.

»Gegen drei Uhr früh ist ein Bäckergeselle durchs Tal gefahren, auf dem Weg zur Arbeit, damit die Leute am Sonntagmorgen ihre Semmeln kaufen können. Da sieht er von der Staatsstraße aus, dass es brennt. Er hat sofort die Notrufnummer gewählt, und seitdem ist hier der Teufel los. Die Integrierte Leitstelle in Ingolstadt hat Mann und Maus alarmiert. Ich glaube, jeder im Umkreis von fünfzehn Kilometern, der einen Feuerwehrhelm tragen kann, ist im Einsatz.«

»Ich seh's«, sagte Morgenstern und blickte noch einmal auf den Fuhrpark in Feuerwehrrot. »Aber mir scheint, dass hier von Anfang an nichts mehr zu retten gewesen ist. Und Nachbarhäuser, die man schützen müsste, gibt es auch nicht.«

»So ist sie halt, unsere Leitstelle«, sagte Huber. »Die legen immer noch eine Schippe drauf, damit sie auf der sicheren Seite sind.«

»Und ins Haus kam keiner mehr rein?«, bohrte Morgenstern nach.

»Nein, unmöglich. Bis die Feuerwehrler von den Nachbardörfern da waren … Das kann keiner verantworten, dass da noch ein Rettungstrupp mit schwerem Atemschutz ins Haus geht. Du hast selbst gesehen, wie der Giebel runtergekommen ist. Der Kreisbrandrat hat ein klares Veto eingelegt, dass hier einer den Helden spielt. Das ist die Schwarzmühle im Anlautertal, nicht der Ground Zero in Manhattan.«

»Wir würden uns den Toten gerne ansehen. Kommst du mit?«

»Ungern. Aber es muss sein.«

Zu dritt gingen sie zur Wiese, wo Ledermann unter einem Apfelbaum aufgebahrt lag, gebettet auf eine goldbeschichtete Folie aus dem Feuerwehrfundus. Der Körper war komplett mit Silberfolie zugedeckt, um den Toten vor allzu neugierigen Blicken zu schützen.

Morgenstern bückte sich und zog die provisorische Decke behutsam zur Seite. Er erschauerte, und die beiden Feuerwehrmänner, die zuerst neugierig zugesehen hatten, wandten sich abrupt ab. Rupert Ledermanns Gesicht war überzogen von verkrustetem Blut. Über seine Stirn, von oben nach unten, zog sich ein langer, tiefer Spalt, aus dem eine weißlich-rote Masse gequollen war. Morgensterns erste Idee war, dass Ledermanns Kopf von einem Säbelhieb getroffen worden war. Oder von einem breiten Beil, einer Streitaxt. Die Nase war bizarr nach hinten gedrückt. Augen und Mund standen weit offen.

Der Tote trug einen dunkelblauen, glänzenden Schlafanzug, über und über mit dunklen Blutflecken besprenkelt. Die Füße waren nackt. Bis auf die furchtbare Kopfwunde waren keine weiteren Verletzungen erkennbar. Aber das musste nichts bedeuten.

Morgenstern und Hecht warfen einen letzten Blick auf den Toten. Hecht war es, der ihn wieder zudeckte.

»Ich denke, das reicht fürs Erste.«

Als sie etwas Abstand zu den Feuerwehrmännern gewonnen hatten, fasste Morgenstern die Situation zusammen: »Irgendjemand hat Rupert Ledermann heute Nacht aus dem Bett geholt und ihn dann erschlagen. Ihm mit irgendeinem Werkzeug den Schädel gespalten. Das war eindeutig kein Unfall. Und anschließend geht alles in Flammen auf.«

Er blickte zurück zum Apfelbaum mit Ledermanns Leiche. »Ich frage mich, warum er nicht unter den Trümmern liegt.«

Er holte das Handy heraus und gab die wichtigsten Informationen an die Zentrale in Ingolstadt durch. Unter anderem forderte er einen Suchhund des Arbeiter-Samariter-Bundes an. »Nur für den Fall der Fälle. Wir müssen die Ruine Stein für Stein untersuchen. Wir brauchen natürlich auch einen Brandfahnder.«

Dennoch war sich Morgenstern sehr sicher, dass niemand mehr unter den Trümmern lag. Das einzige Fahrzeug, das er auf dem Gelände gesehen hatte, war das verkohlte Wrack eines Mercedes, das in der ausgebrannten Garage neben dem Haupthaus stand. Ansonsten fand sich nicht einmal ein Fahrrad. Ein Zeichen dafür, dass Ledermann keinen Besuch gehabt hatte, der über Nacht bleiben wollte. Ein Besucher allerdings, ein unwillkommener, musste in der Nacht in der Mühle gewesen sein.

»Ein Täter mit einem Säbel?«, sprach Morgenstern seine Gedanken laut aus.

Hecht hielt sich die Hand vor den Mund. Morgenstern sah ihm an, dass er den Anblick der quellenden Hirnmasse nicht gut verkraftete. Ihm selbst ging es kaum anders. Er wusste genau, dass ihn Ledermanns Leiche noch lange bis in seine Träume verfolgen würde. Mit einem Mal nahm Hecht Reißaus, lief ein Stück Richtung Anlauter und übergab sich unter schauerlichen Würgegeräuschen ins Gras. Mit einem Stofftaschentuch wischte er sich den Mund ab. Dann kehrte er mit fahlem Gesicht zurück.

»Ist mir schon lange nicht mehr passiert.« Er versuchte sich an einem Lächeln. Es gelang ihm nicht. »Wir müssen herausfinden, welches Tatwerkzeug es war. Und wo das überhaupt passiert ist.«

»Er lag wie gesagt da drüben, zwei Meter vor der Haustür«, meldete sich Manfred Huber.

»Dann sehen wir uns die Stelle näher an«, entschied Morgenstern und ging auf die Hauswand zu. Besorgt schaute er zum drohend aufragenden verbliebenen Hausgiebel. »Der wird schon noch halten.«

Die Ruine war ein wüstes Durcheinander aus uralten handbehauenen Eichenbalken, die teilweise noch vor sich hin kokelten. Die Mauern waren aus massiven blass ockerfarbenen Naturkalksteinen gefertigt worden und standen nur noch im Erdgeschoss etwa mannshoch. Das gewaltige steinerne Dach war mitten ins Haus gestürzt. Alles, was sich unter dem eingebrochenen Legschiefer befunden hatte, war mit der Wucht eines Erdrutsches zermalmt worden. Möbel, Türen, Fenster, Innenwände, hölzerne Treppen, Geschirr, Bücher. Wie von einer Riesenfaust zerquetscht. Glasscherben von den Fenstern lagen überall verstreut. Hölzerne Fensterläden hingen schief in den Angeln oder waren abgerissen. In den Zweigen der Apfel- und Zwetschgenbäume im Obstgarten neben dem Haus hingen Flocken von Steinwolle aus der Dachisolierung.

»Meiner Meinung nach war das eine Explosion«, sagte Morgenstern.

»Hier ungefähr haben die Feuerwehrler die Leiche gefunden.« Huber deutete auf eine Stelle vor ihnen. Es war ein schmaler, gepflasterter Weg, der von der Haustür durch den Vorgarten führte, nun übersät von Trümmern und klitschnass vom Löschwasser. Dennoch konnte Morgenstern, als er genauer hinsah, noch eine Blutspur erkennen. Vorsichtig hob er einige Steine zur Seite, die näher bei der Türöffnung waren.

»Kommt, helft mir«, sagte er zu Hecht und Huber, die bisher nur zugesehen hatten. »Ich möchte den Weg freiräumen.«

Gemeinsam schafften sie etliche Trümmer zur Seite. Morgenstern schnitt sich den Daumen an einer Glasscherbe, aber es kümmerte ihn nicht.

»Sollte das nicht die Spurensicherung machen?«, fragte Hecht.

»Ich hab's ja gleich. Da, schau dir das an.« Morgenstern hatte ein breites Brett weggehoben, das direkt über der steinernen Türschwelle gelegen war. Darunter schimmerte es dunkel.

»Blut. Eindeutig.« Er wies auf das unzugängliche Innere der Ruine. »Rupert Ledermann war mit ziemlicher Sicherheit im Haus, als er von dem Hieb getroffen wurde. Ich vermute, dass er sich danach irgendwie noch nach draußen geschleppt hat. Trotz der fürchterlichen Verletzung.«

Hecht wischte sich die fahle Stirn mit dem Taschentuch ab. »Jetzt sollten wir aber wieder Abstand halten. Ich fühle mich hier alles andere als sicher.«

Die drei zogen sich ein Stück von der Ruine zurück. »Weiß man etwas über diesen Ledermann? Hast du von dem schon mal gehört, Manfred?«, fragte Morgenstern.

»Der Bürgermeister meint …« Huber zögerte und sah sich suchend um. »Warum reden wir nicht gleich selber mit ihm. Da drüben steht er. Ich hole ihn.«

Während er wegging, betrachtete Morgenstern die immer noch qualmende Brandstelle. Beißender Gestank lag in der Luft, und als plötzlich der Wind drehte, bekam er eine Schwade davon direkt ins Gesicht. Er hustete, Tränen schossen ihm in die Augen.

Kurz darauf war Huber in Begleitung eines schlanken Mannes um die fünfzig mit einem gepflegten Schnauzbart zurück.

»Das ist der Bürgermeister von Titting, Wunibald Thiermeyer. Herr Bürgermeister, das sind die Ermittler Mike Morgenstern und Peter Hecht von der Kripo in Ingolstadt.«

Morgenstern hustete trocken. »Herr Thiermeyer, können Sie mir etwas über den Mühlenbesitzer sagen? Er war angeblich der einzige Bewohner hier in dieser Einsamkeit.«

»Soweit ich weiß, ist das so. Früher hat er hier mit seiner Frau und den zwei Kindern gelebt, aber die sind ausgezogen.«

»Ich würde mich fürchten hier«, sagte Morgenstern.

»Ich mich auch«, stimmte der Bürgermeister zu. »Das muss man mögen.«

»Wie alt ist … war Herr Ledermann?«

»Knapp vor dem Pensionsalter. Um die dreiundsechzig, würde ich tippen.«

Morgenstern deutete in Richtung Leiche. »Sie sagten Pensionsalter? Ist er Lehrer?«

»Nein, er ist Richter.« Der Bürgermeister strich sich über seinen Bart. »Dr. Ledermann ist vor ungefähr fünfundzwanzig Jahren hierhergezogen. Wenn ich mich recht erinnere, kam er aus Unterfranken. Er hat die Schwarzmühle gekauft, die war damals völlig heruntergekommen und stand schon seit Jahren leer, und hat sie Schritt für Schritt zu einem Schmuckstück gemacht. Das hat sich über viele Jahre hingezogen, eigentlich bis heute.«

»Wussten Sie, dass er übermorgen einen Tag der offenen Tür veranstalten wollte?«

Thiermeyer bedachte Morgenstern mit einem leicht beleidigt wirkenden Blick. »Selbstverständlich. Aber woher wissen Sie das denn?«

Morgenstern zog den zerknitterten Prospekt aus seiner Gesäßtasche und hielt ihn Hecht, dem Bürgermeister und Manfred Huber vor die Nase. »Woche des offenen Jurahauses. Meine Frau wollte herkommen und sich die Mühle anschauen.«

»Und zwei Tage, bevor es so weit ist, brennt alles nieder«, sagte Morgenstern.

»So etwas nennt man wohl Schicksal«, sagte Thiermeyer.

Morgenstern schüttelte den Kopf. »So etwas nennt man Mord.«

Nach und nach stellten die Feuerwehren ihre Pumpen ab. Das Brummen der Dieselmotoren verklang, ein Wasserstrahl nach dem anderen sank in sich zusammen. Der Kampf gegen das Feuer war zu Ende. Aber niemand hätte behauptet, dass die Feuerwehren ihn gewonnen hätten. Erschöpft rollten die Männer die Schläuche ein und luden ihre Ausrüstung in die Fahrzeuge.

Bürgermeister Thiermeyer entschuldigte sich und ging von einer Wehr zur anderen, um sich bei den Leuten zu bedanken. Nacheinander fuhren die Feuerwehrautos ab. Nur noch ein paar Männer blieben zurück und warteten auf weitere Anweisungen.

Morgenstern winkte den Bürgermeister noch einmal herbei. »Wir werden Sie noch eine Weile brauchen. Was wissen Sie zum Beispiel über die Familie von Herrn Ledermann?« Er zog einen kleinen Block aus der Jackentasche, dazu einen billigen Kugelschreiber, dessen Mine sich prompt als leer erwies.

»Sie können einen von mir haben.« Der Bürgermeister griff

seinerseits in die Innentasche seines Trachtenjankers und zog einen Plastikkugelschreiber in den Farben Weiß-Blau heraus.

»Hab's mir fast gedacht«, sagte Morgenstern, als er sich das Schreibgerät näher ansah und die Aufschrift las: »›CSU – näher am Menschen‹. Aber was soll's. Einem geschenkten Gaul schaut man nicht ins Maul.«

»Sie können auch einen neutralen Stift haben, wenn Sie so viel Wert auf Unabhängigkeit legen«, sagte der Bürgermeister. »Aber Ihnen ist schon klar, dass Sie hier in einer der schwärzesten Gemeinden Oberbayerns sind? Wir sind Bayerns schwarze Perle.« Er fingerte erneut in seinem Janker und fischte einen anderen Stift heraus. »Bitte sehr.«

Morgenstern warf einen Blick darauf. »Wahnsinnig neutral.« Auf dem Kugelschreiber stand »Hanns-Seidel-Stiftung«.

»Also, wie ich vorhin schon gesagt habe, der Herr Dr. Ledermann ist ein Auswärtiger. Ein Jurist. Er hat die Mühle Ende der neunziger Jahre gekauft, für einen Appel und ein Ei, mehr war sie aber auch nicht wert. Feucht, der Dachstuhl vermodert. Er hat sie zuerst so weit hergerichtet, dass er mit seiner Frau und den beiden Kindern einziehen konnte, dann hat er sie immer weiter renoviert.«

»Und jetzt war er fertig?«, fragte Hecht.

»Fertig wird man mit so einem Anwesen wahrscheinlich nie«, sagte Thiermeyer. »Aber es scheint, dass er jetzt endlich zufrieden war.«

»Und er hat zuletzt allein hier gewohnt?«, fragte Morgenstern.

»Ja, seine Frau ist ihm vor ein paar Jahren davongelaufen, wie man so sagt.«

»Weiß man, warum?«, fragte Hecht. »Sind sie geschieden?«

»Ich glaube nicht. Sie wohnt jetzt in München, soweit ich mich entsinne. Sie hat sich bei uns im Rathaus abgemeldet.«

»Warum hat sie ihn verlassen?«, fragte Morgenstern.

»Sie hätten unseren Herrn Ledermann kennen müssen. Er war ein strenger Mann. Ein echter Richter.«

»Wie im ›Königlich Bayerischen Amtsgericht‹?«, fragte Hecht.

»Das genaue Gegenteil davon. Von bayerischer Gemütlichkeit und Bierruhe war bei ihm keine Spur. Er hatte sogar einen Spitznamen: Amtsrichter Gnadenlos.«

»Sauber«, sagte Hecht.

»Amtsrichter?«, fragte Morgenstern. »Und warum hatte ich mit ihm dann noch nie was zu tun? Ich kenne doch alle am Gericht in Ingolstadt.«

»Er war nicht in Ingolstadt«, erklärte Thiermeyer. »Er war drüben in Weißenburg. Die sind zuständig für den ganzen Landkreis Weißenburg-Gunzenhausen.«

»Wie ist das mit seiner Familie? Hat er eine neue Partnerin?«, wollte Hecht wissen.

»Von einer Lebensgefährtin weiß ich nichts. Und die Kinder sind auch nicht mehr da. Sie sind allerdings beide schon erwachsen. Der Sohn dürfte so um die achtundzwanzig Jahre alt sein und die Tochter vielleicht dreiundzwanzig oder vierundzwanzig.«

»Wir müssen die Frau und die Kinder schleunigst informieren«, sagte Hecht.

»Die Frau und der Sohn, das müsste machbar sein«, sagte Thiermeyer. »Der Sohn ist meines Wissens Rechtsanwalt im Rheinland.«

»Brav«, kommentierte Morgenstern. »Da ist er also in die Fußstapfen seines Vaters getreten.«

»Die Tochter dagegen, die ist, wie soll ich sagen …« Der Bürgermeister zwirbelte seinen Schnauzbart. »Die ist ein bisschen aus der Art geschlagen. Kam immer wieder in Kontakt mit der Polizei.«

Inspektionsleiter Manfred Huber nickte wissend.

»Ausgerechnet die Tochter des gestrengen Herrn Amtsrichters«, sagte Morgenstern. »Was hat sie denn angestellt?«

»Dies und das«, sagte Huber leichthin. »Kleinkram, der sich aber mit der Zeit läppert. Schon von früher Jugend an. Ladendiebstähle, Prügeleien, Alkohol, Drogen.«

»Und wo ist sie jetzt?«

»Nicht mehr da. Weggezogen.«

»Wir finden sie schon«, sagte Morgenstern. »Wo immer sie ist, die Kollegen dort haben sie längst auf dem Radar, die steckt in jedem Polizeicomputer.«

»Zumindest bei uns in Bayern«, sagte der Bürgermeister. »Wir sind doch die Weltmeister bei der inneren Sicherheit.«

»Anderswo klappt die Kontrolle schon auch, Herr Thiermeyer«, sagte Morgenstern. »Aber mein Bild von Ihren braven Tittinger Bürgern hat jetzt schon einen kleinen Knacks bekommen. So wie sich das anhört, vermute ich mal, dass die Ledermann-Tochter nie die staatstragende Partei gewählt hat.«

»So weit kommt's noch, dass sogar solche uns wählen.«

Noch einmal umrundeten sie die Brandstätte. Einmal bückte sich Morgenstern und hob etwas vom Boden auf. Einen grünen pausbäckigen Engelskopf aus Keramik, der wahrscheinlich von einem historischen Kachelofen stammte, der nun restlos pulverisiert war. Er würde das Köpfchen auf seinen Schreibtisch stellen und hoffen, dass es ihm bei seinen Ermittlungen als Anregung diente. Als Schutzengel taugte der tönerne Putto allerdings nicht: Das war hier inmitten der Trümmer offensichtlich.

Auch Hecht hatte ein »Beweisstück« eingesammelt: ein verbeultes weiß-blaues Schild in der Form eines stilisierten Hauses.

»Was soll denn das sein?«, fragte Morgenstern.

»Das müsstest du doch kennen«, rügte ihn Hecht. »Die Schilder hängen an jedem größeren alten Gebäude.«

»Sagt mir nichts.«

»Das ist das offizielle Zeichen dafür, dass ein Bauwerk ein schützenswertes Kulturgut ist«, erklärte Hecht. »Gemäß Haager Konvention. Schützenswert zu Friedenszeiten, aber auch im Kriegsfall.«

»Dann hätte also niemand auf die Mühle eine Bombe werfen dürfen«, sagte Morgenstern. »Und trotzdem schaut es hier irgendwie ganz danach aus. Das wird ein harter Job für den Brandfahnder.«

Er wandte sich an den Bürgermeister: »Herr Thiermeyer: Wenn Herr Ledermann ein Eigenbrötler war, warum macht er dann plötzlich diesen Tag der offenen Tür?«

»Beim Thema Denkmalschutz fühlte er sich als Missionar.«

»Hatte er denn auch Erfolg?«, fragte Hecht.

»Eher nicht. Er war halt doch ein Auswärtiger.« Der Bürgermeister zuckte entschuldigend die Achseln. »Viele haben ihn als Fremden gesehen, von dem sie sich keine guten Ratschläge geben lassen wollten. Er hat einmal in Titting im Bräustüberl einen Vortrag über die Sanierung von Jurahäusern gehalten. Wie wunderbar es sich in diesen Häusern lebt, wie wertvoll sie sind. Aber dann hat der Herr Doktor begonnen, seine Zuhörer zu beschimpfen, bloß weil ihm ein paar Leute Kontra gegeben haben. Er hat einzelne Hausbesitzer hier aus der Gemeinde bloßgestellt. Er hat sich Feinde gemacht. Es wurde ein Fiasko. Es war für ihn eine herbe Enttäuschung, dass es ihm nicht gelang, den Funken überspringen zu lassen. Dass die Leute ihm nicht glauben wollten.«

Morgenstern nickte. »Das Schicksal vieler Missionare.«

Hecht blickte zur Wiese mit dem Apfelbaum hinüber, wo der tote Rupert Ledermann unter der Silberfolie lag und in Kürze abtransportiert werden würde. »Und was wird aus allzu eifrigen Missionaren?«

Die anderen sahen ihn fragend an.

»Sie werden Märtyrer.«

DREI

Die Suche nach Aurelius Ledermann, Rechtsanwalt in Düsseldorf, erwies sich als einfach. Rechtsanwälte brauchen Werbung, und so reichte ein Blick ins Internet, um Ledermann junior als Partner einer kleinen Kanzlei direkt am Rheinufer auszumachen. Dankenswerterweise fand sich auch noch eine Handynummer.

Morgenstern saß am Sonntagmittag missmutig in seinem Büro im Polizeipräsidium und blickte auf sein Telefon. Da oben, im sonnigen Rheinland, war ein ahnungsloser Mann, der noch nicht wusste, dass von einer Sekunde auf die andere das schwarze Tuch der Trauer über ihn geworfen werden würde. Und der Werfer war kein anderer als Morgenstern – Hecht war im Nachbarbüro dabei, Ledermanns Tochter Raphaela zu ermitteln.

Bedrückt tippte Morgenstern die Zahlen der Handynummer. Es klingelte dreimal, dann meldete sich eine Männerstimme: »Ja bitte?«

»Sind Sie Aurelius Ledermann?«, fragte Morgenstern.

»Ja, warum?«

»Mein Name ist Morgenstern, ich bin Kriminaloberkommissar bei der Kripo in Ingolstadt. Und ich habe leider traurige Nachrichten für Sie. Ist jemand bei Ihnen?«

»Nein, nun reden Sie schon. Was gibt es? Was ist passiert? Kripo Ingolstadt, haben Sie gesagt? Ist etwas mit meinem Vater?«

Morgenstern merkte, dass der junge Anwalt rasch von Begriff war.

»Leider ja, Herr Ledermann. Ich habe die traurige Pflicht, Ihnen mitzuteilen, dass Ihr Vater heute Nacht ums Leben gekommen ist. Die Schwarzmühle ist abgebrannt. Wir haben seinen Leichnam geborgen. Man konnte nichts mehr für ihn tun.«

Am anderen Ende der Leitung wurde es still, totenstill.

Erst nach einer halben Minute wagte Morgenstern, wieder etwas zu sagen. »Herr Ledermann, sind Sie noch dran?«

»Ja, natürlich bin ich noch dran«, kam es aus der Leitung. »Ich bin nur etwas … wie soll ich sagen, schockiert.«

»Herr Ledermann, wir werden Sie hier unten in Bayern brauchen. Es wäre gut, wenn Sie so rasch wie möglich kommen könnten.«

»Ein Brand, haben Sie gesagt. Mein Vater ist bei dem Brand umgekommen?«

»Nun, ähm, nicht direkt. Man hat ihn tot vor dem Haus gefunden. Mit einer schweren Kopfverletzung.«

Wieder wurde es still, und Morgenstern glaubte, im fernen Düsseldorf ein leises Schluchzen und Schniefen zu hören.

»Wann können Sie da sein, Herr Ledermann?«

»Wann Sie wollen, Herr Kommissar. Diese Kopfverletzung – können Sie mir dazu etwas sagen?«

»Ungern am Telefon. Es wäre schön, wenn Sie morgen früh zu mir ins Polizeipräsidium in Ingolstadt kommen könnten.« Er gab seine Telefonnummer durch, und Ledermann versprach, am Morgen um neun Uhr in Ingolstadt zu sein.

»Wann waren Sie denn zuletzt bei Ihrem Vater?«, fragte Morgenstern. Wieder glaubte er, ein Schniefen zu hören.

»An Weihnachten. Nein, ich war auch noch einmal an Ostern da, habe auf der Durchreise nach Italien bei ihm eine Zwischenstation eingelegt, zusammen mit meiner Lebensgefährtin Laura.«

»Ah ja«, sagte Morgenstern. »Noch eine Frage: Wissen Sie, wo wir Ihre Schwester erreichen können? Haben Sie eine Adresse von ihr, eine Telefonnummer?«

»Raphaela?«, fragte Ledermann. »Moment, da brauche ich erst mein Adressbuch.« Er blätterte offenbar eine Weile, doch dann hatte er die Nummer gefunden. »Sie wohnt in Hamburg, ich habe nur eine Handynummer von ihr, aber die ist schon ziemlich alt.« Er zögerte. »Sie, ich meine Raphaela, sie hat sich ein bisschen von uns wegbewegt, von mir und von meinem Vater erst recht. Auch von unserer Mutter.«

»Ich verstehe«, sagte Morgenstern. »Und was macht sie da oben in Hamburg?«

»Sie wird nicht begeistert sein, wenn die Polizei anruft. Passen Sie auf, dass sie nicht gleich wieder auflegt, wenn Sie sich melden.«

»Warum?«

»Sie ist … sie ist in der Autonomenszene, im Schanzenviertel.«

»Eine Autonome aus dem Anlautertal«, sagte Morgenstern erstaunt. »Da wird Ihr Vater keine große Freude dran gehabt haben.«

»Das können Sie sich denken.«

Die Familie Ledermann hatte sich im Laufe der Jahre in ihre Bestandteile aufgelöst. Das hatte auch ein Kachelofen mit Engelsköpfen nicht verhindern können. Morgenstern brauchte nicht viel Phantasie, um sich vorzustellen, wie der gestrenge Amtsrichter und die aufbegehrende junge Tochter in der beschaulichen Mühle aneinandergerieten, dass die Fetzen flogen.

Ledermann junior seufzte. »Ich habe sie früher noch jedes Jahr an ihrem Geburtstag angerufen. Und ich habe mir bis vor ein paar Jahren auch den Spaß gemacht, ihr zum internationalen Frauentag zu gratulieren. Ob Sie es glauben oder nicht, das fand sie prima. Wir unterhielten uns dann immer ein bisschen, als wäre alles ganz normal und als würde sie gleich in der nächsten Woche mal bei mir vorbeischneien. Aber dann ist unser Kontakt irgendwie eingeschlafen.« Er schwieg kurz. »Darauf kann man als Bruder nicht stolz sein.«

Morgenstern dachte an seine eigenen Kinder. Was würde aus ihnen wohl eines Tages werden? Würde er ihre Entwicklung steuern können? Wann würde der Tag kommen, an dem sie sich von ihm entfernten, an dem sie sich gar für ihn und das Leben, das er führte, schämten? Und wäre das dann nur eine kurze Pubertätsphase, oder würde es ein schleichender, nicht rückgängig zu machender Prozess der Entfremdung werden?

Er gab sich einen Ruck. »Also, Herr Ledermann, ich erwarte Sie morgen um neun. Und wir schauen, dass auch Ihre Mutter und Ihre Schwester hier sein werden. Wobei Sie sich Ihr nächstes Familientreffen vermutlich anders vorgestellt hatten.«

»Um ehrlich zu sein, nein. Wissen Sie, Herr Kommissar, uns allen war klar, dass uns nur ein trauriger Anlass wieder an einem Ort versammeln könnte. Am Friedhof, an einem offenen Grab. Und ich bin mir nicht sicher, ob Raphaela auch wirklich kommt.«

»Sie wird kommen«, sagte Morgenstern aus einem unerklärbaren Gespür heraus. »Oder ich hole sie.«

Morgenstern ging ins Nachbarbüro, in dem Peter Hecht ihn bereits erwartete. Er hatte Kaffee gekocht und füllte Morgensterns Lieblingstasse – eine Pfandtasse vom Nürnberger Christkindlesmarkt, auf der der »Schöne Brunnen« abgebildet war. Hecht hatte gute Nachrichten. Es war ihm gelungen, Ledermanns Exfrau zu erreichen, und sie hatte ihm versprochen, am nächsten Morgen ins Präsidium zu kommen. Eigentlich hatte sie sofort losfahren wollen, um sich im Anlautertal ein Bild von der Lage zu machen – die Identifizierung des Toten war ihr offenbar deutlich weniger wichtig, so Hecht. Aber er hatte ihr klargemacht, dass sie an der Schwarzmühle momentan niemandem eine Hilfe sein würde.

»Ich weiß natürlich nicht, ob sie nicht trotzdem hinfährt«, sagte er. »Aber dann kann wenigstens keiner sagen, ich sei schuld gewesen, wenn sie auf offener Bühne einen Nervenzusammenbruch erleidet. Sie hat in dem Haus immerhin eine wichtige Zeit ihres Lebens verbracht.«

»Aber nicht unbedingt die glücklichste, scheint mir«, sagte Morgenstern. »Der Fuchsbau einer kaputten Familie«, murmelte er sinnend und schob Hecht dann seinen Notizblock mit Raphaela Ledermanns Telefonnummer zu. »Ihr Bruder hatte die Nummer. Sie haust irgendwo in Hamburg. Sie ist bei den Autonomen.« Er berichtete kurz, was er von Ledermann junior erfahren hatte.

»Uns bleibt auch nichts erspart«, stöhnte Hecht. »Und ich hatte mich auf einen gemütlichen Sonntagnachmittag gefreut.« Er wählte die Nummer und drückte die Lautsprecherfunktion, damit Morgenstern mithören konnte.

Das Telefon tutete nur ein einziges Mal, dann meldete sich eine Frauenstimme: »Ja?«

Morgenstern sah Hecht zufrieden an. Heute war ein Tag, an dem sie sogar den Papst im Vatikan erreicht hätten.

»Legen Sie jetzt bitte nicht gleich auf, Frau Ledermann, es geht um Ihren Vater in Titting«, sagte Hecht eilig, ohne sich schon im ersten Satz als Polizist zu outen. Das hatte Morgenstern ihm dringend ans Herz gelegt. Aus Sicht der jungen Frau sei der Oberkommissar Peter Hecht aus Schrobenhausen, leidenschaftlicher Träger dunkelbrauner Wollpullunder mit Rautenmuster, nichts anderes als ein verabscheuungswürdiger Büttel des Schweinesystems.

»Wer sind Sie? Und was geht mich mein Vater an?«, fragte die junge Frau misstrauisch.

»Was Sie Ihr Vater angeht, müssen Sie ganz allein entscheiden.

Meine Aufgabe ist es, Ihnen eine traurige Mitteilung zu machen«, sagte Hecht bedächtig. »Ihr Vater ist gestern Nacht an der Schwarzmühle ums Leben gekommen. Bei einem Brand. Und ich bin Kriminalpolizist in Ingolstadt. Wir versuchen, die Hintergründe dieses Unglücks herauszufinden.«

Auf der anderen Seite herrschte Schweigen. Schließlich sprach Hecht einfach weiter. »Ihr Bruder und Ihre Mutter kommen morgen nach Ingolstadt ins Polizeipräsidium. Ich weiß, dass es eine große Anstrengung für Sie ist, aber vielleicht könnten Sie ebenfalls da sein, morgen um neun Uhr.« Immer noch gab es keine Antwort. »Sie könnten einen Nachtzug nehmen von Hamburg, einen Intercity.«

Er zögerte kurz. »Unter gewissen Umständen könnten wir auch für die Kosten der Bahnkarte aufkommen.«

Morgenstern stellte sich Raphaela Ledermann als Punk vor, als Wohngemeinschaftsterroristin mit schwarzen Klamotten, Nietengürtel und jeder Menge Piercings. Er wusste, dass solche Leute bei Hecht unter der Rubrik »Gschwerl« rangierten: junge Menschen, die überall, wo sie auftraten, Probleme machten. Ohne persönliche Perspektive, ohne Respekt vor Autoritäten. Und natürlich ohne einen Cent in der Tasche.

»Ich werde es mir überlegen«, sagte Raphaela Ledermann. Im Hintergrund war das Bellen eines Hundes zu hören. »Halt mal die Schnauze«, befahl sie, und einen Moment lang dachte Morgenstern fassungslos, Hecht sei damit gemeint. »Um meine Anreise machen Sie sich mal keine Sorgen«, sagte sie. »Aber noch etwas: Wenn Sie mal wieder jemanden anrufen wegen einer Leiche oder so, einen Angehörigen: Dann sagen Sie als Erstes ›Herzliches Beileid‹, kapiert?«

»Kapiert«, antwortete Hecht perplex und schob tatsächlich ein gemurmeltes »Mein Beileid« hinterher. Dann legte die junge Frau auf.

Morgenstern sah, dass Hecht rot geworden war. »Die hat dich auf dem falschen Fuß erwischt, was?«, grinste er. »Ausgerechnet du, der du immer so viel Wert auf deine gute Kinderstube legst, fällst bei der Tochter eines Toten mit der Tür ins Haus. Bloß weil sie das schwarze Schaf der Familie ist.«

»Muss wohl wieder mal in einen Psychologie-Auffrischungskurs«, brummelte Hecht schuldbewusst. »Aber das Wichtigste ist: Wir haben die ganze Verwandtschaft zusammen.«

»War deine Idee. Mal unter uns: Was bringt uns das eigentlich?«

Hecht schaute ihn konsterniert an. »Wie, was bringt uns das? Das macht man halt so. Das familiäre Umfeld abklopfen. Die wissen immer am meisten.«

»Die Familie Ledermann? Die weiß so wenig wie wir, was der alte Herr in letzter Zeit in der Mühle gemacht hat, scheint mir.« Morgenstern suchte nach einem griffigen Vergleich. »Wahrscheinlich weiß sogar der Postbote mehr als sie.«

Er konnte nicht ahnen, wie recht er damit hatte.

Als Morgenstern nach Hause kam, war Fiona mit den Kindern ausgeflogen. Ein Zettel auf dem Küchentisch informierte ihn: »Sind bei einer öffentlichen Hausbesichtigung, Kapellbuck 19«.

»Oh nein!«, stöhnte Morgenstern und wunderte sich, dass die Kinder mitgegangen waren. Vermutlich hatte ihnen Fiona keine Wahl gelassen. Ihm fiel ein, dass er in der Tasche noch das Programmheft der Jurahaus-Woche herumtrug, zog es heraus und blätterte nach. Heute, am Sonntag, waren zwei Häuser zu besichtigen. Eines bei Treuchtlingen, das andere in Eichstätt am Kapellbuck.

Der Kapellbuck befand sich am westlichen Ende der Eichstätter Altstadt. Gleich hinter dem Benediktinerinnenkloster St. Walburg entsprang mitten aus einer senkrechten Felswand eine eiskalte Quelle, die einen kleinen Teich voller Forellen speiste und dann als Bach der Altmühl zustrebte; vorher allerdings trieb er noch ein Mühlrad an. Die Morgensterns waren immer wieder mal dort gewesen, um die Forellen zu füttern. Umsäumt waren Teich und Bach von dicht an dicht stehenden alten Häusern, die von Touristen kaum zu findende Ecke galt als Eichstätts »Malerwinkel«.

Das Haus mit der Nummer 19 lag an einer schmalen Straße hoch über dem Teich und befand sich mitten im Umbau. Der Putz war abgeschlagen, darunter kam Fachwerkgebälk zum Vorschein. Vor dem Haus standen diskutierend einige Besucher und Nachbarn, die meisten Interessenten wie auch Fiona und die Kinder waren wohl im Inneren unterwegs. Morgenstern hatte gelesen, dass heute auch das Bayerische Landesamt für Denkmalpflege die Gelegenheit nutzte, um für seine Sache zu werben. Ein Experte gab eine kleine Spezialführung, in der es um den fachgerechten Erhalt von jahrhundertealtem Dachgebälk ging. Morgenstern konnte nur hoffen, dass Fiona sich nicht in derlei Details verrannte, sondern sich einfach ein bisschen umschaute. Und ihm selbst wäre es am liebsten gewesen, sie würde angesichts der Herkulesaufgabe einer Haussanierung alle Illusionen über Bord werfen. »Dachgebälk-Erhalt«, muffelte Morgenstern leise. Wann um alles in der Welt hatte er sich jemals mit der Dachkonstruktion eines Hauses beschäftigt?

Im kühlen Hausflur stand verwaist ein Tisch mit einem Tablett voller Sektgläser für die Besucher. Morgenstern nahm sich ein Glas, blickte sich kurz um, ob ihn jemand beobachtete, und trank es dann in einem Zug aus. Von oben hörte er Stimmen, da würde auch Fiona mit den Kindern sein. Er stieg eine knarzende, ausgetretene, völlig verstaubte Holztreppe hoch, dann eine weitere Treppe bis unters Dach. Staunend sah er, dass hier eine Gruppe von rund dreißig Besuchern versammelt war. Dicht gedrängt in einem niedrigen, aber großen Speicher. Das Dach war nach oben offen: Die Handwerker hatten die alte Legschiefereindeckung bereits abgenommen, ebenso die Dachlattung und die Bretter, sodass nur noch das reine Gebälk stand. Darüber spannte sich mit einem Abstand von etwa einem Meter eine aufwendige Schutzdachkonstruktion aus Eisenrohren und einer dunkelgrünen Kunststoffplane.

Die Besucher umringten einen Mann, der in der Mitte des Speichers stand und mit volltönender Stimme dozierte. Das musste der Experte sein. Morgenstern stellte sich auf die Zehenspitzen. Er sah einen korpulenten Mann mittlerer Größe, etwa fünfzig Jahre alt, mit blondgrauem, vollem Haar und einem ebenfalls grauen Schnauzbart. Er trug einen Trachtenjanker, ähnlich dem des Tittinger Bürgermeisters, dazu eine dunkelbraune Cordhose.

Nun entdeckte er auch Fiona, allerdings ohne die Kinder, die vermutlich irgendwo im Freien herumtollten oder auf eigene Faust überprüften, ob die Baustelle den Anforderungen in puncto Unfallschutz entsprach. Fiona hörte dem Schnauzbart konzentriert zu. Es ging gerade um die Frage, wie viel von der alten Balkensubstanz gegen neues Material ausgetauscht werden durfte. Soweit Morgenstern das verstand, mussten morsche, verfaulte, vom Holzwurm zerfressene Stellen von den Zimmerern mit chirurgischer Präzision ersetzt werden – aber nicht die gesamten Balken, sondern nur die lädierten Abschnitte.

»Wenn Sie Kniebeschwerden haben, wollen Sie auch keine Beinamputation, sondern nur ein neues künstliches Gelenk«, sagte der Referent. Einige im Publikum kicherten zustimmend.

»Aber ist das nicht alles sehr teuer?«, meldete sich Fiona zu Wort.

»Ach, die leidige Geldfrage.« Der Denkmalpfleger lächelte. »Natürlich wird das teurer, als wenn Sie sich einen Nullachtfünfzehn-Dachstuhl auf Ihr Haus zimmern lassen. Aber diese Balken hier, sehen Sie nur, sie atmen Geschichte. Wir haben über die Dendrochronologie ihr Alter präzise bestimmen lassen: Die Bäume für diesen Dachstuhl wurden im Jahr 1497 gefällt, kurz nach der Entdeckung Amerikas durch Christoph Kolumbus. Die kann man doch nicht einfach wegwerfen, nur weil sie an einer Stelle Schaden erlitten haben.«

»Na ja, das sind aber schon sehr viele schadhafte Stellen«, beharrte Fiona und zeigte auf den dunkelbraunen Dachstuhl, in den wie in einem Puzzlespiel Stücke aus neuem, hellem Fichtenholz eingepasst waren. »Wer kann sich so etwas leisten?«

Der Denkmalpfleger deutete mit dem Finger auf Fiona. »Sie ahnen gar nicht, wie oft wir solche Fragen hören. Es gibt natürlich Zuschüsse für derartige Renovierungen – wenn auch nicht in dem Umfang, wie wir alle uns das wünschen würden.« Der Mann lächelte wieder. »Insgesamt ist eine Renovierung wie diese eine Sache, die gut überlegt sein will. Es gibt da immer Unwägbarkeiten, die vorher nicht zu kalkulieren sind. Aber am Ende haben Sie ein Schmuckstück, um das Sie viele Menschen beneiden werden. Und Sie haben ein Stück Geschichte für die Nachwelt bewahrt.«

Morgenstern sah, wie Fionas Mundwinkel nach unten gingen – die Sache mit der Nachwelt hatte sie anscheinend weniger beeindruckt als die Warnung von einem finanziellen Ritt über den Bodensee. Er registrierte es mit stiller Genugtuung. Was der Mann vom Landesamt gesagt hatte, war Wasser auf seine Mühlen. Und es kam noch besser. Der Experte war durch Fionas Fragen anscheinend in Fahrt gekommen und schilderte nun ausführlich, was vor und während einer Sanierung alles zu berücksichtigen sei. Da brauche es Genehmigungen, Ortsbegehungen, Expertengespräche. Und: »Sie brauchen natürlich eine professionelle Befunduntersuchung, am besten ein verformungsgerechtes Aufmaß …«

Morgenstern schaltete auf Durchzug und ließ den Fachmann reden. »Verformungsgerechtes Aufmaß«, murmelte er. Den Begriff musste er sich merken, um Fiona damit zu malträtieren, wenn sie wieder mal die Immobilienanzeigen nach Altbauten durchstöberte.

Er drehte sich um und ging schon einmal die steile, ausgetretene Holztreppe nach unten. Dabei murmelte er: »Heiliger Sankt Bürokratius: Du bist mein Schutzpatron!«

VIER

Am nächsten Morgen fuhr Morgenstern schon früh nach Ingolstadt. Wie immer mit der Bahn, um sich den allmorgendlichen Dauerstau auf der Bundesstraße 13 zu ersparen: Spätestens ab Friedrichshofen ging es mit dem Auto nur noch im Schleichtempo Richtung Ingolstadt. Das engste Nadelöhr bildete ein dreispuriger Verkehrskreisel auf Höhe des Westparks, eines riesigen Einkaufszentrums, das die Stadtväter vor Jahren der Innenstadt vor die Nase gesetzt hatten. In der Mitte des Kreisels stand silbern glänzend ein Denkmal, das als moderne Kunst gelten sollte: die überlebensgroße Replik eines Audi-Sportwagens, den die örtliche Automobilfabrik der Stadt spendiert hatte. Zum Dank dafür durften sämtliche Autofahrer auf ihrem Weg von und nach Ingolstadt den Silber-Boliden umtanzen wie einst die Israeliten das Goldene Kalb. Morgenstern hatte sich schon oft gewundert, dass eine Stadt so offensichtlich ihre ganze Identität mit einer Aktiengesellschaft verschmolzen hatte.

Schöner war die Stadt durch ihren neuen Reichtum seiner Ansicht nach nicht geworden. Alle neuen Gebäude, mit viel Glas und Stahl innerhalb weniger Jahre hochgezogen, rochen für ihn nach geschmackloser, beliebiger Protzerei. Wenn man aber auch nur ein bisschen an der pompösen Fassade der Stadt kratzte, kam rasch die ehrliche, wenn auch schrumpelige Haut einer leicht proletarisch angehauchten bayerischen Industriestadt zum Vorschein. Morgensterns Kollegen von der Polizeiinspektion Ingolstadt konnten ein Lied davon singen, dass an jedem Wochenende trinkfreudige junge Leute vor Kneipen und Diskotheken wüste Schlägereien vom Zaun brachen und sich auch vom Anrücken der Ordnungsmacht wenig beeindrucken ließen.

Gemächlich zuckelte die Bayerische Regiobahn von Eichstätt zum Ingolstädter Nordbahnhof. Morgenstern las den Eichstätter Kurier, der mit einem halben Dutzend Fotos auf einer ganzen Seite von Rupert Ledermanns Tod und dem Brand der Schwarzmühle berichtete. Der Oberstaatsanwalt sprach in der Zeitung bereits deutlich von einem »Verbrechen« und bemühte den Standardsatz, die Polizei ermittle »in alle Richtungen«. Der Bürgermeister kam zu Wort und zeigte sich »erschüttert«, ebenso der Feuerwehrkommandant. Nur den Begriff »Richter Gnadenlos« hatte sich die Redaktion aus Pietätsgründen verkniffen. Die Bildzeitung würde das in ihrer Version der Geschichte gewiss anders halten.

Der Zug hatte Ingolstadt fast erreicht. Er fuhr direkt durch das Audi-Werksgelände, vorbei an grau lackierten durchnummerierten Hallen und schier endlosen Güterzügen, auf denen die fabrikneuen Autos an die norddeutschen Häfen gefahren wurden. Mit einem leisen Quietschen hielt er schließlich am Nordbahnhof, und nach einem zehnminütigen Fußmarsch war Morgenstern im Polizeipräsidium. Peter Hecht war schon seit einer halben Stunde im Dienst.

»Wir haben Neuigkeiten«, sagte er. »Gerichtsmediziner Hagedorn hat Dr. Ledermann schon untersucht.«

»Und, was sagt er?«

»Wir sollen zu ihm rauskommen. Ins Klinikum. Mit dem Säbel liegen wir wohl einigermaßen richtig. Mehr wollte er noch nicht sagen.«

Morgenstern dachte nach. »Jemand hat also mit irgendetwas auf Ledermann eingeschlagen und dann das Haus samt Amtsrichter angezündet. Aber was hat er davon, wenn er das Haus zerstört? Hat der Brandfahnder schon etwas gefunden?«

»Der ist momentan noch draußen und ermittelt.«

»Wir müssen Ledermanns Telefonanschlüsse überprüfen lassen«, schlug Morgenstern vor. »Ich beantrage das gleich mal. Wie ich die Telekom kenne, dauert das alles seine Zeit.«

Er schaute auf die Uhr. In Kürze würde sich die Familie des Toten hier versammeln. Drei Menschen, die dem vermeintlichen Idyll im Anlautertal den Rücken gekehrt hatten und wohl nicht nur geografisch so viel Abstand wie möglich zwischen sich und Ledermann gebracht hatten. »Bye, bye, Bullerbü«, murmelte er und trank seine Kaffeetasse mit einem großen Schluck leer.

Mutter, Sohn und Tochter kamen gleichzeitig. Elvira Ledermann hatte sich mit ihren fünfundsechzig Jahren gut gehalten. Als trauernde Witwe war sie ganz in Schwarz gekleidet, mit einem schicken ärmellosen Kostüm, das sie ganz gewiss nicht für Beerdigungen erworben hatte. Sie trug dezenten Schmuck: eine lange Perlenkette und dazu passende Ohrstecker. Ob ihre Haarfarbe – blond – original war, konnte Morgenstern nicht entscheiden. Eher nicht, vermutete er. Aurelius war ein hagerer junger Mann, der Morgenstern als Erstes seine Visitenkarte in die Hand drückte. »Aurelius J. Ledermann«, stand darauf, »Anwalt mit den Schwerpunkten Familien- und Jugendrecht«. In seinem dunkelblauen Anzug mit der schwarzen Krawatte sah er aus wie aus dem Ei gepellt; das bereits schütter werdende dunkelbraune Haar hatte er nach hinten gegelt, wodurch seine Geheimratsecken besonders deutlich zum Vorschein kamen.

Seine Schwester Raphaela, die sich auf einen der unbequemen Stühle im Besprechungsraum gefläzt hatte, wirkte wie der exakte Gegenentwurf zu ihm. Ungepflegt, mit strähnigem schwarzen Haar, ungesund bleicher Gesichtsfarbe. Im rechten Nasenflügel glitzerte ein kleiner, dennoch auffälliger Ring, auch die rechte Ohrmuschel war von mehreren Ringen durchstochen. Sie trug eine schwarze Lederjacke mit silbern glänzenden Nieten, vor der Brust, über einem weißen Feinrippunterhemd, baumelte ein großes Kreuz aus Metall. War ihr Bruder hager, so war Raphaela mager. Ihre Beine, die in einer eng anliegenden schwarzen Jeans steckten, waren spindeldürr. Ihre dunklen großen Augen hatte sie mit Kajal schwarz umrandet.

War sie hübsch? Morgenstern wusste selbst nicht so genau, wie er diese Frage beantworten sollte. Auf ihre Art war sie sicher attraktiv, so wie die Mädchen, die vor ein paar Jahren von den internationalen Modeschöpfern auf die Laufstege geschickt worden waren, um den »Heroin Chic« populär zu machen. Raphaela wurde begleitet von einem zotteligen schwarzen Hund, einer halbhohen Promenadenmischung, der sich zu ihren Füßen unter den Besprechungstisch gelegt hatte, nachdem er erst einmal misstrauisch Morgensterns und Hechts Hosenbeine beschnüffelt hatte.

»Ich möchte Ihnen allen unser herzliches und aufrichtiges Beileid bekunden«, sagte Morgenstern gedrechselt, und Hecht bekräftigte mit eifrigem Nicken. »Wir haben anschließend noch einen schweren Gang vor uns. Zumindest einer oder eine von Ihnen muss die Leiche, ich meine Herrn Dr. Ledermann, offiziell identifizieren.«

»Wissen Sie denn noch nicht, ob er es ist?«, fragte Elvira Ledermann scharf.

»Doch, natürlich«, sagte Hecht. »Die Menschen im Anlautertal, die Helfer von der Feuerwehr und auch der Tittinger Bürgermeister kannten ihn ja. Aber wir brauchen auch die Erklärung eines engen Angehörigen, dass er es wirklich ist.«

»Ach so«, sagte Elvira Ledermann. »Wenn es möglich ist, würde ich mir den Anblick gerne ersparen. Ich glaube nicht, dass ich dem gewachsen bin.«

»Dann mache ich das«, meldete sich Raphaela zu Wort. »Mir macht das nichts aus.«

Morgenstern wunderte sich darüber kein bisschen. Bei näherer Betrachtung schien ihm die blass geschminkte Raphaela einen Hang zur Gothic-Szene zu haben, in der eine morbide Grundeinstellung quasi zum Programm gehörte.

»Ich würde auch mitkommen«, sagte ihr Bruder nach kurzem Überlegen. Morgenstern hatte den Eindruck, als wolle er seiner Schwester diese Aufgabe nicht allein überlassen. Ehe er etwas dazu sagen sollte, meinte Raphaela großzügig: »Von mir aus, Bruderherz. Sehen wir ihn uns gemeinsam an. Hoffentlich sind wir uns dieses eine Mal einig.«

»Wie bitte?«, fragte Morgenstern.

»Einig bei der Identifizierung.«

»Ach so. Machen Sie sich da mal keine Sorgen. Wie gesagt, es ist eher eine Formalie. Aber der eigentliche Grund, warum wir Sie so eilig zusammengerufen haben, ist, dass wir mehr über Dr. Ledermann erfahren müssen. Auch wenn Sie alle drei schon länger nicht mehr mit ihm zusammenwohnten, so sind Ihre Informationen doch wichtig für uns. Wie heißt es: Blut ist dicker als Wasser.«

Peter Hecht zog ein großes braunes Kuvert hervor, öffnete es und holte mehrere großformatige Fotografien heraus.

»Ich will das nicht sehen«, sagte Elvira Ledermann mit bebender Stimme. »Sie werden mir doch keine Fotos von der Leiche zeigen?«

Hecht winkte ab. »Nein, das sind Aufnahmen von der Schwarzmühle beziehungsweise von dem, was noch übrig ist.« Er fächerte einige Bilder auf, die das Trümmerfeld zeigten, das einmal die stolze Schwarzmühle gewesen war. Alle drei Angehörigen zeigten sich entsetzt, obwohl sie vergleichbare Fotos mit Sicherheit schon am frühen Morgen in der Zeitung gesehen hatten. Direkt neben dem Polizeipräsidium befand sich ein großer Kiosk – und der Ingolstädter Donaukurier, der dort immer stapelweise auflag, hatte ein Foto vom Unglücksort groß auf der Titelseite.

Hechts Fotoausdrucke gingen von Hand zu Hand. Elvira Ledermann hielt sich die Hand vor den Mund, als könne sie nur so einen Ausruf des Entsetzens unterdrücken. Sohn Aurelius versuchte offenkundig, seiner Rolle als starker Mann gerecht zu werden, musste sich aber doch verstohlen die Augen reiben. Nur Raphaela verzog keine Miene, schüttelte allerdings mehrmals kaum merklich den Kopf.

»Solche Verheerungen deuten auf eine Explosion hin«, sagte Hecht langsam und hielt ein Übersichtsbild vom Brandort in die Höhe. »Es gibt gewisse Anzeichen. Haben Sie eine Idee, ob es in dem Anwesen etwas Explosives gab? Auch wenn Sie schon lange nicht mehr im Haus waren.«

Alle drei dachten angestrengt nach. Man konnte ihnen fast ansehen, wie sie das Haus vom Keller bis zum Speicher abgingen, auf der Suche nach einer großen Kiste mit der Aufschrift »Dynamit«.

»Lassen Sie sich bitte in Ihren Überlegungen nicht einengen«, sagte Hecht nach einigen Sekunden. »Es kann alles Mögliche gewesen sein. Eine alte Gasflasche, vielleicht auch mehrere. Oder ein Benzintank. Oder ist es vielleicht denkbar, dass es irgendwo im Haus«, er zögerte kurz, »dass da irgendwo Sprengstoff war?« Aufmunternd blickte er in die Runde.

»Sprengstoff?«, fragte Raphaela irritiert. »Wie sollte denn Sprengstoff in die Schwarzmühle kommen?«

»Wir dürfen nichts von vorneherein ausschließen«, stellte Hecht klar. »Aber Gasflaschen sind natürlich auch eine Möglichkeit. Wie man sie zum Campingurlaub benutzt.«

»Mein Exmann, also Rupert, war ganz gewiss kein Camper«, sagte Elvira Ledermann.

»Man braucht solche Flaschen auch, wenn man zum Beispiel

Unkraut aus den Pflasterritzen in der Hofeinfahrt brennen will«, half Morgenstern. »Manche Menschen betreiben regelrecht Brandrodung rund um ihr Haus.«

»Nein, das kann ich mir bei Rupert nicht vorstellen. Das wäre ihm zu gefährlich gewesen. Obwohl er bei der Gartenarbeit ausgesprochen penibel war.« Elvira Ledermann blickte an die Decke. »Und er war es auch ansonsten. Immer korrekt. Ein Perfektionist.« Sie senkte den Blick wieder und schaute lange auf eines der Fotos von der Schwarzmühle. »Ein Pedant.«

»Aha«, sagte Morgenstern gedehnt. »Sind Sie eigentlich geschieden, oder leben Sie in Trennung?«

»Wir sind seit etwa vier Jahren getrennt. Ich wohne in München, wie Sie ja schon wissen, und habe einen neuen Partner.« Sie schwieg lange.

»Aber die Scheidung haben Sie nie vollzogen?«, fragte Hecht irgendwann.

»Nein. Offiziell waren Rupert und ich immer noch verheiratet. Er wollte eine Scheidung unbedingt vermeiden. Er war in dieser Hinsicht, und nicht nur in dieser, sehr konservativ.«

»Und Ihrem neuen Lebensgefährten hat das nichts ausgemacht?«, fragte Morgenstern.

»Nein, warum auch«, sagte Elvira Ledermann leichthin. »Dragan hat sich nie daran gestört.«

»Dragan?«, fragte Hecht und hielt den Füller bereit.

»Ich fände es schön, wenn Sie ihn nicht in diese Sache hineinziehen …« Elvira Ledermann spielte fahrig mit ihrer Perlenkette. »Er heißt Dragan Starcevic.«

Hecht ließ sich den Namen buchstabieren und schrieb ihn auf. »Was ist das für ein Landsmann?«, wollte er wissen.

»Dragan ist Serbe.«

»Und was macht Herr Starcevic beruflich?«, fragte Morgenstern.

»Er arbeitet als selbstständiger Kaufmann.«

»Wohnt er mit Ihnen zusammen?«

Elvira Ledermann legte genervt den Kopf in den Nacken. »Ich möchte wirklich wissen, warum Sie das alles wissen wollen. Mein Exmann ist gestorben, und Sie quetschen mich hier aus wie eine Zitrone und wollen privateste Dinge wissen!«

»Reg dich nicht auf, Mama«, sagte Aurelius Ledermann und legte ihr die Hand auf den Arm. »Das geht schon in Ordnung. Die müssen solche Sachen fragen.«

»Also schön«, seufzte sie. »Dragan ist deutlich jünger als ich, etwa fünfzehn Jahre. Und er hat seine eigene kleine Wohnung.«

Hecht notierte sich die Adresse in München. »Kannten sich die Männer?«, fragte er beiläufig.

»Nein, sie sind sich nie begegnet. Aber Rupert wusste von Dragan. Ich habe nie ein Geheimnis daraus gemacht. Wir sind alle erwachsene Menschen. Es ist doch nicht unüblich, dass eine Beziehung in die Brüche geht. Wenn ich recht informiert bin, wird ein Drittel aller Ehen in Deutschland geschieden.«

Peter Hecht schaute nachdenklich, seine Ehe war schon vor Jahren in die Brüche gegangen. Allerdings führte er seitdem, im Unterschied zu Elvira Ledermann, ein Singledasein, mit dem er sich langsam arrangiert hatte.

»Wir waren vorhin bei den Ursachen für eine Explosion stehen geblieben«, übernahm Morgenstern. »Gab es vielleicht ein Schweißgerät mit Gasflaschen in der Mühle?«

Alle drei Ledermanns verneinten. Aurelius sagte: »Nicht solange wir noch in der Mühle gewohnt haben.«

»Dann müssen wir wohl auf die Brandfahnder warten«, sagte Hecht. »Die haben in solchen Fällen noch immer etwas Verwertbares gefunden. Sie werden uns bald sagen können, was der Auslöser war. Aber viel dringender ist die Frage: Wer? Wir müssen wissen, ob Rupert Ledermann Feinde hatte. Menschen, mit denen er im Streit lag. Die ihm vielleicht schon einmal gedroht hatten. Anscheinend ist er mit seinem Kampf für die Denkmalpflege angeeckt. Und wir haben gehört, dass er in seiner Tätigkeit als Amtsrichter einen gewissen, äh, nun, einen gewissen Ruf hatte.«

»Sagen Sie es ruhig«, sagte Raphaela und fixierte nun Hecht mit ihrem Hypnoseblick. »Sagen Sie ruhig, dass man ihn in Weißenburg drüben ›Richter Gnadenlos‹ nannte.«

Es wurde still am Besprechungstisch, und Raphaela wandte sich ihrem Hund zu, um ihn im Nacken zu kraulen.

»Seine Urteile waren also öfter mal ein bisschen streng?«, fragte Morgenstern vorsichtig.

Der Sohn übernahm die Antwort. »Was heißt schon ›streng‹?

Unser Vater war sehr korrekt. Und als Amtsrichter hatte er eher die kleineren Delikte und ging mit Menschen um, von denen er dachte, er könne noch irgendwie pädagogisch auf sie einwirken.«

»Indem er sie besonders hart anfasste?«, fragte Morgenstern.

»Er hat immer darauf gedrängt, dass es sehr rasch zur Verhandlung kam, dass den Betroffenen der Zusammenhang zwischen Tat und Strafe direkt vor Augen stand.«

»Knüppel aus dem Sack«, sagte Morgenstern trocken.

»Er war mit Sicherheit kein Kuscheljurist. Seine Urteilsbegründungen waren berühmt. Manchen kleinen Burschen hat er auf so ein Format zusammengefaltet.« Mit Daumen und Zeigefinger beschrieb Aurelius die Größe einer Briefmarke.

Raphaela, die wieder ihren Hund kraulte und deren Kopf dabei halb unter der Tischplatte verschwunden war, ließ sich gedämpft vernehmen: »Vor Gericht war er ein Riesenarschloch, das wissen wir doch alle.«

Morgenstern kniff die Augen zusammen. »Dann müssen wir davon ausgehen, dass mancher mit ihm noch eine Rechnung offen hatte?«

Aurelius Ledermann widersprach. »Das denke ich nicht. Diese Amtsgerichtskandidaten, das sind alles nur kleine Fische. Soweit ich die kenne, denken die nicht in solchen Dimensionen. Dass man sich am Richter rächen müsste, bloß weil der mit seinem Urteil ans Limit gegangen ist – wenn das so wäre, dann gäbe es in ganz Deutschland permanent Mord und Totschlag. Kleinkriminelle führen keinen Krieg gegen die Gesellschaft. Die wollen sich nur irgendwie durchs Leben wurschteln.«

Morgenstern schaute Hecht fragend an. Im Moment kamen sie nicht weiter.

»Ich denke, Sie sollten zumindest die nächsten drei Tage für uns hier verfügbar sein«, sagte er abschließend. »Es gibt für Sie bestimmt auch einiges zu regeln. Die Beisetzung … Auch an der Schwarzmühle wird man Sie brauchen. Wir von der Kripo werden Ihre Hilfe benötigen, Informationen, die nur Sie haben.«

Die Mutter nickte, und die Kinder schlossen sich zögernd an. »Ich kann ja wohl in München bleiben. Wenn Sie mich brauchen, bin ich in einer Dreiviertelstunde hier«, sagte Elvira Ledermann. »Aurelius, wenn du möchtest, kannst du gerne bei mir wohnen.«

Der Sohn nickte.

Morgenstern war überrascht, dass das Angebot nicht auch für die Tochter galt, aber Raphaela hatte anscheinend nichts anderes erwartet und sich bereits anderweitig eine Unterkunft organisiert.

»Ich werde bei Andi in Raitenbuch wohnen.«

»In dieser seltsamen Kommune? Gibt's die noch immer?« Elvira Ledermann runzelte missbilligend die Stirn.

»Misch dich nicht ein, Mama«, befahl Raphaela. »Ja, die gibt's noch. Und bei denen kann ich übernachten. Samt Nero. Das wäre bei dir ja wohl nicht möglich.«

Die Spannung zwischen Mutter und Tochter war beinahe mit Händen zu greifen. Und der Hund hatte endlich einen Namen: Nero. Wie der verrückte römische Kaiser, der seine eigene Stadt in Schutt und Asche gelegt und dazu die Lyra gespielt hatte. Morgenstern dachte einen Moment lang an Peter Ustinov in »Quo Vadis« – »Oh flammendes Rom, oh loderndes Feuer« – und wollte schon die schräge Filmmelodie summen. Da fiel ihm die Brandruine der Schwarzmühle ein, und er ließ es bleiben.

Stattdessen stand er auf. »Wir müssen jetzt leider noch zur offiziellen Identifizierung des Toten, und ich schätze, wir haben alle einen langen Tag vor uns. Sie werden vermutlich an den Unglücksort fahren wollen?«

»Ja«, sagten die drei Ledermanns wie aus einem Mund.

»Da fällt mir noch ein: Wie viel war denn das Anwesen wert?«

»Eine Dreiviertelmillion Euro«, sagte Elvira Ledermann. »Aber wenn man so ein Haus verkaufen will, muss sich erst ein Liebhaber dafür finden. Im Immobiliengeschäft gibt es drei entscheidende Kriterien, die den Wert eines Hauses bestimmen: erstens die Lage, zweitens die Lage und drittens die Lage.«

»Und die Lage der Schwarzmühle war nicht gerade verkaufsfördernd.«

»Ganz und gar nicht. Was denken Sie wohl, warum wir inzwischen alle in Großstädten leben«, sagte die Mutter. »Wir, ich denke, dass ich für uns drei sprechen kann, hatten es gründlich satt, in der Einsamkeit zu wohnen wie die Eremiten.«

»Im Unterschied zum Familienvorstand«, sagte Morgenstern. »Der blieb mutterseelenallein zurück.«

»Das Haus war bestimmt gut versichert«, warf Hecht ein.

Aurelius sah ihn skeptisch an. »Ich glaube nicht, dass das eine entscheidende Rolle für Ihre Ermittlungen spielen wird. Aber selbstverständlich versichert man Häuser gut. Und unser Vater hatte da bestimmt alles perfekt geregelt. Hausrat, Brandschutz, das Hochwasser der Anlauter.«

Morgenstern blickte überrascht auf. Die Anlauter, so wie er sie bei seiner Fahrt zur Schwarzmühle gesehen hatte, war ein zwei, vielleicht drei Meter breiter Bach, der sich malerisch durch ein Wiesental schlängelte. »Das Rinnsal kriegt Hochwasser?«, fragte er.

Aurelius Ledermann nickte. »Oh ja! Die Anlauter kann ganz überraschend und sehr heftig über die Ufer treten. Sie ist dann nicht wiederzuerkennen. Im Frühjahr, wenn der Schnee schnell schmilzt und die Wiesen gefroren sind, wird es kritisch. Am schlimmsten ist es drunten in Enkering und Kinding. Aber auch bei uns kann es knüppeldick kommen. Wir hatten im Haus eine große Pumpe für den Fall der Fälle. Einmal hat mein Vater gegen das Hochwasser gekämpft, als ginge es um sein Leben. Mit Sandsäcken, mit dem Eimer. Wir waren damals noch Kinder, aber ich habe das nie vergessen.«

»Hat ihm denn niemand geholfen?«, fragte Morgenstern. »Nachbarn? Freunde? Die Feuerwehr? Das Technische Hilfswerk?«

Elvira Ledermann blickte Morgenstern nachdenklich an, als wisse sie nicht, ob sie ihm sagen sollte, was sie gerade dachte. »Er hatte da draußen keine Freunde«, sagte sie schließlich. »Und er war nicht der Mann, der fremde Hilfe angenommen hätte. Einer wie er rief nicht die Feuerwehr.«

»Solchen Menschen ist nicht zu helfen«, kommentierte Morgenstern trocken.

»Jetzt sowieso nicht mehr«, sagte Hecht und steckte die Kapsel auf seinen Füllhalter.

Die beiden Ledermann-Sprösslinge identifizierten ihren Vater im Keller des Ingolstädter Klinikums im Westen der Stadt mit versteinerten Mienen.

Keiner der beiden ließ sich Gefühle anmerken. Aber Morgenstern und Hecht wussten, dass das nicht unbedingt etwas heißen musste. Aurelius stieg anschließend in den BMW seiner Mutter, die vor dem Klinikum auf einem Parkplatz gewartet hatte, und schon brausten die beiden nach München.

»Und Sie fahren jetzt zu dieser Wohngemeinschaft?«, fragte Morgenstern Raphaela, bevor er und Hecht zum Präsidium zurückfuhren. Die junge Frau war mit einem uralten weißen VW Golf mit Hamburger Kennzeichen gekommen.

»Na und?«, fragte sie zurück. »Was geht Sie das an?«

»Ich meine nur. Auf dem Land, in so einem Kaff wie Raitenbuch, ist so etwas doch eher selten.«

»Die WG gibt es schon seit Ewigkeiten. Ich habe da früher auch mal ein paar Monate gewohnt, als ich es daheim nicht mehr ausgehalten habe.«

»Und dann haben Sie es da auch nicht mehr ausgehalten?«, fragte Morgenstern.

»Ich möchte mal wissen, was Sie das alles angeht.«

»Ich will mir nur einen kleinen Überblick verschaffen. Werden Sie länger bleiben?«

Raphaela sah ihn von der Seite an und wirkte auf Morgenstern zum ersten Mal unsicher. »Ich weiß es noch nicht. Ich muss erst sehen, wie es da jetzt ist. Damals, als ich noch dort gewohnt habe, war es eine schöne Zeit. Nur das Ende nicht.«

»Wo ist Raitenbuch eigentlich?«, fragte Morgenstern.

»Sie kennen das nicht? Das ist nordwestlich von Titting. Auf der Jurahochfläche. Auf Weißenburger Gebiet.«

»Dann ist das ja schon Franken«, stellte Morgenstern, der gebürtige Nürnberger, erfreut fest.

»Die WG ist in einem kleinen alten Bauernhof, den Andi von seiner Oma geerbt hat.«

»Ein Jurahaus?«, fragte Morgenstern. »Mit Legschieferdach und so?«

»Sogar mit Fensterläden, wenn Sie es genau wissen wollen. Und mit einem Stadel und einem leeren alten Kuhstall.«

»Meine Frau sucht nach einem Jurahaus«, sagte Morgenstern zur Erklärung, auch im Bemühen, dem Gespräch eine persönliche Note zu verleihen.

»Ihre Frau? Und Sie nicht?«

Raphaela hatte den Nagel auf den Kopf getroffen. Morgenstern wurde einen Moment lang rot.

Unaufgefordert sprudelte es aus Raphaela Ledermann heraus: »Bei uns war es genau umgekehrt, da war das Haus nur Sache meines Vaters. Sein Projekt, sein Heiligtum. Ich durfte noch nicht einmal einen einzigen verdammten Nagel in die Wand schlagen, um ein Bild aufzuhängen. Ein Poster aus der ›Bravo‹ mit Tesafilm übers Bett zu kleben, das ging überhaupt nicht. Erstens war die ›Bravo‹ für ihn Teufelszeug. Und zweitens hätte der Tesa ja die sieben Lagen seiner Kalkfarbe beschädigen können oder gleich das ganze Haus zum Einsturz bringen.«

Sie schwieg, weil ihr offenbar bewusst wurde, dass genau das eingetreten war. Das Haus war eingestürzt, wenn auch bestimmt nicht wegen eines harmlosen Tesastreifens an der Wand eines Mädchenzimmers. Oder vielleicht doch?

Morgenstern hatte irgendwo einmal über kleine Ursachen und ihre angeblich globalen Auswirkungen gelesen: Da war die Rede davon gewesen, dass der Flügelschlag eines Schmetterlings im brasilianischen Regenwald sich am anderen Ende der Welt zu einem Wirbelsturm auswachsen könnte. Er hatte das für Humbug gehalten, diese sogenannte Chaostheorie. Aber vielleicht war im Anlautertal etwas in dieser Art geschehen: kleine, harmlos scheinende Frustrationen, die sich im Laufe der Zeit zu einem Hurrikan der Gefühle hochgeschaukelt hatten bis zur gewaltsamen Explosion. Raphaela Ledermann, ein Schmetterling mit mächtigen Flügeln? Er sah sie an, wie sie neben ihm stand, schwarz gekleidet und blass geschminkt. Eher ein Nachtfalter, eine Motte. Morgenstern beschloss, sie im Auge zu behalten, und ließ sich die Adresse der WG geben.

»Glauben Sie, dass ich etwas mit dem Tod meines Vaters zu tun habe?«, fragte Raphaela geradeheraus.

»Ich möchte nur wissen, wo wir Sie erreichen können«, antwortete Morgenstern ausweichend.

Raphaela schaute ihn geringschätzig an. »Ihr Bullen seid alle gleich. Ihr geht nur nach Äußerlichkeiten. Jemand hat ein Piercing – dann ist er schon verdächtig. Jemand trägt eine schwarze Lederjacke – dann legt er bestimmt auch Bomben. Jemand schminkt sich weiß – dann feiert er auf dem Friedhof schwarze Messen. Jemand wohnt in einer WG – dann hat er ein Drogenproblem.«

»Dann fahren Sie mal schön nach Raitenbuch«, sagte Morgenstern. »Und ich überprüfe die Sache mit den schwarzen Messen.«

»Das ist nicht Ihr Ernst?«

»Mein heiliger Ernst.« Morgenstern schaute absichtlich besonders grimmig. »Ich wohne schließlich im katholischen Eichstätt. Der Bischof versteht bei solchen Sachen keinen Spaß.«

Raphaela sah ihn zweifelnd an, dann sagte sie: »Rutscht mir doch alle den Buckel runter.«

Die beiden Kommissare warteten, bis die Tochter des Amtsrichters mit ihrem Wagen weggefahren war, dann gingen sie noch einmal in die Klinik zurück. Dr. Hagedorn hatte ihnen bei der Identifizierung der Leiche zugeraunt, er wolle noch mit ihnen sprechen. Als sie in den Keller kamen, hatte er den Leichnam zu Morgensterns Erleichterung bereits wieder zurück in ein Kühlfach geschoben. Der Mediziner saß an einem Schreibtisch und trank mit einem Strohhalm in aller Seelenruhe Erdbeermilch aus einem Tetra-Pak. Irgendwie fand Morgenstern das schlürfende Sauggeräusch für Hagedorns Arbeitsplatz unangemessen, in unmittelbarer Nachbarschaft zu den tiefgekühlten Verstorbenen.

Der Mediziner ließ sich vom Kommen der Ermittler nicht beirren und schlürfte die Packung mit atemberaubenden Geräuschen leer.

»Unschön, nicht wahr?«

»Klingt für mich ziemlich vampirmäßig«, sagte Morgenstern.

»Wie bitte?«

»Ihr Strohhalm.«

»Ach so. Nein, ich meinte die Verletzung von Dr. Ledermann. Unschön.«

»Was haben Sie herausgefunden?«

»Was Sie vermutlich interessieren wird, ist der Todeszeitpunkt. Wir können ihn auf die Zeit zwischen ein Uhr dreißig und zwei Uhr dreißig Uhr eingrenzen. Zur Todesursache lässt sich sagen: Dieser entsetzliche Hieb ist tatsächlich die einzige Verletzung. Es gibt keine Spuren, die auf einen Kampf hindeuten, leider auch keine DNA-Spuren unter den Fingernägeln oder andere verwertbare Spuren, obwohl die Hände, auch die Knie, voll Blut waren. Es ist ausschließlich sein eigenes.«

»Wir haben eine Blutspur entdeckt«, sagte Morgenstern. »Sie führte vom Hauseingang hinaus ins Freie. Dort hat man die Leiche gefunden.«

»Das deckt sich mit exakt mit meinen Ergebnissen. Dieser Hieb, so schrecklich er auch war, tötete den Mann nicht sofort. Das menschliche Gehirn, seine Reflexe, sind ein Mysterium. Der Mann schien für den Angreifer tot. Aber er war möglicherweise nur bewusstlos und schaffte es später noch, sich ins Freie zu schleppen. Alles deutet darauf hin.«

Morgenstern dachte kurz an den hanseatischen Seeräuber Klaus Störtebeker, der der Legende nach noch mit abgeschlagenem Kopf ein Stück weit rennen konnte. Der Säbel fiel ihm ein.

»Was war denn nun die Waffe, Herr Hagedorn?«

»Die Waffe? Das Tatwerkzeug? Ich habe die Wunde exakt vermessen. Hochinteressant übrigens.« Hagedorn hielt immer noch seine leere Erdbeermilchpackung in der linken Hand und versuchte nun, auch noch den allerletzten Tropfen herauszusaugen. Wieder gab es das zischend-schlürfende Geräusch, das Morgenstern jetzt eine Gänsehaut verursachte.

»Nun, bei genauer Betrachtung denke ich da in der Tat an ein Werkzeug. Ein Gartenwerkzeug, als einstweilige Arbeitshypothese könnten Sie sich einen Spaten vorstellen.«

»Einen Spaten?«, fragten Hecht und Morgenstern wie aus einem Mund.

»Ja. Einen kurzen Spaten. Mit großer Wucht geschlagen. Es gibt dafür klare Indizien: Ich habe tief in der Wunde winzige Spuren von Erde gefunden.«

Morgenstern durchfuhr ein Schauer, als er sich vorstellte, wie die tödliche Waffe auf Rupert Ledermanns Kopf niedergefahren war.

»Ein Gartengerät«, sagte Hecht. »Der Mörder ist immer der Gärtner.«

»Wir müssen mit den Leuten vom Amtsgericht Weißenburg reden«, sagte Peter Hecht, als sie am Nachmittag mit ihren Kaffeetassen in Morgensterns Büro saßen. »Wir müssen herausfinden, welche Problemfälle Ledermann in den letzten Jahren bearbeitet hat. Irgendwie muss er sich seinen Ruf schließlich verdient haben.«

»Meinst du, das geht telefonisch?«

»Du kennst meine Ansicht: Besser ist es, solche Dinge von Angesicht zu Angesicht zu klären. In Weißenburg könnten wir auch gleich die Akten einsehen, falls es irgendwelche Dinge gibt, die nicht ganz koscher waren.«

Hecht suchte im Netz die Telefonnummer des Amtsgerichts und ließ sich mit dem Amtsleiter verbinden. Sie könnten jederzeit noch heute vorbeikommen, erfuhr er. Das ganze Gericht sei bestürzt über den Tod von Dr. Ledermann, und alle würden bei den Ermittlungen nach Kräften mithelfen.

Hecht druckste ein bisschen herum. »Es gibt da wohl ein paar Fälle, in denen Dr. Ledermann besonders streng geurteilt hat.«

»Hat sich das schon bis zu Ihnen nach Ingolstadt herumgesprochen?«

»Na ja, wir haben am Rande was läuten hören von wegen ›Richter Gnadenlos‹. Ich dachte aber immer, der Titel sei bereits vergeben.«

»Da gibt es in Deutschland immer ein paar, die Anspruch darauf erheben. Nun gut, ich suche Ihnen einige Unterlagen zusammen.«

»Also, auf geht's nach Weißenburg«, sagte Hecht, nachdem er aufgelegt hatte.

»Und auf dem Weg dorthin schauen wir noch mal bei der Schwarzmühle vorbei«, entschied Morgenstern. »Vielleicht hat unser Brandfahnder schon etwas gefunden.«

Es war ein herrlicher Sommertag; über fünfundzwanzig Grad warm, wolkenloser Himmel. Die beiden Ermittler fuhren auf der Autobahn von Ingolstadt nach Norden. Vorbei an der Petroplus-Raffinerie mit ihren riesigen, runden weißen Tanks. Die Autobahn durchschnitt ein großes Waldgebiet, den Köschinger Forst, einige Kilometer danach ging es steil den Kindinger Berg hinab ins Altmühltal. Hier verließen sie die Autobahn und fuhren durch Enkering, das Anlautertal aufwärts Richtung Emsing und zur Schwarzmühle.

Schweigend näherten sie sich der Ruine der Schwarzmühle und stellten den Audi neben einem Haufen verkohlter Balken ab. Die Feuerwehrler hatten am vergangenen Tag und noch an diesem Vormittag ganze Arbeit geleistet und den Trümmerberg, soweit das möglich war, begehbar gemacht. Ein Techniker der Kripo in weißem Overall lief dazwischen herum. Als er Morgenstern und Hecht sah, kam er zu ihnen.

»Haben Sie schon was gefunden?«, fragte Hecht.

»Das ist hier alles nicht ganz einfach«, sagte der Techniker, ein junger Mann, dessen linke Augenbraue zu Morgensterns Überraschung mehrfach gepierct war. Wahrscheinlich verbargen sich unter den Ärmeln seines Sweatshirts großformatige Tätowierungen. Der Mann musste in seinem Fach gut sein, wenn er trotz dieser Aufmachung bei der Einstellung überzeugt hatte, dachte er.

»Ein unglaubliches Chaos. Ich habe mir ein paar Männer von der Feuerwehr geholt, die mir die gröbsten Trümmer weggeräumt haben.«

»Und?«, fragte Morgenstern ungeduldig.

Der junge Techniker lächelte. »Kommen Sie einfach mal mit.«

Er führte Hecht und Morgenstern zu vier weißen Plastikwannen etwas abseits des Trümmerhaufens, in denen allerlei Krimskrams gesammelt war. Morgenstern erinnerten die Wannen eher an die Ausbeute eines langen Strandspaziergangs als an Beweisstücke eines Brandfahnders. Insgeheim hoffte er, dass aus einer der Kisten das Tatwerkzeug herausragen würde, ein blutverschmierter Spaten voller Fingerabdrücke.

»Sehen Sie sich das mal an.« Der Kriminaltechniker deutete auf eine der Wannen, in der verbogene rot lackierte Metallstücke lagen.

»Teile einer Propangasflasche«, sagte Morgenstern fachkundig.

»Nicht eine, Herr Morgenstern. Soweit ich es bisher überblicken kann, sind es mindestens drei. Das wird sich aber im Labor klären lassen. Und zwar große Flaschen.«

»Und wo waren die?«

»In einem eingestürzten alten Gewölbekeller unterm Haus.«

Morgenstern beugte sich zu der Wanne, um sich die Metallteile näher anzusehen.

»Hände weg!«, befahl der Techniker barsch. »Vielleicht lassen sich noch Fingerabdrücke finden.«

Hastig zog Morgenstern die Hände zurück. »Drei Gasflaschen«, wiederholte er. »Reicht das für eine solche Explosion?«

»Locker. Der Keller war sehr klein und niedrig, aber massiv aus Bruchsteinen gemauert, und die Treppe führte über eine Ecke hinunter. Sie können sich das gleich mal ansehen. Wenn es da eine Explosion gibt, dann ist das wie eine Druckkammer. Das macht einen Riesenrums.«

»Das ist nicht zu übersehen.« Morgenstern wandte sich zu dem Trümmerhaufen um. »Kaum zu glauben: So eine Gasflasche habe ich immer dabei, wenn ich mit meiner Familie in Campingurlaub fahre.«

»Da fahren Sie praktisch eine Bombe im Auto spazieren«, sagte der Techniker. »Aber wie bei allen Bomben ist das Entscheidende der Zünder. Im Falle Ihres Urlaubsautos müssten Sie also schon einen spektakulären Unfall bauen, damit Ihre Gasflasche in die Luft fliegt. Ich habe, wenn ich's recht überlege, noch nie von so einem Fall gehört. Gehen Sie also ruhig weiterhin campen, aber immer schön das Ventil zudrehen bitte.«

Der junge Mann blinzelte in die Sonne. »Stellt sich die Frage, wie es zur Explosion kam. Ich habe da unten etwas Interessantes gefunden.« Er hielt Hecht und Morgenstern eine dicke rote, verschrammte Kerze hin. »Die war auch im Keller.«

Morgenstern sah ihn fragend an. »Und?«

»Das wäre eine simple Lösung für eine zeitverzögerte Explosion: Jemand öffnet die Ventile der Gasflaschen, zündet die Kerze an und geht seiner Wege. Der Gaspegel im Keller steigt ganz langsam, und nach einer oder nach zwei oder auch drei Stunden erreicht er die Kerzenflamme. Bum. Ich denke aber, das lässt sich im Labor noch genauer analysieren.«

»Und woher kommen die Propangasflaschen?«, fragte Morgenstern.

Der Brandfahnder zeigte mit dem Finger auf ihn. »Das herauszufinden ist Ihr Job. Ich finde die Explosionsursache, Sie finden den Menschen, der die Explosion verursacht hat. Das nennt man Aufgabenteilung.«

»Schon gut, schon gut. Kennen Sie Fälle, wo jemand ein Haus auf diese Weise zerstört hat?«

Der junge Mann überlegte. »Mit Gasflaschen ist das, soweit ich weiß, selten. Es gibt Fälle in der Fachliteratur, die das schildern, deswegen wusste ich auch gleich Bescheid, als ich die Trümmer gefunden habe.« Er zeigte auf die weiße Plastikwanne. »In Deutschland werden Gasexplosionen meistens durch manipulierte Gasleitungen verursacht. Wenn jemand versucht, sich illegal Gas abzuzapfen, und dabei pfuscht. Und es gibt natürlich den Klassiker: die Backröhre eines alten Gasherds, bei dem die Flamme absichtlich gelöscht wurde. Da strömt so viel Gas aus, dass der kleinste Funke verheerende Wirkungen hat.«

Morgenstern nickte. »Ich habe zu Hause auch einen alten Gasherd. Ich hatte zuerst einen Heidenrespekt vor dem Ding, aber wenn man sich erst mal dran gewöhnt hat, pfeift man auf jeden Induktions-Schnickschnack. Aber die Backröhre ist echt ein Problem, die ist bei Gasbetrieb schwer zu steuern.«

»So oder so, Gas kommt mir nicht ins Haus«, meldete Hecht sich zu Wort. »Wenn ich mir den Schutthaufen hier ansehe, kriege ich glatt eine Gänsehaut. Und jetzt sollten wir weiter. Wir werden in Weißenburg erwartet.«

Als sie gerade losfahren wollten, kamen über die Stichstraße zwei Autos gefahren. Ein schwerer dunkelblauer Audi und ein schwarzer BMW. Sie ließen den Wagen auf der engen Zufahrt die Vorfahrt. Erst als sie an ihnen vorbeifuhren, erkannte Morgenstern die beiden Fahrer: den Tittinger Bürgermeister Wunibald Thiermeyer im Audi und den Denkmalexperten, der am Vorabend die Führung durch das Jurahaus am Eichstätter Kapellbuck gegeben hatte, im BMW.

»Ah, die Herren von der Kriminalpolizei«, sagte der Bürgermeister, nachdem er ausgestiegen war. »Gibt es Neuigkeiten?«

»Man tut, was man kann«, sagte Morgenstern. »Und was machen Sie hier?«

»Herr Pfunder und ich haben vereinbart, uns die Unglücksstelle gemeinsam noch einmal anzusehen. Darf ich vorstellen: Dr. Lothar Pfunder, der Gebietsreferent des Landesamts für Denkmalpflege.«

Pfunder deutete auf eine Spiegelreflexkamera. »Ich habe die Sanierung dieser Mühle fachlich begleitet. Eng mit Herrn Dr. Ledermann zusammengearbeitet. Wir haben hohe Fördergelder organisiert. Und nun …« Er hob die Kamera. »Das ist das Letzte, was mir noch bleibt – ein paar Fotos, um unsere Akten zu schließen.«

Der Bürgermeister schüttelte betrübt den Kopf. »Schauen Sie, dass Sie diese schlimme Sache schleunigst aufklären«, sagte er zu Morgenstern und Hecht. »Die Bürger in unserer Gemeinde sind unruhig.«

»Kann ich gut verstehen. Das ist bei jedem Gewaltverbrechen so.«

»Und in diesem Fall besonders. Wenn ein Mensch so brutal getötet wird und ein einsames Haus in Flammen aufgeht, macht sich jeder so seine Gedanken. Die Menschen haben Angst. Und es ist ja nicht das erste Mal, dass es in der Gegend brennt.«

Morgenstern stutzte. »Was sagen Sie da?«

»Es hat in den letzten Monaten schon mehrere Feuer gegeben. Wussten Sie das nicht?«

»Nein.«

Thiermeyer deutete das Tal entlang, aber auch über den Wald in Richtung Jurahöhe. »Es waren eher kleinere Brände, die wollte bisher keiner überbewerten. Erst ein paar Strohballen, die auf freiem Feld gelagert waren. Eine volle Papiertonne vor einem Haus. Dann eine alte, fast verfallene Feldscheune am Waldrand.«

»Ein Feuerteufel? Und das erfahren wir erst jetzt?« Morgenstern wusste nicht, auf wen er wütender sein sollte. Auf den Bürgermeister oder auf seine Kollegen. Zumindest beim Inspektionsleiter Huber hätte es Alarm läuten müssen, dachte er. Immer diese Nachlässigkeiten.

»Von Feuerteufel würde ich noch nicht gleich sprechen«, ruderte der Bürgermeister zurück. »Aber jetzt sehen manche Bürger die Sachen plötzlich im Zusammenhang.«

»Die fürchten, dass sich da etwas von Mal zu Mal aufgeschaukelt hat?«, meldete sich Hecht zu Wort. »Das kommt immer wieder vor, dass jemand auf den Geschmack kommt. Mit kleinen Dingen fängt es an, und am Ende steht im schlimmsten Fall eine Katastrophe.« Er nickte wissend. »Wir werden der Sache nachgehen.«

Pfunder nestelte an einem dunklen Ledertäschchen, das an seinem linken Handgelenk baumelte, öffnete den Reißverschluss, zog erst eine Pfeife und dann eine Tabakdose heraus. Mit großer Sorgfalt stopfte er die Pfeife, zündete sie mit einem Streichholz an und rauchte dann bedächtig. Süßlicher Duft, der Morgenstern an Vanille erinnerte, verbreitete sich.

»Ein solcher Brand, das ist auch für uns Denkmalpfleger das Schlimmste, was passieren kann. Das wird viele Menschen in ihren Vorurteilen und irrationalen Ängsten bestätigen. Brandschutz und Denkmalpflege, das ist ein Dauerkonflikt. Ich denke, es wird das letzte Mal sein, dass ich hier bin«, sagte Pfunder traurig. Er kramte noch einmal in seinem Täschchen und reichte dem Bürgermeister eine Visitenkarte, und weil er schon dabei war, gab er auch Morgenstern eine.

Die Kommissare gingen zum Auto.

»Ich hab schon lange keinen Mann mehr mit Herrenhandtäschchen gesehen«, sagte Morgenstern.

Hecht errötete, und Morgenstern wusste sofort, was los war. »Sag bloß, du hast auch eines?«

»Geht dich gar nichts an. Ich nehme es fast nie mehr. Aber praktisch ist es schon.«

Morgenstern musste lachen, und das brachte Hecht in die Offensive. »Brauchst nicht zu glauben, dass du der Inbegriff des guten Geschmacks bist. Ich kenne außer dir keinen, der in deinem Alter noch mit solchen Lederstiefeln rumläuft. Und deine Jeansjacke: Meine Güte, du glaubst, du wärst immer noch ein Teenager. Stell dich einfach mal den Tatsachen: Du bist ein Familienvater in seinen besten Jahren. Weißt du, wie du mir manchmal vorkommst? Wie ein Spätpubertierender. Werd endlich erwachsen.«

Während der ganzen Fahrt nach Weißenburg sprachen sie kein Wort.

Das Amtsgericht befand sich an der Ringstraße, die der mittelalterlichen Befestigung der einstigen freien Reichsstadt folgte. Rund um den alten Stadtkern waren vor hundert Jahren großzügige Villen gebaut worden; in einem dieser Gebäude befand sich heute das Gericht.

Als Hecht und Morgenstern ankamen, wurden sie bereits am Eingang von einem Mann mit einem Leitz-Ordner unter dem Arm empfangen. Er stellte sich als Amtsrichter Markus Böhlein vor und führte sie in ein gemütliches Büro mit historischen Stichen von Weißenburg. Die Wülzburg war zu sehen, das Ellinger Tor, das gotische Rathaus. Richter Böhlein, etwa im gleichen Alter wie der verstorbene Rupert Ledermann, legte seinen Ordner auf den Tisch und klappte ihn verheißungsvoll auf.

»Sie forschen also nach den, nennen wir es Problemfällen unseres Herrn Dr. Ledermann«, sagte er. »Hier sind sie, zumindest diejenigen, die mir und meinen Kollegen und Mitarbeitern spontan eingefallen sind. Fünf Stück. Ich kann Ihnen nicht zu jedem Fall detailliert Auskunft geben, aber über die wichtigsten Vorgänge wusste ich natürlich Bescheid. Diese Dinge waren in der Regel ja auch presserelevant. Da kamen dann Anrufe, Beschwerden. Da stand unser guter Ruf auf dem Spiel. Meistens lag es dann an mir, die Wogen zu glätten. Ich kann Ihnen sagen: Kollege Ledermann hat es uns nicht immer leicht gemacht.«

»Konnten Sie das denn nie grundsätzlich mit ihm klären?«, fragte Hecht.

»Gespräche mit ihm waren schwierig«, sagte Böhlein. »Richtig gut unterhalten konnte man sich mit ihm nur, wenn man auf das Thema Denkmalschutz kam, dann ist er aufgetaut.«

Hecht tippte auf den Leitz-Ordner. »Erzählen Sie mal von seinen Urteilen.«

Böhlein warf einen Blick in die Unterlagen. »Wir haben hier zum Beispiel einen Ladendieb, mehrfach einschlägig vorbestraft. Ertappt beim Diebstahl von zwei Flaschen Wodka. Ein Alkoholiker, eigentlich ein armer Hund.« Er blätterte weiter. »Oder hier: eine Schlägerei vor einer Disco in Treuchtlingen. Ledermann steckte den Rädelsführer für zwei Jahre und drei Monate hinter Gitter, für die anderen gab es hohe Geldstrafen. Und hier haben wir einen Fall von Drogenhandel, da verstand er überhaupt keinen Spaß.«

»Lassen Sie mich raten«, sagte Morgenstern. »Zwei Jahre ohne Bewährung?«

»Sie haben es erfasst. Dr. Ledermann gab nur äußerst ungern Bewährungsstrafen. Bewährung war für ihn keine Strafe, kein Warnschuss und auch keine Chance zur Einsicht und Besserung. Bewährung war für ihn weich, ›dotterweich‹, sagte er immer.«

»Hoffentlich müssen wir diese Leute nicht alle befragen«, seufzte Morgenstern. »Zwei Jahre hinter Gittern, da hat einer viel Zeit, um Rachepläne zu schmieden.«

»Immerhin hat er es geschafft, unsere Drogenszene nachhaltig einzuschüchtern«, sagte Böhlein. »In unserem Landkreis wusste jeder, woran er war, sollte er an Dr. Ledermann geraten. Die Beamten in den Polizeiinspektionen Gunzenhausen und Weißenburg waren ihm dankbar.« Er reichte Morgenstern ein Blatt mit Namen und Adressen. »Viel Erfolg.«

Morgenstern faltete das Papier zusammen und schob es in die Brusttasche seiner Jeansjacke. Im Hinausgehen sagte er zu Hecht: »Junkies, Zündler, Altbaugegner: Allmählich wird's unübersichtlich.«

»Zündler«, wiederholte Hecht nachdenklich. »Da habe ich eine Idee.«

FÜNF

Es gelang ihnen unerwartet leicht, den Kommandanten der Freiwilligen Feuerwehr Emsing zu erreichen, einen Landwirt, der gerade mit der abendlichen Stallarbeit beginnen wollte, als ihn der Anruf erreichte. Hecht und Morgenstern hatten ihm nicht gesagt, was sie von ihm wollten, sondern sich kurzfristig zu einem Gespräch angekündigt.

Der Bauer, bekleidet mit einer grünen Latzhose, fuhr einen Schubkarren mit Maissilage über seinen Hof, als sie ankamen. Er stellte den Karren ab und gab den Kommissaren mit schwieliger Hand einen bärenhaften Händedruck.

»Hofmeier, Hans«, stellte er sich vor. »Was wollen Sie denn von mir wissen?«

»Es geht uns um diese kleine Brandserie hier im Umkreis«, erklärte Morgenstern.

»Ja, natürlich. Ich muss ehrlich sagen: Wir haben das bisher nicht ernst genommen.«

»Aber Sie haben sich doch bestimmt Gedanken gemacht? Wer das sein könnte?«

Der Kommandant zog ein großes blau-weiß kariertes Taschentuch hervor und schnäuzte sich ausführlich, dann verstaute er die rustikale Hygienetextilie wieder in seiner Latzhose. »Freilich macht man sich da seine Gedanken. Sind es vielleicht Kinder? Oder Jugendliche? In der Pubertät gehen in den Köpfen von den jungen Leuten die seltsamsten Dinge vor.«

»Auf jeden Fall jemand aus Ihrem Dorf?«, fragte Hecht.

»Gut möglich. Wahrscheinlich.«

»Ein kleines Dorf«, stellte Morgenstern fest. »Jeder kennt jeden, da machen schnell mal Gerüchte die Runde.«

»Ich weiß nichts von Gerüchten. Ich beteilige mich auch nicht daran.«

»Aber Sie ziehen Ihre eigenen Schlüsse.«

»Was meinen Sie damit?«

»Sie sind ein Mann, der Verantwortung trägt, Herr Hofmeier. Und wir befinden uns hier in einem kleinen Dorf. Alle sind miteinander verflochten. Da regelt man Probleme gerne ohne Aufsehen.«

»Worauf wollen Sie hinaus?«

»Auf Ihre freiwillige Feuerwehr. Uns ist da etwas aufgefallen, als wir gestern angekommen sind.«

»Und was soll das gewesen sein?«, fragte Hofmeier. »Wir haben alle unser Bestes gegeben. Ehrenamtlich. Gott zur Ehr, dem Nächsten zur Wehr.«

»Und es ist Ihnen niemand aufgefallen, der sich besonders eifrig, sozusagen übereifrig, engagiert hätte?«

»Nein.«

»Uns auch nicht.«

Der Kommandant wischte sich die Hände an seiner Hose ab. Anscheinend war er ins Schwitzen gekommen, dachte Morgenstern. Zeit für die entscheidende Frage.

»Aber vielleicht ist Ihnen früher schon einer der Kameraden durch extragroßes Engagement ins Auge gestochen. Liege ich damit richtig?«

Der Kommandant sah Morgenstern scheinbar unbewegt an.

»Und Sie haben entschieden, die Sache auf Ihre Weise zu lösen: Ohne Diskussion. Ohne Vorwürfe. Ohne Aufsehen.«

Die Mundwinkel des Bauern zuckten.

»Lassen Sie uns Klartext sprechen. Uns ist da doch jemand aufgefallen: Der junge Mann mit der Kelle. Der den Verkehr regelte. Er wirkte auf uns äußerst unglücklich. Demotiviert. So weit weg vom Brandherd und der Action. Kein Platz für Helden.«

»Wir brauchen gerade für die Verkehrsregelung souveräne Leute. Da kann man nicht jeden hinstellen.«

»An diese kümmerliche Abzweigung schon.« Morgenstern ließ nicht locker. »Also sagen Sie uns schon, ob wir mit unserer Vermutung richtigliegen. Sie haben den Burschen mit der Kelle absichtlich aus dem Verkehr gezogen.«

Der Feuerwehrchef gab sich geschlagen. »So ungefähr war es.« Wieder zog er sein XXL-Taschentuch aus der Hose und putzte sich damit umständlich die Nase. »Unser Kevin. Ich hatte die vage Sorge, dass er etwas mit diesen früheren Bränden zu tun hat. Haben könnte. Aber wie will man so etwas ansprechen?«

Morgenstern lächelte zufrieden. »Lieber sorgt man dafür, dass er beim Einsatz nicht mehr in der ersten Reihe stehen darf. Dass der Kick ausbleibt.«

»Sie müssen mich verstehen«, sagte Hans Hofmeier, und seine Stimme hatte einen flehenden Unterton.

»Sehr gut sogar«, erwiderte Morgenstern. »Und jetzt sagen Sie uns, wo wir diesen Kevin finden.«

Der Kommandant sah erst Hecht, dann Morgenstern bekümmert an.

»Er ist drinnen im Haus.« Mit weiter Geste deutete er auf das Wohnhaus seines eigenen Bauernhofs. Morgenstern blickte auf das Haus, hatte einen Moment lang den Eindruck, dass sich im Erdgeschoss ein Vorhang bewegte.

»Er ist in Ihrem eigenen Haus?«, fragte Hecht fassungslos.

»Der junge Mann mit der Kelle, Kevin. Er ist mein Sohn.«

In das bleierne Schweigen hinein, das auf diese Information folgte, tönte ein leises Brummen, das wenig später verstummte.

Als sie ins Haus kamen, wo der Bauer seinen Sprössling vor dem Fernsehgerät vermutete, fanden sie eine leere Stube vor. Da konnte Hofmeier rufen, wie er wollte.

»Vorhin war er noch da«, sagte er ratlos. »Anscheinend ist er weggefahren. Mit dem Moped.«

Ein Blick hinters Haus bestätigte das.

»Das Moped vom Kevin steht immer am Hintereingang. Jetzt ist es weg. Da müssen Sie später noch mal kommen.«

»Verdammt!«, sagte Morgenstern. »Vielleicht könnten wir einen Blick in Kevins Zimmer werfen. Wir würden uns gerne ein bisschen umsehen. Haben Sie was dagegen?«

Hofmeier hob die Schultern. »Von mir aus.«

Sie kehrten ins Haus zurück. Wie sich herausstellte, hatte Kevin sein Zimmer im Dachgeschoss, mit billigen Jugendzimmermöbeln und Postern des FC Bayern an der Wand. An einer Pinnwand hingen Fotos, die den jungen Mann mal allein, mal mit Freunden zeigten. Ein großes Bild, säuberlich gerahmt, zeigte eine stolz aufgereihte Feuerwehrmannschaft, wahrscheinlich nach einer erfolgreich absolvierten Leistungsprüfung.

»Feuerwehrler mit Leib und Seele«, sagte der Vater, ohne seinen Kummer verbergen zu können.

Während Hecht die Fotos genauer betrachtete, begann Morgenstern aufs Geratewohl in verschiedenen Schubladen zu stöbern.

»Was suchen Sie denn?«, fragte Hofmeier. »So hatte ich mir das eigentlich nicht vorgestellt.«

Morgenstern ließ sich nicht beirren. Er stellte sich mitten ins Zimmer und drehte sich langsam um die eigene Achse, als wolle er den Raum einscannen. Er konzentrierte sich – tauchte weit ein in seine eigenen Jugenderinnerungen. Dann ging er zum Bett, legte sich daneben flach auf den Boden, streckte den Arm weit unter das hölzerne Gestell. Es machte zweimal »ratsch«, und Morgenstern zog einen Schnellhefter mit rotem Umschlag hervor, mit einer Miene, als sei er der Zauberer im Zirkus.

»Ein cleveres Versteck. Er hat es mit Tape unter den Lattenrost geklebt.«

Ächzend richtete er sich wieder auf und begann unter den neugierigen Blicken von Hofmeier und Hecht in dem Hefter zu blättern.

»Sein Privatarchiv.« Sorgfältig hatte Kevin ausgeschnittene Zeitungsmeldungen und Fotos abgeheftet, alle handschriftlich mit Datum versehen. Eine penible Dokumentation der Brände im Gemeindegebiet.

Hofmeier stöhnte auf.

»Er ist mit dem Moped weg?«, fragte Morgenstern. »Wir können hier nicht ewig warten. Sobald er wieder nach Hause kommt, erwarte ich, dass er sich bei uns meldet.«

Hofmeier nickte wortlos.

»›Moped‹ trifft's übrigens nicht ganz. Das ist eine typisch bayerische Tiefstapelei.« Hecht pflückte ein Foto von der Pinnwand, das Kevin auf einem wuchtigen, völlig verdreckten Geländemotorrad zeigte.

Morgenstern steuerte seinen fünfundvierzigsten Geburtstag an. Kein Grund zum Jubeln, fand er, wenn er an sich herabblickte. Er hatte in jüngster Zeit leichtes Übergewicht bekommen. Er merkte das an seinem Gürtel, der ihm gut fünfzehn Jahre treue Dienste geleistet hatte. Ein breiter brauner Ledergürtel mit einer wuchtigen Metallschließe in Form eines Adlers. Verlässlich hatte dieser Gürtel seit eh und je seinen Bauchumfang dokumentiert – immer hatte Morgenstern ihn bequem bis zum vorletzten Loch festzurren können. Doch seit einiger Zeit brauchte er ein Loch weniger. Zuerst hatte er es auf den Winter geschoben. T-Shirt und Hemd trugen eben auf, hatte er sich eingeredet. Doch nun, im Sommer, musste er sich eingestehen, dass das vorletzte Loch Vergangenheit war. Wenn er den Bauch einzog, konnte er sich für eine Weile auf den alten, schmalen Umfang zurückschnüren, aber spätestens wenn er sich auf einen Stuhl setzte, musste er den Gürtel weiten. Neuerdings manchmal auch um zwei Löcher – mit Tendenz zu drei. Eines Tages würde er in einen neuen Gürtel investieren müssen.

Und dann gab es auch noch die Waage im Badezimmer. Dieses weitgehend unbestechliche Digitalgerät, das ihm in Hundert-Gramm-Häppchen bescheinigte, dass er im Laufe der vergangenen Jahre zugenommen hatte. Zehn Kilo, das waren zwanzig Pfund. Gelegentlich hatte er schon in der von Fiona abonnierten Frauenzeitschrift geblättert, wenn es ums Thema Abnehmen ging. Und es hatte ihn gewundert, dass dort immer noch in Pfund gemessen wurde. Das war wohl ein psychologischer Trick, um beim Abspecken ein größeres Erfolgserlebnis vorzugaukeln. Wer vier Pfund verlor, durfte stolz auf sich sein. Zwei Kilo dagegen – die waren als ganz normale Schwankungen im Wochenlauf schon mal drin. Pfund – dieses Maß verwendeten sonst nur noch die Metzgereifachverkäuferinnen.

Was war aus dem drahtigen Mike Morgenstern geworden, der vor zwanzig Jahren noch hautenge Röhrenjeans getragen hatte? Nein, dachte Morgenstern, als er sich vor dem Spiegel drehte: Er musste an sich arbeiten. Nicht irgendwann. Sofort.

»Ab morgen früh«, murmelte er und fasste einen energischen Vorsatz: Er würde wieder mit dem Joggen beginnen. Hatte er nicht vor Jahren in Nürnberg einen Halbmarathon geschafft? So weit musste er wieder kommen.

Morgenstern, der Mann im Spiegel, beschloss, auszugehen. Vielleicht in den irischen Pub in Eichstätts Marktgasse, wo er schon lange nicht mehr gewesen war. Zu lange, wie er jetzt fand. Das Publikum war ihm in letzter Zeit immer zu jung erschienen – oder war er einfach zu alt geworden? Er zog den Gürtel seiner Jeans bis zum vorletzten Loch zusammen, ging zum Kleiderschrank und wühlte in den Untiefen. Er entschied sich für ein T-Shirt mit den aufgedruckten Tourdaten von BAP anno 1987. Mit nassen Fingern fuhr er sich durchs Haar, schlüpfte in seine Jeansjacke und teilte der überraschten Fiona mit, dass er ausgehen werde, obwohl es schon elf Uhr war.

»Wolltest du nicht eben noch ins Bett gehen?«, fragte sie.

»Hab's mir anders überlegt«, brummelte Morgenstern und knöpfte dabei die Jacke zu, damit Fiona sein enges T-Shirt nicht sah.

Kopfschüttelnd sah sie ihm nach, als er die Wohnungstür hinter sich zuzog.

Morgenstern stromerte ziellos durch die Stadt. In der Luitpoldstraße sah er ein paar junge Leute, die rauchend vor einer Kneipe standen, in der er noch nie gewesen war. Er überlegte kurz, dann drückte er die Tür auf und ging hinein. Es war schummrig, leere, schlichte Wirtshaustische warteten auf Gäste, an den Wänden hingen Fußballtrophäen: Schals von internationalen Mannschaften. An der Theke saßen Jugendliche, einer löste ein Kreuzworträtsel. Der Wirt spielte mit einem Besucher Schach. In der Ecke blinkte ein Dart-Automat. Aus den Boxen klangen die Doors. Morgenstern wurde warm ums Herz. Er zog sich einen Barhocker heran und bestellte ein Bier.

»Neu hier?«, fragte der Wirt.

»Wie man's nimmt.«

Unauffällig machte Morgenstern den Gürtel weiter und nahm einen großen Schluck Bier. »Wurm-Bräu«, stand auf dem Glas. Na dann prost. Es schmeckte.

»Wenig los hier«, sagte er.

»Die kommen schon noch.«

Wie auf Knopfdruck ging die Tür auf, und eine Gruppe neuer Gäste drängte herein. Morgenstern musterte sie mit unverhohlener Neugierde.

»Was hab ich gesagt?«, sagte der Wirt grinsend und begann, Bier zu zapfen.

Morgenstern hatte die feste Absicht, seinen Beobachterstatus zu wahren, aber nach fünf Minuten fehlte ein Dart-Partner, und ehe er sich versah, stand er mit fünf anderen am Pfeilwurf-Apparat. Ein junger Mann in knöchellangem schwarzen Ledermantel hatte ihn nach kurzem Zögern gefragt, ob er mitmachen wolle, und er hatte Ja gesagt. Gut, dass Fiona ihn jetzt nicht sah – oder gar sein Chef Adam Schneidt vom Polizeipräsidium. Er warf miserabel, aber das schien keinen zu stören. Warum das so war, merkte er erst, als er das Spiel verloren hatte und dazu aufgefordert wurde, eine Runde Jägermeister auszugeben.

Der Wirt schenkte ein, und sie tranken ihre Gläser auf einen Zug leer.

»Ah.« Morgenstern wischte sich den Mund ab, zahlte und wandte sich zum Gehen. Als er die Tür öffnete, erwartete ihn eine Überraschung: Inmitten des halben Dutzends rauchender junger Leute entdeckte er Raphaela Ledermann. Natürlich, dachte Morgenstern. Dieses Lokal war genau ihre Kragenweite, und wenn sie schon einmal auf unfreiwilligem Heimaturlaub war, dann war es kein Wunder, wenn ihr erster Weg am Abend hierherführte, auch wenn es ein ziemlich weiter Weg von Raitenbuch nach Eichstätt war.

Raphaela sah ihn an, es dauerte aber offensichtlich einen Moment, bis der Groschen gefallen war. Doch dann kam sie in Fahrt. Sie schob die anderen zur Seite und baute sich vor Morgenstern auf.

»Ich glaub's einfach nicht!«, motzte sie ihn an. »Sie kommen in meine Kneipe. Haben Sie mich gesucht, oder was wollen Sie hier?«

Neugierig schauten ihn die anderen an. »Hey, der ist okay. Der hat gerade mit uns gedartet«, sagte einer aus der Gruppe.

Raphaela tippte sich an die Stirn. »Und wenn schon, der Typ ist ein Bulle. Ich kenn den. Der ist bei der Kripo in Ingolstadt.«

Die Neugierde in der Gruppe wich schlagartig einem deutlichen Misstrauen, und Morgenstern fühlte sich in seiner Haut so unwohl wie lange nicht mehr. »Na und«, sagte er mehr zu Raphaela als zu den anderen. »Seit wann dürfen Polizeibeamte abends nicht mehr privat ausgehen? Ich wohne schließlich hier in Eichstätt. Außerdem kann ich mich nicht erinnern, dass ich hier irgendwie undercover ermittelt hätte – das meinen Sie doch, Frau Ledermann? In Eichstätt gibt es zudem ein paar hundert Polizisten. Wir haben hier immerhin die Bereitschaftspolizei. Ich denke mal, ein paar Polizeischüler kommen auch ab und zu hier rein und trinken ein Bier.«

»Und Sie sind trotzdem ein Schnüffler«, beharrte Raphaela.

Morgenstern spürte den Jägermeister und das Bier und musste seine gesamte Selbstbeherrschung aufwenden, um nicht aus der Haut zu fahren. »Wissen Sie, was ich jetzt mache?«, fragte er in die Runde. Alle schauten ihn erwartungsvoll an. »Eigentlich wollte ich grade nach Hause gehen. Es war nämlich ein langer Tag heute. Aber jetzt bleibe ich noch ein bisschen hier. Das ist schließlich ein freies Land.« Sprach's und kehrte demonstrativ in die Kneipe zurück.

Der Wirt sah ihn erstaunt an. »Doch wieder hier?«, fragte er.

»Ach, ich habe noch eine Bekannte getroffen«, sagte Morgenstern beiläufig und setzte sich wieder an seinen alten Platz am Tresen. »Ich trinke noch ein Bier.«

Wenige Augenblicke später kamen die anderen von ihrer Raucherpause herein. Raphaela bedachte Morgenstern, der sich zu ihr umgewandt hatte, mit einem wütenden Blick. Doch Morgenstern lud sie mit einer lässigen Handbewegung ein, sich neben ihn zu setzen. Mürrisch nahm sie auf dem angebotenen Barhocker Platz.

»Ich weiß gar nicht, warum ich mich neben einen Schnüffler setze«, sagte sie.

»Ganz einfach. Weil dieser Schnüffler herausfinden will, wer Ihren Vater auf dem Gewissen hat. Und weil Sie selbst das auch gerne wissen wollen. Vorausgesetzt, Sie haben nicht selbst schon eine Idee.«

»Habe ich nicht, und das habe ich Ihnen schon heute Vormittag gesagt«, meinte Raphaela trotzig.

»Wo haben Sie eigentlich Ihren Hund gelassen?«

»Der ist in Raitenbuch, in der WG von meinen Freunden, auf dem Hof von Andi.«

»Und was macht der Andi so?«

»Der studiert. Schon ziemlich lange. Schreibt an seiner Doktorarbeit.«

Morgenstern musste schmunzeln.

»Was gibt's denn da zu grinsen?«, fragte Raphaela.

»Nichts. Ich meine bloß, dass so eine Doktorarbeit auch nicht mehr das ist, was sie mal war.«

»Der Andi macht das schon alles korrekt. Nicht so wie dieser schmierige Typ mit seinen gegelten Haaren und seinem Adelstitel.«

»Und wahrscheinlich schreibt er über irgendwas, auf das kein Mensch gewartet hat«, sagte Morgenstern mit leicht abschätzigem Ton.

»Irrtum. Der Andi ist Biologe, ganz praktisch veranlagt. Er forscht über Holzschädlinge. Das ist ziemlich interessant.«

»Andi, der Schrecken der Holzwürmer«, sagte Morgenstern und nahm einen Schluck Bier.

»So ungefähr. Nur dass er sich nicht mit Holzwürmern abgibt.«

»Sondern?«

»Der Andi erforscht den Hausbock.«

Morgensterns Gesichtsausdruck war ein einziges Fragezeichen. »Er erforscht was?«

»Den Hausbock. Noch nie davon gehört?«

Morgenstern schüttelte den Kopf.

»Das sind so schwarzbraune Käfer. Die befallen Balken in Häusern und legen da ihre Larven rein. Massenhaft.«

»Und dann?«

»Die Larven fressen in den Balken so lange, bis die fast hohl sind.«

»Wie Termiten?«, fragte Morgenstern, der sich vage an Schauergeschichten aus den USA erinnerte, wo Termiten ganze Holzhäuser entkernt hatten, bis nur noch eine papierdünne Außenhülle übrig geblieben war, die bei der ersten Berührung in sich zusammenfiel.

»Was weiß ich?«, sagte Raphaela. »Da müssten Sie schon den Andi selber fragen.«

Morgenstern trank sein Bier aus. »Jedenfalls finde ich das schön, dass Sie sich mit mir unterhalten haben, Frau Ledermann. Ich dachte vorhin auf der Straße schon, Sie fressen mich auf.«

»Nicht solange Sie herausfinden, wer meinen Vater …« Sie zögerte kurz, dann wandte sie sich zur Seite und hielt sich für eine Weile den Ärmel ihrer Lederjacke vor die Augen. Morgenstern klopfte ihr beruhigend auf die Schulter. Ein Fehler, wie er noch im selben Moment erkannte. Zornig wandte sich die junge Frau zu ihm um und fauchte:

»Nehmen Sie Ihre Pfoten von mir weg, Bulle.« Abrupt stand sie von ihrem Stuhl auf und verschwand in Richtung Toiletten. Morgenstern sah den Wirt ratlos an.

»Ich hab nichts gemacht, ehrlich«, sagte er. Dann ging er erneut hinaus in die sternenklare Sommernacht.

Auf dem Nachhauseweg kam er leicht schwankend an einer Straßenlaterne vorbei. Fasziniert blieb er stehen. Hunderte von Faltern, Käfern, Fliegen und Mücken umtanzten torkelnd die Lampe, stießen unablässig gegen das hell erleuchtete Glas, verfingen sich in fein gewebten Netzen, die von widerlich fetten Spinnen bewacht wurden, die hier leichte Beute machten. Ein schwarzer Schatten umhuschte mehrmals die Lampe. Morgenstern brauchte eine Weile, bis er erkannte, dass es sich um eine Fledermaus handelte, die sich in zackigem Flug am reich gedeckten Tisch bediente.

Ob sich der Hausbock auch von künstlichem Licht anlocken ließ?, dachte er kurz. Dieser Andi würde die Antwort wissen. Bescheuert, worüber er sich mit Raphaela unterhalten hatte. Mit einem Mal ekelte es ihn vor der Lampe und den dicken Spinnen, den zappelnden Nachtfaltern und all den surrenden geflügelten Geistern der Nacht, die diese falsche Sonne umschwirrten. Vor diesem Schauspiel von der Gier nach Licht, die den verblendeten Tänzern nichts anderes brachte als den Tod.

Er wandte sich kurz um, ob ihn jemand beobachtete. Dann holte er mit dem Bein aus und trat mit voller Wucht gegen den Lampenmast. Die Straßenlaterne erlosch erwartungsgemäß augenblicklich, der stoßempfindliche Leuchtkörper war hinüber. Ein klassischer Fall von Vandalismus, dachte er. Morgenstern, der Freund der Motten, nicht der Spinnen. Eilig ging er nach Hause. Die harten Absätze seiner Stiefel waren weithin zu hören.

SECHS

Der nächste Morgen begann mit einer Enttäuschung: Der Vater von Kevin Hofmeier meldete sich um acht Uhr telefonisch, um mitzuteilen, dass sein Sohn in dieser Nacht nicht nach Hause gekommen sei. Kevin sei wie vom Erdboden verschluckt, erklärte er verzweifelt. Er selbst habe bereits verschiedene Freunde und Bekannte von Kevin angerufen.

»Niemand weiß, wo er steckt.«

Die nächste unangenehme Nachricht war, dass Kriminaldirektor Adam Schneidt, ihr gestrenger Vorgesetzter, einen Zwischenbericht einforderte. Hecht, die gute Seele, hatte noch in aller Eile die wichtigsten Informationen, die sie bisher gesammelt hatten, zusammengeschrieben.

»Was können wir ihm bieten?«, fragte Morgenstern, bevor sie an Schneidts Tür klopften.

»Den Brandstifter aus Emsing, die Liste mit Ledermanns überzogenen Gerichtsurteilen, das Protokoll der Informationen seiner Familie, die Ergebnisse aus der Rechtsmedizin.

»Ist doch was«, sagte Morgenstern erleichtert. »Danke, Spargel.«

Hecht warf ihm einen finsteren Blick zu. Er mochte seinen Spitznamen nicht, der nicht nur daher rührte, dass er lang und dünn wie ein Spargel war, sondern vor allem davon zeugte, dass er in der berühmten bayerischen Spargelmetropole Schrobenhausen wohnte. »Ich frage mich manchmal wirklich, was du ohne mich tun würdest, Mike«, sagte er nicht ohne Vorwurf. »Du schreibst ungern Berichte, kannst nicht mal ordentlich Schreibmaschine schreiben. Immer bloß mit dem Adler-Suchsystem, dreimal kreisen, einmal stoßen. Steno kannst du auch nicht. Und heute hast du dich noch nicht mal rasiert. Warst du gestern noch lange aus, oder was?«

»Und wenn schon. Aber rate mal, wen ich da ganz ohne Steno und Computertastatur getroffen habe.«

»Wen denn?«

»Raphaela Ledermann, die Autonome aus Hamburg. Einfach

so, in der Kneipe. Und wir haben sogar ein Weilchen geplaudert. Nur unschön, dass sie mich durchweg ›Bulle‹ genannt hat.«

»Der Bulle und das Mädchen«, sagte Hecht. »Der Bulle macht Überstunden. Hast du was Neues erfahren?«

Morgenstern kratzte sich am stoppeligen Kinn und versuchte, sich das Gespräch in Erinnerung zu rufen. »Sie wohnt bei so einem komischen Insektenforscher.«

In diesem Moment öffnete sich die Tür von Schneidts Büro, ihr Vorgesetzter streckte den Kopf heraus und herrschte sie an: »Wie lange wollen die Herren ihr Plauderstündchen denn vor meiner Tür noch fortsetzen? Jetzt aber dalli. Kommen Sie rein.«

Die beiden warfen sich einen vielsagenden Blick zu. Mit dem Chef war wieder einmal nicht gut Kirschen essen. Gehorsam trabten sie in das Büro mit dem überdimensional großen Schreibtisch, der riesigen Landkarte an der Wand und vor allem mit der durchgesessenen, abgewetzten Couch, auf der Adam Schneidt seine Untergebenen stets platzierte. Alle wussten, dass das ein Trick aus Schneidts psychologischer Mottenkiste war, denn in den speckigen Polstern dieses unbequemen Schlafsofas geriet man zwangsweise in eine devote Sitzhaltung. Das Möbelstück hatte im Wortsinne eine erniedrigende Funktion, während Adam Schneidt sich in einem schwarzen Chefsessel nach Herzenslust drehen und wenden konnte.

»Geben Sie mal her«, sagte er, als sie sich aufs Sofa gequetscht hatten, und streckte die Hand nach Hechts schriftlicher Zwischenbilanz aus. Er nahm hinter seinem Schreibtisch Platz und überflog murmelnd die Zusammenfassung. Hecht und Morgenstern verhielten sich mucksmäuschenstill.

»Dieser Brandstifter ist abgetaucht?«, fragte Schneidt schließlich.

»Könnte sein«, sagte Hecht. »Die ganze Sache ist ziemlich knifflig.«

»Knifflig, knifflig«, äffte Schneidt ihn nach. »Wenn's nicht knifflig wäre, dann bräuchten wir keine Ermittlungen zu führen. Dann könnte ich zwei Drittel meines Personals einsparen und hätte immer noch zu viele Leute. Starten Sie eine Fahndung nach diesem Hofmeier und seinem Motorrad.«

»Ich meine nur«, beharrte Hecht tapfer, »dass es nicht nur diesen pyromanisch veranlagten Kevin Hofmeier gibt, sondern anscheinend allerhand Leute, die auf Ledermann nicht gut zu sprechen waren. Und dann fliegt sein Haus ausgerechnet kurz vor dem Tag in die Luft, an dem er es der Öffentlichkeit zeigen will.«

»Und was folgern Sie daraus, Hecht?«, bohrte Schneidt nach.

»Ich denke mir, äh, ich meine, dass dieses Haus, dieser Besichtigungstermin, der Schlüssel zur Lösung des Falls sein könnte. Meinst du nicht auch, Mike?« Hilfesuchend sah Hecht Morgenstern an.

»Genau, finde ich auch«, sagte der und versuchte mühsam, in seiner eingeklemmten Sitzposition die Beine übereinanderzuschlagen.

Schneidt hatte einen Bleistift genommen und damit begonnen, auf Hechts Papieren herumzukritzeln.

»Kümmern Sie sich um diesen Kevin. Wir wissen jetzt, dass er ein Zündler ist. Stellen wir uns vor: Der Bursche macht sich an die Mühle ran, vielleicht denkt er, dass gerade niemand zu Hause ist. Aber der Hausbesitzer erwischt ihn auf frischer Tat. Es kommt zu einer Auseinandersetzung, und die endet tödlich.«

»Würde ein Pyromane Propangasflaschen verwenden?«, fragte Morgenstern.

»Was fragen Sie mich?«, meinte Schneidt. »Auf jeden Fall brauchen wir rasch Ergebnisse.«

»Wir tun, was wir können«, versprach Morgenstern und entknotete seine Beine. »Aber es wird schwierig werden. Wir sollten auch all die Leute abklopfen, die mit den Urteilen des Richters nicht einverstanden waren. Das sind ein halbes Dutzend Fälle.«

»Lassen Sie sich von Kollegen helfen«, sagte Schneidt großzügig. »Das ist doch anscheinend alles in Mittelfranken drüben. Da soll die Kripo in Ansbach einsteigen und die Alibis überprüfen. Sie sind schließlich keine Zielfahnder, die ihren Verdächtigen durch halb Europa hinterherreisen.« Er blickte auf Hechts mittlerweile ziemlich verkritzelten schriftlichen Bericht. »Und versuchen Sie, noch mehr über den Richter herauszufinden. Na los, worauf warten Sie?« Schneidt machte eine wedelnde Handbewegung. Schwerfällig – aber auch dankbar – erhoben sich die beiden von der ramponierten Couch.

»Geben Sie mir umgehend Bescheid, sobald Sie etwas herausgefunden haben«, befahl Schneidt.

»Machen wir«, sagte Hecht.

Im Hinausgehen warf Morgenstern noch einen Blick auf Schneidts Kritzeleien, die er vom Sofa aus nicht hatte einsehen können. Im Wesentlichen hatte der Chef immer wieder ein und dasselbe Motiv um Hechts Text gemalt: acht Striche, die ein Haus ergaben, das in der Mitte ein großes X hatte. Ein X, als würde es für die Unbekannte in einer mathematischen Gleichung stehen. Oder ein X, als wäre das Haus durchgestrichen, ausgelöscht. Leise zog Morgenstern die Tür hinter sich zu.

Draußen murmelte er: »Das – ist – das – Haus – vom – Ni-ko-laus.«

»Das ging ja noch glimpflich ab«, seufzte Hecht erleichtert, als sie sich im Büro eine Tasse Kaffee gönnten.

Morgenstern machte Dehnübungen, um seinen verspannten Rücken wieder in Form zu bringen. »Mir ist diesmal sogar das rechte Bein eingeschlafen. Diese Couch ist ein mittelalterliches Foltergerät.«

»Das Ding sollten wir für unsere Vernehmungen einführen«, sagte Hecht. »Und jetzt müssen wir nach Eichstätt. Wir sollen mehr über Rupert Ledermann herausfinden, und dafür haben wir einen Termin beim Jurahaus-Verein.«

Hecht hatte ein Gespräch mit dem Vorsitzenden arrangiert. Sie könnten ihn auf der Baustelle des neuen Vereinshauses treffen, hatte er am Telefon angeboten. In Eichstätt, in der Rot-Kreuz-Gasse nördlich der Altstadt. Die sogenannte »Lila Villa«. Da gebe es heute den ganzen Tag einen ehrenamtlichen Arbeitseinsatz der Vereinsmitglieder, verbunden mit praktischen Vorführungen in alten Handwerkstechniken: »Wir zeigen, wie Lehmwickeldecken gemacht werden.«

»Aha«, hatte Hecht nur gesagt.

Als die Kommissare vor dem winzigen, niedrigen Haus standen, brauchten sie eine Weile, bis sie das heruntergekommene Anwesen mit dem Namen »Lila Villa« auf einen Nenner brachten.

»Ich sehe keine Villa«, sagte Morgenstern.

Hecht deutete auf eine Mauer, an der der Putz schon in großen Platten abgeplatzt war. »Das Häuschen war mal lila gestrichen. Daher der Name.«

Sie stellten ihren Wagen an den Rand der schmalen Straße, stiegen aus und sahen sich das Haus genauer an. Der Verein hatte dem heruntergekommenen Gemäuer bereits ein nagelneues Kalkplattendach verpasst. Zwei weiß gekalkte Kamine ragten daraus hervor.

Der Eingang des Häuschens lang tiefer als das Straßenniveau. Das Gebäude hatte dadurch etwas Geducktes, Verschüchtertes. Über der Eingangstür stand, in Stein gemeißelt, die Jahreszahl 1606.

An der Nordseite des Hauses lag ein kleiner Hofstreifen. Die Hauswand hier bestand aus Fachwerk, die Balken waren neu eingesetzt worden, die ebenfalls neuen Ziegelsteine leuchteten rot in der Sonne.

»Ein Haufen Arbeit«, sagte Morgenstern kopfschüttelnd, als sie die Baustelle sahen. »Schau dir das an!« Er deutete auf fünf Menschen, die in dem Hofstreifen standen, vor sich eine große Holzplatte, die auf ein paar Holzböcken lag. Die fünf kneteten mit großer Hingabe – soweit Morgenstern das sehen konnte – mit bloßen Händen Matsch. Erst als die Ermittler schon direkt neben ihnen standen, blickten sie auf.

»Ach, da sind Sie ja schon«, sagte ein Mann in Morgensterns Alter mit einstmals weißem T-Shirt und blauer Arbeiterlatzhose, dessen Arme bis zum Ellbogen mit ockerfarbenem Lehm verschmiert waren. »Sie sind doch die beiden Herren von der Kriminalpolizei?«

»Ja«, bestätigte Morgenstern. »Und Sie sind der Vereinsvorsitzende, Herr Käutler?«

»Stimmt genau. Herbert Käutler. Wir machen hier gerade die Lehmwickeldecke für die gute Stube.«

»Interessant«, sagte Morgenstern höflich. »Das ist ja eine furchtbare Bazerei.«

»Und ob«, sagte Käutler. »So ein Gemansche dürfen sonst nur Kinder im Sandkasten machen.«

»Und was wird das, wenn's fertig ist?«, fragte Morgenstern skeptisch.

»Das wird die Deckenisolierung. Alles hundert Prozent ökologisch. Wir nehmen Eichenholz, hier, sehen Sie.« Käutler deutete mit seinen Schlammhänden auf einen Stapel Holzstangen, die etwa auf eine Länge von eineinhalb Metern abgeschnitten waren. »Und die werden dann mit Stroh und Lehm umwickelt und zwischen die Balken eingehängt. Natürlicher können Sie ein Haus nicht isolieren.«

»Ist aber eine Schweinearbeit«, kommentierte Morgenstern unbarmherzig. »Ich würde da einfach Styroporplatten hochnageln.«

Der Vereinsvorsitzende ächzte. »Kann man auch machen«, sagte er und streifte sich vorsichtig Lehmklümpchen von den Fingern. Er wurde ernst. »Aber deswegen sind Sie nicht da.«

Hecht hatte bereits seinen Notizblock gezückt. Sie stellten sich auf den Gehweg, wo die anderen Lehmkneter sie nicht hören konnten.

»Herr Käutler«, begann Morgenstern, »was können Sie uns über Rupert Ledermann erzählen? Gibt es irgendjemanden, der mit diesem Tag der offenen Tür Probleme hatte? Jemand hat sich sehr viel Mühe gegeben, dass von der Schwarzmühle kein Stein auf dem anderen geblieben ist.«

Käutler wischte sich nachdenklich die Hände an seiner Hose ab. »*Doktor* Ledermann. ›Der Doktor gehört zum Namen‹, hat er immer gesagt, wenn ihn jemand nur mit ›Herr Ledermann‹ ansprach. Das galt auch innerhalb unseres Vereins. Das war nicht einfach, das kann ich Ihnen sagen.«

»Wir haben schon gehört, dass er nicht sehr viele Freunde hatte«, sagte Morgenstern. »Wie sah es mit Ihnen aus? Kannten Sie ihn gut?«

»Ich? Ich bin noch nicht lange Vereinsvorsitzender. Aber jeder von uns hatte irgendwann mit ihm zu tun. Er war fast bei jeder unserer Veranstaltungen, bei jeder Versammlung.«

Morgenstern warf einen Blick auf die Datumsanzeige seiner Uhr. »Heute«, sagte er, »genau heute wollte Ledermann seine Mühle der Öffentlichkeit zeigen. Wissen Sie, was ihn dazu motiviert hat?«

Käutler dachte kurz nach. »Das ist uns allen ein wenig rätselhaft. Meistens ist es so, dass wir vom Vorstand Hausbesitzer ansprechen und ihnen einen Tag der offenen Tür schmackhaft machen. Aber Ledermann ist von selbst auf uns zugekommen und hat sich angeboten. Das hat uns überrascht, freudig überrascht. Die Mühle wäre ein Publikumsmagnet geworden. Ich habe mit ihm erst vor einigen Tagen telefoniert, um die letzten Einzelheiten abzustimmen. Er war mir gegenüber allerdings sehr reserviert. Hat nur gesagt, es wäre höchste Zeit, dass die Menschen aufwachen im Altmühltal. Dass der Abrisswahn ein Ende haben muss. Daran erinnere ich mich genau.«

»Das klingt mir nach ziemlicher Selbstüberschätzung«, sagte Hecht über seinen Schreibblock hinweg. »Was will ein Mann alleine denn erreichen?«

»Unterschätzen Sie die Macht gelungener Vorbilder nicht«, gab Käutler zurück. »Aber es ist nicht einfach, den Leuten draußen auf den Dörfern die Augen zu öffnen. Und hier in der Stadt ist es auch nicht viel besser. Ständig gehen bei der Verwaltung Abbruchanträge für Jurahäuser ein.«

»Man müsste sie ja nicht genehmigen«, sagte Morgenstern.

»Die meisten Jurahäuser stehen nicht unter Denkmalschutz«, antwortete Käutler. »Sie sind nicht in die Denkmalliste eingetragen worden, aus Nachlässigkeit – obwohl sie natürlich Denkmäler sind. Wenn ein Haus dreihundert Jahre alt ist, dann steht das doch außer Zweifel.«

»Dann muss man es halt in diese Liste nachtragen«, warf Hecht ein. »Da ist doch nichts dabei.«

»Ist es eben schon. Man hat versucht, einzelne Häuser von Amts wegen unter Denkmalschutz zu stellen, aber wenn der Eigentümer nicht will, dann führt das zu endlosen Streitereien. Manche Leute glauben, dass das einer Enteignung gleichkommt.«

»Und was glauben Sie?«, fragte Morgenstern.

»Wir glauben, dass Eigentum verpflichtet. Das steht sogar im Grundgesetz. Wer so ein Haus hat, dem gehört es nur zum Teil selbst. Er bewahrt es auch für die nächste Generation.«

Morgenstern überlegte, woher er diesen Spruch kannte. Er kam rasch darauf: aus einer Zeitschriftenwerbung für sündteure Luxus-Uhren, wo ein versnobter Mann im Kaschmirpullover seinem wie aus dem Ei gepellten, geradezu geklonten Buben das Segeln oder wahlweise Golfen beibrachte und dabei einen Zehntausend-Euro-Chronometer vor die Fotolinse hielt. Für Morgenstern war das der Inbegriff der Spießigkeit, von so etwas wurde ihm beinahe übel.

»Für die nächste Generation bewahren«, wiederholte er. »Ich

habe im Fall Ledermann den Eindruck, dass die Angehörigen die Begeisterung für Legschiefer und alte Balken nicht in vollem Umfang teilten.«

»Dazu kann ich nichts sagen«, erwiderte Käutler knapp. »Sicher ist jedenfalls, dass Dr. Ledermanns Mühle, die Schwarzmühle, in der Denkmalliste stand und damit besonderen staatlichen Schutz genoss.«

Morgenstern schüttelte den Kopf. »Um auf Dr. Ledermann zurückzukommen: Sie sagten vorhin, dass er auf Sie reserviert wirkte.«

Käutler nickte. »Irgendetwas hatte er auf dem Herzen, ein besonderes Anliegen. Ich habe aber keine Idee, was es war«, sagte er schließlich. »Dr. Ledermann hatte sogar eigens die Presse eingeladen, hat er mir gesagt. Die Zeitung, das Regionalfernsehen, das Lokalradio. Angeblich wollten alle kommen.«

»Erstaunlich«, sagte Hecht. »So spannend ist mir diese Mühle nicht vorgekommen.«

»Normalerweise schicken die zu solchen Veranstaltungen keine Reporter«, räumte Käutler ein. »Erst recht nicht, wenn der Ort so abgelegen ist.«

»Mit irgendetwas muss er sie geködert haben«, sagte Morgenstern nachdenklich.

»Aber dann hat der Falsche angebissen«, folgerte Hecht düster.

Als sie im Auto saßen, zog Hecht die Liste mit Ledermanns Problemurteilen aus der Tasche. »Verdammt, ich habe vorhin vergessen, mich drum zu kümmern, dass die Ansbacher die Alibis abklopfen. Wo habe ich nur meinen Kopf?«

Zum ersten Mal sah Morgenstern sich das Blatt genau an. »Hm«, brummte er missvergnügt. »Fünf Leute.« Er las die Adressen der Angeklagten, die aus ihrer Sicht wohl Ledermanns Justizopfer waren. Seine Leichen im Keller. »Alesheim, Pleinfeld, Döckingen. Sagt mir alles nichts.« Er runzelte die Stirn. »Na, was haben wir denn da?«

Hecht sah ihn erstaunt an.

»Raitenbuch«, sagte Morgenstern leise.

»Na und?«, fragte Hecht.

»Das ist das Dorf, in dem Ledermanns Tochter zurzeit wohnt.

Bei einem gewissen Andi, in einer Kommune. Du hast dir doch ihre aktuelle Adresse aufgeschrieben, oder?«

»Jetzt bist du wieder froh um mich, nicht wahr?«, frotzelte Hecht und blätterte in seinem Notizblock weit zurück. »Raphaela Ledermann, da habe ich sie doch schon. Wohnt vorübergehend in Raitenbuch, Jurastraße 25.«

»Bingo!«, triumphierte Morgenstern. »Unsere Adresse in Raitenbuch ist die Jurastraße 25. Und rate mal, wen der Herr Amtsrichter verknackt hat?«

Hecht beugte sich zu ihm herüber und blickte auf das Blatt. »Bachmeier, Andreas.«

»Andreas, genannt Andi«, sagte Morgenstern und kramte mühsam seine Erinnerungen an den Vorabend zusammen. »Dieser Bachmeier ist an der Uni und studiert Biologie. Und ihm gehört das Haus, in dem die ganze Bagage wohnt.«

»Gib mal her.« Hecht riss das Blatt an sich. »Das ist doch nicht möglich, dass der alte Ledermann ausgerechnet einen Freund seiner Tochter verknackt.«

»Vielleicht war er sogar *ihr* Freund«, sagte Morgenstern nachdenklich. »Lies schon vor, worum ging es denn in diesem Fall?«

Hecht überflog das Blatt. »Warum überrascht mich das jetzt nicht? Verstoß gegen das Betäubungsmittelgesetz, Handel mit Betäubungsmitteln in nicht geringem Umfang.«

»Dieser Andi hat also mit Drogen gedealt«, sagte Morgenstern. »Und was hat ihm der Amtsrichter verpasst?«

»Zwei Jahre ohne Bewährung«, referierte Hecht. »Das ist happig. Anscheinend sind das ziemliche Mengen Stoff gewesen, die über seinen Tisch gegangen sind.«

»Ein Dealer auf der Jurahöhe«, sagte Morgenstern.

»Und die missratene Tochter des Amtsrichters geht bei ihm ein und aus«, führte Hecht den Gedanken fort.

»Der Herr Papa sieht rot und lässt das Fallbeil sausen«, folgerte Morgenstern. »Steht da drauf, von wann dieses Urteil ist?«

Hecht fuhr mit dem Zeigefinger die Zeilen ab. »Hier hab ich es. Moment: von vor zwei Jahren, Pi mal Daumen.«

Morgenstern pfiff die Melodie eines Martinshorns. »Dann ist er seit ein paar Monaten auf Bewährung wieder draußen.«

»Um die anderen vier Fälle sollen sich die Ansbacher kümmern«, entschied Hecht und rief in der Ingolstädter Zentrale an, um alles Nötige in die Wege zu leiten. »Aber diesen Typen in Raitenbuch knöpfen wir uns selbst vor«, teilte er den Kollegen mit. »Der Bursche ist Chefsache.«

Steil ging es von der Stadt übers Buchtal hinauf auf die Jurahöhe. Pferdekoppeln und ocker glänzende Steinbruchhalden säumten ihren Weg. Hinter Preith bog Hecht in Richtung Weißenburg ab, sie kamen durch Seuversholz mit den riesigen silberfarbenen Getreidesilos des Raiffeisenlagerhauses. Bei Petersbuch und Kaldorf sahen sie zu beiden Seiten der Straße Steinbrüche, aus denen Juramarmor in großen Quadern gebrochen wurde. Ein Hinweisschild zeigte an, dass sie gerade den Limes überquerten, die einstige römische Grenzbefestigung gegen die Germanen.

»Ich sehe da nichts davon«, sagte Morgenstern.

»Ich tippe mal, das soll diese schnurgerade Hecke sein«, gab Hecht zurück, ohne den Fuß vom Gaspedal zu nehmen.

Wenig später, mitten in freier Flur, stand ein kleines Schild mit dem Hinweis »Landkreis Weißenburg-Gunzenhausen« und dem Landkreiswappen. Gelbe Getreidefelder wogten, der karge Juraboden eignete sich ideal für den Anbau von Braugerste. Sie passierten das Dörfchen Reuth am Wald. Morgenstern fiel am Ortseingang ein wuchtiges, hingeducktes Jurahaus auf, mit Legschieferdach und auf den Putz gemalter schlichter Bänderung. Er drehte sich um: ein Bauernhof. Hoffentlich träumte Fiona nicht von so einem Anwesen. Was zum Geier sollten die Morgensterns in einem Dorf, das den Wald schon im Namen führte?

Nach zweieinhalb Kilometern war Raitenbuch erreicht. »Jurastraße 25«, sagte Hecht. »Halt mal die Augen offen.«

Sie kamen an der Kirche vorbei. »He, die sind ja sogar katholisch«, stellte Hecht fest, als er das gelbe Hinweisschild auf den Sonntagsgottesdienst entdeckte.

»Na und?«, fragte Morgenstern.

»Ich dachte, ab der Grenze wären alle lutherisch.«

»So kann man sich täuschen, wenn man immer bloß seine oberbayerische Brille aufhat, Spargel. Stell dir vor, ich komme aus Nürnberg und bin auch katholisch.«

»Na, du bist ja auch nicht ganz normal.«

»Schau mal, da haben wir sie ja schon, die Jurastraße.« Im rechten Winkel führte sie von der Dorfstraße in Richtung Norden. »Nummer 25. Das ist noch ein ganzes Stück. Wahrscheinlich am Ortsrand.«

So war es. Andi Bachmeiers kleiner Hof war der letzte nach Norden. Dahinter ging die asphaltierte Straße in einen gekiesten Feldweg über, der auf beiden Seiten von Mais- und Getreideäckern gesäumt war. Der Mais war noch nicht ganz mannshoch.

Hecht fuhr zunächst langsam an dem Hof vorbei, damit sie sich einen Eindruck verschaffen konnten.

Das Anwesen war in L-Form gebaut. Zur Straße hin stand das einstöckige Haus. Abgewohnt, mit dunkelgrünen Fensterläden, die müde in den Angeln hingen, einem grau verwitterten Steindach, auf dem sich Moos in dicken Polstern angesiedelt hatte. Die doppelflüglige Haustür aus massivem dunkelbraunen Eichenholz erreichte man über drei ausgetretene Steinstufen.

Die Verlängerung des Hauses bildete der ehemalige Stall mit schlichten blutrot gestrichenen Holztüren. Im rechten Winkel schloss sich eine geduckte Fachwerkscheune an, mit zwei ebenfalls roten Toren. Gegenüber dem Haus lag ein verwilderter Bauerngarten mit einem windschiefen, löchrigen Holzzaun. Ein Auto rostete in einer Ecke des Gartens vor sich hin. Im Hof selbst waren drei ungepflegte Autos geparkt – ein gutes Zeichen. In der Mitte des geschotterten Hofes befand sich eine Feuerstelle mit zwei verwitterten Bierbänken und einem eisernen Dreifuß, an dem sich die Bewohner an Sommerabenden wohl einen Grillrost montieren konnten. Hinter dem Hof mündete ein schmaler Wiesenstreifen mit ein paar knorrigen Obstbäumen in einen Maisacker.

»Na, dann nehmen wir uns diesen Bachmeier mal zur Brust.« Hecht wendete den Dienstwagen und fuhr so schwungvoll in den Hof, dass der Kies spritzte. Die Kommissare stiegen aus und warteten einen Moment.

Nach kurzer Zeit ging die Haustür auf, und ein verschlafen wirkender junger Mann in T-Shirt und gestreiften Boxershorts schaute fragend heraus. Obwohl es bereits kurz vor Mittag war, hatte der Bursche anscheinend gerade erst den Weg aus dem Bett gefunden. Er war etwa zwanzig Jahre alt. Zu jung, um selbst der Hausherr zu sein.

»Hallo. Was gibt's?«, fragte er. »Wollen Sie zu uns?«

»Wir hätten gerne den Herrn Bachmeier gesprochen«, sagte Morgenstern.

»Den Andi?«, fragte der Shorts-Träger. »Der füttert gerade seine Tiere. Moment. Ich hole ihn.« Er schlurfte ins Haus zurück.

»Schwein gehabt, er ist da. Aber ich hätte nicht gedacht, dass hier Landwirtschaft betrieben wird.«

»Abwarten«, meinte Hecht.

Nach zwei langen Minuten wurde die Haustür erneut geöffnet. Dieses Mal von einem Mann Ende zwanzig in Jeans und knöchelhohen Turnschuhen, mit schmalem Gesicht und langen braunen, lockigen Haaren. Er musterte Hecht und Morgenstern lange, fixierte dann ihren Wagen und sagte schließlich:

»Sie sind von der Polizei und wollen die Raphaela sprechen, stimmt's? Sie hat mir schon von Ihnen erzählt. Aber sie ist nicht da. Sie ist vor einer halben Stunde weggefahren.«

»Nein, Herr Bachmeier«, sagte Morgenstern bestimmt. »Wir wollen uns ganz speziell mit Ihnen unterhalten.«

»Mit mir? Ich kann mir nicht vorstellen, was Sie von mir wollen. Es sei denn, Sie möchten olle Kamellen aufwärmen.«

»Genau das wollen wir«, sagte Hecht. »Können wir ins Haus kommen? Da lässt es sich bestimmt besser plaudern.«

Bachmeier zögerte kurz. »Wenn es unbedingt sein muss, dann kommen Sie halt rein. Wir haben nichts zu verbergen.«

»Dann ist ja gut«, sagte Morgenstern.

Sie folgten Bachmeier durch einen kühlen, dunklen Flur in eine niedrige Stube mit vier kleinen Fenstern. In zweien standen gläserne Kästen, ausgelegt mit alten Zeitungen. Leere Aquarien, schien es Morgenstern.

Ein quadratischer Tisch mit umlaufender dunkelgrüner Eckbank bildete das Zentrum des Raumes, der Tisch war übersät mit Büchern und Papierstapeln, ein Laptop lief. An einer Seite des Zimmers stand ein Kachelofen, den eine mattschwarz glänzende Platte aus Gusseisen zierte. Das Relief eines Pfeife schmauchenden Bauern mit Pferd und Pflug war darauf zu sehen. Im ganzen Raum roch es erbärmlich nach kaltem Rauch.

Bachmeier wies ihnen die Eckbank zu. Er selbst nahm auf einer schmalen, schlichten Holzbank ohne Lehne Platz und klappte beiläufig den Laptop zu. »Ich schreibe gerade an meiner Dissertation«, sagte er zur Erklärung. »Ich liege in den letzten Zügen.«

»Schön für Sie«, sagte Hecht. »Worum geht es denn?«

Morgenstern kannte die Antwort bereits, hielt sich aber zurück.

»Hylotrupes bajulus und die Möglichkeiten seiner Bekämpfung«, sagte Bachmeier. »Also in Wirklichkeit ist der Titel ein bisschen komplizierter, aber im Wesentlichen läuft es darauf hinaus. Hylotrupes bajulus, der Hausbock.«

»Der Hausbock?«, wiederholte Hecht. »Und was ist das?«

»Ein Bockkäfer. Ein weitverbreiteter Schädling in Bauholz. Ich mache Versuche mit ihm, die Bauwirtschaft ist an meinen Ergebnissen sehr interessiert. Aber deswegen sind Sie bestimmt nicht aus Ingolstadt hierhergekommen.«

»Nein, Herr Bachmeier. Es geht uns, wie Sie sich denken können, um den Tod von Dr. Ledermann aus der Schwarzmühle.«

»Natürlich. Amtsrichter Dr. Ledermann. ›Der Doktor gehört zum Namen. Nehmen Sie Haltung an, junger Mann!‹«, sprudelte es aus Bachmeier heraus.

»Aha, wir verstehen uns«, sagte Morgenstern. »Wir sind wegen Ihres Prozesses hier, damals, vor … wann war es gleich wieder?«

»Das wissen Sie anscheinend schon, also reden Sie nicht um den heißen Brei herum. Vor zwei Jahren war das. Ich bin erst seit einem halben Jahr wieder raus aus dem Knast. Es ist klar, dass ich diesen Rechtsverdreher in schlechter Erinnerung habe. Diesen reaktionären Knacker.«

Bachmeier zog ein Päckchen Tabak aus der Brusttasche seines rot-schwarz gewürfelten Holzfällerhemds und begann, eine Zigarette samt Filter zu drehen. Es wurde trotz der zweifellos vorhandenen Routine ein kümmerlicher Glimmstängel. Gierig nahm er einen Zug, sog den Rauch tief ein und blies ihn dann langsam in Morgensterns Richtung.

Morgenstern rümpfte die Nase. »Er hat sie hinter Gitter gebracht. Wegen irgendwelcher Drogengeschichten. Was genau haben Sie angestellt?«

»Wundert mich, dass Sie das noch nicht selbst nachgesehen haben. Aber von mir aus: Wir, hauptsächlich ich, haben hinter dem Haus eine Plantage angelegt.«

»Cannabis?«, fragte Morgenstern.

»Nein, Chiquita-Bananen.«

»Schon gut. Und dann?«

»Hinten, im Maisacker. Der Acker gehört mir, bewirtschaftet wird er von einem Freund hier aus dem Dorf. Der hat nicht viel nachgefragt, was ich da zwischen seine Stängel gepflanzt habe.«

»Und dafür landet man im Knast?«, fragte Morgenstern.

»Die Menge macht's in so einem Fall«, sagte Bachmeier knapp. »Irgendwer hat mich verpfiffen. Da kam die Polizei, ei, was ist denn das ...« Er drückte seinen Zigarettenstummel energisch in einem überquellenden Aschenbecher aus. »Der Stoff wurde geerntet, getrocknet, sie haben ihn gewogen, seine Inhaltsstoffe ermittelt ... Es hat sich dann herausgestellt, dass die Qualität hervorragend war. Mein Pech, wir hatten einen Jahrhundertsommer. Bestes Juragras, von der Sonne verwöhnt. Ich hatte die kritische Masse knapp überschritten.«

Morgenstern schaute Bachmeier spöttisch an. »Für den Eigenverbrauch war es dann zu viel?«

»Nur ein bisschen zu viel. Das waren doch nur Peanuts. Aber nicht in den Augen von Richter Gnadenlos. Und ich versichere Ihnen: Ich habe meine Lektion gelernt. Dahinten«, er deutete in Richtung Maisacker, »wächst heute nur noch Viehfutter.«

Morgenstern rieb sich die Nase. »Wenn Sie bloß ein paar Pflanzen hatten: Warum hat Sie Richter Ledermann ins Gefängnis geschickt wie einen Schwerverbrecher? Warum haben Sie keine Bewährung bekommen?«

»Ledermann ...«, sagte Bachmeier bedächtig. »Wussten Sie, dass ich damals, vor dem Prozess, mit Raphaela, mit seiner Tochter, zusammen war?«

»Das wundert mich nicht«, meinte Morgenstern. »Schließlich wohnt sie auch jetzt wieder vorübergehend hier im Haus.«

»Hier wohnen viele Leute, mal der eine, mal der andere. Aber mit Raphaela war das etwas Ernsteres. Ich war sogar ein paarmal unten in der Mühle, habe sie daheim abgeholt. Im Haus selbst war ich aber nie.«

»Warum nicht?«

»Weil mich der Alte nicht mochte. Von Anfang an nicht.« Wieder drehte sich Bachmeier eine Zigarette.

»Und als dann Ihre Mini-Plantage aufgeflogen ist, war ausgerechnet Amtsrichter Ledermann für Ihren Fall zuständig«, resümierte Hecht.

»Mann, sind Sie blöd«, sagte Morgenstern unbarmherzig. »Sie kannten den Richter, er kannte Sie. Sie wussten, dass er Sie nicht leiden konnte. Das war ein glasklarer Fall von Befangenheit. Sie hätten den Richter ablehnen können. Haben Sie das Ihrem Anwalt nicht gesagt?«

Die Stube verwandelte sich zunehmend in einen Räucherofen.

»Ich habe mich getäuscht. Ich hatte gehofft, dass die Sache in die entgegengesetzte Richtung läuft. Dass ich wegen Raphaela von ihm einen Bonus bekommen würde. Das hat mein Anwalt auch vermutet.«

»Autsch«, sagte Morgenstern. »Eine grobe Fehleinschätzung.«

»Hinterher war's zu spät. Und das Urteil war ja nicht völlig aus der Luft gegriffen. Es war nur an der obersten Grenze angesiedelt.«

»Wie hat denn Ihre Freundin darauf reagiert?«, fragte Hecht.

Morgenstern sah, dass sein Partner mit der verrauchten Luft kaum noch klarkam und schon schnappte wie ein Karpfen im modrigen Teich.

»Herr Bachmeier, Ihren Qualm hier hält kein Mensch aus«, sagte er deshalb bestimmt.

Bachmeier sah ihn verständnislos an. »Wieso, das ist doch ganz normal.«

»In Ihrer Welt vielleicht, aber nicht in unserer. Oder wollen Sie mit uns in Präsidium kommen?«

»Nein, das muss echt nicht sein. Also, gehen wir raus. Ist vielleicht auch für meine Tierchen besser. Sie sind ja so sensibel.«

»Für wen?«, fragte Morgenstern verwirrt.

»Na, für die hier.« Bachmeier deutete auf einen der Glaskästen, der sich in der Fensternische direkt hinter Morgenstern befand. Morgenstern hätte beinahe den Kopf daran gelehnt.

Langsam drehte er sich um. Kein Aquarium, sondern ein Terrarium, dachte er, schlampig mit einer alten Zeitung ausgelegt und mit ein paar Kieselsteinen und Ästen dekoriert. Ein Terrarium mit Heuschrecken. Er lächelte: Natürlich, Bachmeier hatte ein Faible für Insekten.

»Grashüpfer, wie niedlich«, sagte er und machte das Sprungfedergeräusch »Doing, doing, doing«, das er von Grashüpfer Fips aus »Biene Maja« kannte. Früher hatte er die Zeichentrickserie regelmäßig mit seinen Kindern im Fernsehen angesehen. Er klopfte gegen die Scheibe und brachte eine der Heuschrecken damit wie gewünscht in Panik.

»Doing, doing«, wiederholte Bachmeier süffisant. Dann deutete er auf ein schwarz-braunes Knäuel, das unmittelbar vor Morgensterns Finger hinter der Scheibe saß. Mit einem blitzschnellen Satz sauste das Knäuel auf das grüne Insekt zu, und innerhalb weniger Sekunden war von Fips nichts mehr zu sehen als ein paar lange Sprungbeine, die mit irren Zuckungen aus dem braunen Räuber herausragten.

»Iiiih!«, schrie Morgenstern und schreckte entsetzt zurück. Panisch drängte er aus der Eckbank heraus und blieb schwer atmend in der Mitte der Stube stehen.

»Darf ich vorstellen: Das ist Igor«, sagte Bachmeier grinsend. »Ich habe zwar schon öfter erlebt, dass Menschen ihn nicht mochten. Aber so erschreckt hat sich noch keiner.«

Morgenstern brachte immer noch kein Wort heraus. Mit weit geöffneten Augen starrte er auf das Terrarium.

Hecht ergriff die Initiative. »Jetzt beruhig dich, Mike. Das ist nur eine Spinne, ein bisschen groß, gebe ich ja zu …«

»Eine Vogelspinne, um genau zu sein«, erläuterte der Hausherr. »Ich habe noch ein paar weitere. Hier in dem anderen Fenster zum Beispiel und im ersten Stock auch noch. Sehr interessante Tiere. Aber eben auch sehr sensibel.«

Morgenstern wich langsam zur Tür zurück, bemüht, nichts anzufassen, so als könnte plötzlich aus jeder Ecke eines dieser Tiere auf ihn zuspringen. Langsam fand er seine Sprache wieder. »Also … also gut … wir treffen uns dann draußen.«

Mit großen Schritten verließ er das Haus, setzte sich ins Auto und versuchte, sich durch besonders gleichmäßiges Atmen zu beruhigen. Als er wenig später die beiden kommen sah, stieg er aus.

»Na, dann machen wir wohl mal weiter«, sagte er in möglichst geschäftsmäßigem Ton. »Herr Bachmeier, wann haben Sie Richter Ledermann zum letzten Mal gesehen? Oder machen wir lieber gleich Nägel mit Köpfen: Wo waren Sie in der Nacht, als die Schwarzmühle abgebrannt ist?«

»Die Nacht zum Sonntag?« Bachmeier dachte kurz nach. »Da war ich hier zu Hause und habe an meiner Arbeit geschrieben. Ich muss in vier Wochen abgeben und schreibe sozusagen Tag und Nacht.«

»Und Ihre Mitbewohner können das bezeugen?«, fragte Hecht.

»Sicher. Fragen Sie sie ruhig. Ich gehe zurzeit allen auf den Keks mit meinem Hausbock-Thema. Tut mir leid, Sie müssen Ihren Täter woanders suchen. Richter Gnadenlos hat zwar überall verbrannte Erde hinterlassen. Aber ich habe meinen Frieden mit ihm gemacht. Im Nachhinein tut er mir fast leid. Ich wäre froh, wenn Sie herauskriegen würden, wer den alten Herrn auf dem Gewissen hat.«

»Habe ich nicht vor ein paar Minuten noch aus Ihrem Munde die Worte ›reaktionärer Knacker‹ gehört?«, fragte Morgenstern ironisch.

»Es ist wegen Raphaela. Ich mag sie, und die Sache belastet sie unglaublich.«

Morgenstern hatte Zweifel daran.

»Welche Beziehung hatte Frau Ledermann in letzter Zeit zu ihrem Vater?«, fragte er. »Hatten Sie selbst noch regelmäßig Kontakt zu ihr, sodass Sie das mitbekommen haben?«

»Na klar. Sie war doch alle paar Monate hier bei uns in Raitenbuch.«

»Ach? Das ist ja interessant. Ist sie dann auch jedes Mal zu Ihrem Vater gefahren?«

»Keine Ahnung. Ich glaub es eher nicht.« Bachmeier steckte sich wieder eine Zigarette an. »Wollen Sie mal meine Hausbock-Zucht sehen?«, fragte er unvermittelt.

Morgenstern und Hecht sahen sich unschlüssig an, nickten dann aber. Einträchtig folgten sie dem Hausherrn, der das Stadeltor öffnete und sie durch die dämmrige Scheune führte, in der ein hellblauer Oldtimertraktor und ein Wagen standen. Schließlich kamen sie durch eine kleine Holztür auf der Rückseite wieder heraus.

Hier, unter einem Vordach, waren sorgfältig dicke Holzbalken aufeinandergestapelt. Mehre Lagen. Alte, verwitterte Balken ebenso wie frisch gesägte mit hellem, intensiv duftendem Holz. Jeder einzelne trug an der Stirnseite eine mit dicker schwarzer Schrift aufgebrachte Zahl.

Stolz zeigte Bachmeier auf den Stapel. »Bitte sehr«, sagte er. »Das ist meine Brutstätte.«

»Ich sehe nichts«, sagte Morgenstern.

»Hier.« Bachmeier deutete auf verschiedene Stellen in den Balken, die er mit rotem Filzstift markiert hatte. Meist waren es schmale Ritzen, Spalten im Holz, die so gekennzeichnet waren. »Das ist die Basis für eine umfassende Datenerhebung über den Hausbock, über seine Fortpflanzungszyklen und seine Zerstörungskraft. Kommen Sie, legen Sie mal ein Ohr hier an diesen Balken, an diese Stelle.«

Gehorsam senkte Morgenstern den Kopf und lauschte am Holz.

»Und, hören Sie was?«

Morgenstern brauchte eine Weile, dann nickte er. »Man hört es richtig nagen da drin.«

Bachmeier strahlte. »Unglaublich, wie effektiv diese Tiere sind. Wirklich beeindruckend. Und wenn man nicht genau hinsieht, kann man von außen nichts erkennen. Das ist anders als beim Holzwurm, bei dem man immer das Bohrmehl am Boden findet. Der Hausbock, genau genommen natürlich seine Larve, ist ein ganz diskreter Arbeiter. Er hinterlässt fast keine Spuren. Wenn man ihn schließlich entdeckt, dann ist es meistens schon zu spät.«

»Sehen Sie, so geht es uns bei der Kriminalpolizei auch immer«, sagte Hecht.

Morgenstern blickte nachdenklich auf die Balken. Dann klopfte er mit der Stiefelspitze zweimal gegen die unterste Lage. Es klang hohl.

»Ist es nicht gefährlich, diese Schädlinge hier regelrecht zu züchten?«, fragte er. »Wenn ich in Raitenbuch ein Haus hätte, könnte ich nicht mehr ruhig schlafen.«

»Was ich nicht weiß, macht mich nicht heiß«, gab Bachmeier spitz zurück. »Außerdem habe ich alles unter Kontrolle.«

»So wie Ihre Vogelspinnen«, fügte Morgenstern mit schmalem Mund an. »Mit den Viechern hier«, er klopfte noch einmal gegen einen Balken, »könnten Sie glatt in die biologische Kriegsführung einsteigen.«

»Ich werde drüber nachdenken«, sagte Bachmeier. »Danke für den Tipp. Wenn ich keinen Job finde, verkaufe ich mein Knowhow an den Iran.« Er grinste. »Nein. Keine Sorge. Wir sind alle ganz friedliche Leute hier.« Er spreizte Zeige- und Mittelfinger der rechten Hand. »Peace!«

»Frieden und ein langes Leben«, sagte Morgenstern. »Aber nicht für den Hausbock und seinesgleichen.«

Im Auto sah Morgenstern auf seinem Handy, dass die Zentrale versucht hatte, sie zu erreichen. Hecht fuhr ein Stück aus dem Dorf, dann meldete sich Morgenstern in Ingolstadt. Er hoffte insgeheim, dass Kevin Hofmeier aus Emsing aufgetaucht sei. Doch die Sekretärin teilte ihm mit, ein Mann aus Enkering wolle dringend die Ermittler im Brandfall Schwarzmühle sprechen. Ein Zeuge namens Rudolf Esslinger. Er sei Hobbyangler. Sie gab Adresse und Telefonnummer durch.

»Na also, heute ist unser Tag«, freute sich Morgenstern und tippte die Nummer ein. Eine halbe Stunde später waren sie in Enkering, um mit dem Mann von Angesicht zu Angesicht zu sprechen.

Enkering lag an der Autobahnausfahrt Altmühltal der A9, direkt an der Stelle, wo die Autobahn und auch die ICE-Trasse das Tal durchquerten. Die Anlauter lief plätschernd mit beachtlichem Gefälle durchs Dorf, mehrere große Gaststätten, Hotels und Pensionen hatten sich auf die durchreisenden Gäste von der Autobahn spezialisiert, und dennoch hatte sich das kleine Dorf einen Großteil seiner ursprünglichen Idylle erhalten können. Am Ortsrand weideten Schafe und Gänse. Die stattlichen Wirtshäuser lockten mit Fachwerkbalken, Geranien an den Fensterbänken und Biergärten. Hoch über dem Tal stand im Wald die Ruine einer Ritterburg. Auf der anderen Talseite, hinter der Dorfkirche, erhob sich kahl und von der Sonne ausgedörrt ein Trockenrasenhang, gesprenkelt von Wacholderbüschen und gekrönt von einem großen Kreuz, das hinabgrüßte zu Autobahn und Hochgeschwindigkeitszügen.

Rudolf Esslinger wohnte etwas abseits der Hauptstraße in einem kleinen Häuschen mit spitzem Giebel. Ein typisches Arbeiterhaus aus den fünfziger Jahren. Billig und mit viel Eigenleistung erbaut.

Morgenstern klingelte am Gartentörchen, und ein schmaler Mann von etwa fünfzig Jahren öffnete die Haustür. Er trug eine olivgrüne Bundeswehrhose und ein ebenfalls olivgrünes Hemd.

»Das ging aber schnell«, rief er. »Ich komme gleich.« Er schlüpfte in ausgetretene Turnschuhe, die vor dem Haus standen, zog die Tür hinter sich zu und stieg dann in sein Auto, einen ungepflegten alten Opel. Hecht und Morgenstern fuhren hinterher. Eigentlich hätten sie sich direkt an der Schwarzmühle treffen können, aber die Kommissare schauten nach Möglichkeit bei ihren Zeugen zu Hause vorbei, um sich zumindest einen ersten Eindruck von ihren Lebensverhältnissen und letztlich ihrer Glaubwürdigkeit zu machen.

Sie fuhren talaufwärts bis kurz vor die Ruine der Schwarzmühle. An einem unscheinbaren Feldweg bog Esslinger ab, und es ging an einer langen Schlehenhecke vorbei und über eine provisorische Brücke über die Anlauter. Schließlich stellten sie ihre Autos ab.

»Da wären wir«, sagte Esslinger und atmete tief durch. »Das ist mein Stammplatz. Hier angle ich.«

»Schön hier«, sagte Hecht und sah sich um. Neben ihnen rauschte die Anlauter, drei Meter breit und flach. Gurgelnd wie ein Gebirgsbach, umrahmt von Weiden, Gebüsch und Brennnesseln.

»Gutes Forellenwasser«, sagte Esslinger. »Aber man braucht Geduld.«

»Sind Sie oft hier?«, fragte Hecht.

»So oft, wie's geht. Zu jeder Tages- und Nachtzeit.«

»Gut. Dann erzählen Sie uns jetzt bitte, was Sie hier gesehen haben«, sagte Morgenstern. »Dafür sind wir hier.«

Sie standen an den Dienstwagen gelehnt und schauten zu der Stelle, an der bis vor wenigen Tagen noch die Schwarzmühle gestanden war. Keine dreihundert Meter entfernt.

»Wie gesagt, das ist mein Stammplatz. Ich stelle mein Auto immer hier hinter der Hecke ab, auf der Wiese.«

Morgenstern nickte. Das war ihm auch an der Altmühl schon aufgefallen, dass Angler sich prinzipiell weigerten, auch nur einen Meter zu viel zu Fuß zu gehen. Die meisten würden wohl am liebsten direkt vom Fahrersitz aus ihre Angeln ins Wasser halten.

»Man hat Ihr Auto von drüben also nicht gesehen?« Hecht deutete zur Mühle.

»Nein, ich mag das nicht, wenn jeder weiß, dass ich da bin. Ich will meine Ruhe, sonst nichts. Und so war das auch am vorletzten Mittwoch. In aller Herrgottsfrühe.«

»Wie früh?«

»Ich war ab halb fünf da. Da ist es am schönsten. Der Nebel liegt im Tal. Manchmal kommt ein Graureiher.« Ein bitterer Zug umspielte seinen Mund. »Und diese verdammten Kormorane sind auch schon unterwegs. Sehen Sie da drüben den Baum?« Er deutete auf eine hundert Meter entfernte Weide. »Da hocken sie immer, die schwarzen Teufel. Sehen Sie das? Der ganze Baum ist verschissen.« Er formte Daumen und Zeigefinger der rechten Hand zur Pistole und drückte dreimal ab. »Wenn es nach mir ginge, würden diese Biester hier keine Fische mehr rausholen. Der Kormoran unter Artenschutz, dass ich nicht lache. Ein Räuber ist das! Eine Landplage!«

»Schon gut, schon gut«, beschwichtigte Morgenstern. »Sie waren jedenfalls am Mittwochmorgen hier. Und dann?«

»Dann ist kurz vor sieben Uhr der Herr Ledermann aus dem Haus gekommen. Mit Anzug und Aktentasche. Wie immer. Nach dem kann man die Uhr stellen.«

»Kennen Sie ihn?«, fragte Hecht.

»Nicht richtig. Und er kennt mich sowieso nicht. Ich halte immer schön Abstand. Ich will nur meine Ruhe.«

»Das sagten Sie schon«, stellte Morgenstern fest.

»Der Herr Ledermann holte also seinen Mercedes aus der Garage und fuhr weg. Zur Arbeit. Ich fische in aller Ruhe weiter. Ich habe sogar einen Hecht erwischt. Aber der war leider um zwei Zentimeter zu klein. Beim Schonmaß bin ich akkurat. Ich habe ihn also wieder reingeworfen. Den hole ich mir im nächsten Jahr wieder, wenn ihn vorher nicht der verdammte Kormoran –«

»Bitte!«, sagte Morgenstern mit Nachdruck. »Kommen Sie zur Sache.«

Esslinger steckte eine Hand in die ausgebeulte Tasche seiner Bundeswehrhose und zog ein kleines schwarzes Fernglas heraus. Er reichte es Morgenstern, der es sich an die Augen hielt, die Mühle ins Visier nahm und scharf stellte.

»Das habe ich immer am Mann«, sagte Esslinger stolz. »Damit zähle ich die Kormorane. Ich führe genau Buch. Es werden immer mehr. Das ist in den letzten drei Jahren eine richtige Kolonie geworden. Irgendwann, ich sage es Ihnen, bringe ich meine Motorsäge mit und lege ihren Baum um. Mit allen Nestern. Das lasse ich mir nicht mehr lange gefallen. Diese Viecher sind eine einzige Provokation. Wissen Sie eigentlich, wie viel Fisch so ein Vogel am Tag verschlingt?«

»Ist ja gut«, sagte nun auch Hecht.

»Dieser Hecht war jedenfalls zu klein, gerade achtundvierzig Zentimeter, und ich werfe ihn gerade rein, da höre ich ein Motorrad kommen.«

»Hier bei Ihnen?«

»Nein, drüben auf der anderen Talseite. Aber nicht auf der Straße. Das kam über den Hang runter durch den Wald.«

»Dann war es eine Geländemaschine?«, fragte Morgenstern und warf Hecht einen bedeutungsschweren Blick zu.

»Ja, eine richtig große. Er ist dann eine Weile stehen geblieben. Ist abgestiegen und hat zur Mühle geschaut.«

»Wer ist er?«, fragte Morgenstern.

»Na, der Fahrer halt. Der hatte einen Helm auf, wie es sich gehört. Und nach einer Weile fährt er über die Wiese das letzte Stück zur Mühle und stellt seine Maschine hinter der Garage ab.«

Morgenstern hatte immer noch das Fernglas in der Hand. Er hielt es sich nun erneut vor die Augen und schaute zur Mühle. Ein tadelloser Blick.

»Es dauert ein bisschen, dann kommt der Typ mit einer Tüte in der Hand um die Ecke gebogen, immer noch den Helm auf. Er geht zur Rückseite vom Haus und verschwindet da. Ich hab dann nicht mehr weiter nach ihm geschaut, denn was geht das mich an? Erst als er nach vielleicht zwanzig Minuten wieder aufgetaucht ist, ist er mir wieder eingefallen. Er steigt auf die Maschine und fährt auf demselben Weg durch den Wald davon.«

»Und drei Tage später geht die Mühle in Flammen auf«, sagte Morgenstern. »Und als Sie das in der Zeitung lesen und unseren Zeugenaufruf, da kommt Ihnen die Sache spanisch vor.«

»Exakt so ist es«, sagte Esslinger eifrig. »Da hat einer die Mühle ausspioniert. Am helllichten Tag. Ich war der Meinung, das sollten Sie wissen.«

»Gut gemacht«, lobte Morgenstern. »Wenn Sie uns jetzt noch

ein paar Details zu diesem Motorrad nennen oder auch zum Fahrer, dann sind Sie unser Held. Welche Farbe hatte denn die Maschine?«

Esslinger schüttelte den Kopf. »Ich glaube, sie war weiß-blau. Mit einem schwarzen Kunststoffkoffer hintendrauf. Eine richtig schwere Maschine. Manchmal schaue ich mir Motocross-Rennen an, die gibt es in Bechthal im Sommer. Hier in der Gegend haben viele junge Burschen solche Maschinen. Die fahren kreuz und quer durchs Gelände. Da sollte die Polizei mal ein schärferes Auge drauf haben. Wozu gibt es denn die Naturschutzgebiete?«

Morgenstern dachte an den Autostellplatz des Anglers direkt neben der Anlauter, sagte aber nichts.

»Und den Helm hat er nie abgenommen?«, fragte Hecht.

»Leider nein«, sagte Esslinger. »Vielleicht hinterm Haus, aber nicht, als ich ihn gesehen habe. Da hilft auch kein Fernglas. Das Nummernschild konnte man auch nicht sehen. Diese Burschen biegen die Schilder an Geländemaschinen immer nach oben. Angeblich damit Dreck und Steine nicht am Schutzblech hängen bleiben. Aber wissen Sie was: In Wirklichkeit ist das ein alter Trick, damit die Polizei das Kennzeichen nicht lesen kann.«

Morgenstern nickte zustimmend. »Das ist einschlägig bekannt. Aber kein Fall für die Kripo. Können Sie vielleicht etwas zu dieser Tüte sagen?«, fragte er ohne große Hoffnung.

»Nein, leider nicht.« Esslinger streckte die Hand nach seinem Fernglas aus. Morgenstern reichte es ihm, und er hielt es sich vor die Augen und spähte hinüber zur Mühle, als könnte das seiner lahmenden Erinnerung auf die Sprünge helfen.

»Das war ein weißer Beutel. Ich glaube eigentlich nicht, dass es Plastik war. Eher so ein Stoffding, so eine Öko-Tragetasche. Ist auch viel vernünftiger, wenn man es genau betrachtet. Für die Umwelt.« Er lächelte. »Wir Angler sind ja alle Umweltschützer. Wir sind die wahren Naturfreunde. Wer ist denn bei jedem Wetter draußen? Nur wir, und natürlich noch die Jäger. Aber all diese selbst ernannten Umweltschützer, die haben doch keine Ahnung, was hier draußen vorgeht. Ich sage nur ein Wort –«

»Kormoran?«, schlug Morgenstern vor.

»Ich sehe schon, wir verstehen uns«, sagte Esslinger strahlend. »Ich helfe Ihnen, so gut ich nur kann.«

»Ein heller Stoffbeutel«, wiederholte Morgenstern.

Esslinger grübelte und rieb sich dabei das Kinn. »Es war irgendein Aufdruck drauf. Was war das bloß?«

»Was für ein Aufdruck? Das kann wichtig sein, bitte strengen Sie sich an!«

»Ich weiß es wieder«, sagte Esslinger sichtlich erleichtert. »Es war eine Tasche von Jack Wolfskin. Outdoorausstattung. Ich habe einen Rucksack von denen.«

»Jack Wolfskin. Stand das drauf?«, hakte Hecht nach.

»Ja. Ich meine, nein. Aber das Firmenlogo hab ich erkannt. Das kennen Sie doch bestimmt auch. Eine Tierpfote.«

»Stimmt«, sagte Morgenstern. »Und die haben Sie auf dieser Tüte gesehen?«

Esslinger nickte.

»Schade nur, dass Sie uns über den Fahrer so wenig sagen können. Aber den kriegen wir«, zeigte sich Morgenstern siegessicher und gab Esslinger seine Karte, für den Fall, dass ihm noch etwas einfallen würde. »Wir haben da auch schon einen ganz konkreten Verdacht.«

»Ach wirklich?«

»Ja. Allerdings kann ich mir nicht vorstellen, dass uns dieser Beutel weiterbringt. Von diesen Jack-Wolfskin-Stofftaschen gibt es wahrscheinlich hunderttausend.«

Was nur bewies, dass in der Familie Morgenstern der Hausherr nicht für die Kleidungseinkäufe zuständig war.

Im weiteren Verlauf des Nachmittags gab es im Büro noch viel zu tun.

Kevin Hofmeiers Motorrad wurde zur Fahndung ausgeschrieben. Eine blaue Yamaha, wie sich herausstellte. Hatte der Angler nicht von einer weiß-blauen Maschine gesprochen? Auf telefonische Nachfrage war Rudolf Esslinger nur noch »zu fünfundneunzig Prozent« sicher. Hecht ließ sich von der Zulassungsstelle die Daten sämtlicher Geländemotorräder geben, die zur Beschreibung des Enkeringer Anglers passten. Sie beantragten bei der Sparkasse die Einsicht in die Kontobewegungen des Richters.

Den Abschluss bildete eine Befragung der Eltern des jungen

Brandstifters. Das Ehepaar Hofmeier, das dafür ins Polizeipräsidium gefahren war, war verzweifelt, beteuerte aber die Unschuld seines Sprösslings, was den Brand der Schwarzmühle anging.

Am Abend rollte Morgenstern wie fast immer mit dem Zug von Eichstätt-Bahnhof nach Eichstätt-Stadt. Die fünf Kilometer kurze Strecke, die die Stadt mit der Hauptlinie München–Nürnberg verband. Eichstätts Nabelschnur in die große, weite Welt. Eisenbahnfreunde seufzten vermutlich vor Glück, wenn sie vom gottverlassenen »Hauptbahnhof«, der mitten im Wald lag und außer dem Bahnhofsgebäude und einem Großparkplatz nichts zu bieten hatte, ins Altmühltal hinabrattern durften.

Erst ging es durch einen kurzen, finsteren Tunnel, dann kam als erste Haltestelle das Dorf Wasserzell, und von dort aus konnten die Reisenden in der Ferne bereits die Willibaldsburg erkennen. Unterhalb der Burg hielt der Zug noch direkt neben der Hofmühl-Brauerei, auf der anderen Seite des Tals stand hier in Gelb und Weiß die riesige Anlage des ehemaligen Augustinerklosters Rebdorf, die seit Jahrzehnten eine Realschule war.

Morgenstern konnte sich dieses Mal allerdings nicht recht auf die landschaftlichen Reize konzentrieren. In der Reihe rechts vor ihm saß eine junge Frau, die er bisher zwar nur von hinten gesehen hatte, die er aber nicht mehr aus den Augen ließ. Ihre blonden Haare hatten einen kecken Kurzhaarschnitt, und sie trug ein weißes Top. Was Morgenstern aber so an ihr faszinierte, war eine großflächige Tätowierung, die sich über die gesamte linke Schulter und von dort wer weiß wohin erstreckte. Morgenstern sah Blüten- und Rankenwerk in Blau.

Zehn Minuten später stand er am Eichstätter Marktplatz und inspizierte an der Rückseite einer Passage die Schaufenster des einzigen örtlichen Tattoo-Studios. Was er sah, würde Fiona nicht gefallen, da war er sich ganz sicher. Geschwungene, geflochtene dunkelblaue Bänder. Drachen, Schmetterlinge, wie sie einst Steve McQueen im Ausbrecherfilm »Papillon« getragen hatte. Ein steigendes geflügeltes Pferd. Kryptische asiatische Schriftzeichen. Besonders verstörend fand Morgenstern, dass die Fotos allesamt anscheinend unmittelbar nach der Nadelstecherei aufgenommen worden waren: Die Haut war großflächig gerötet wie nach einem starken Sonnenbrand. Das sah nach einer schmerzhaften Prozedur aus.

Für ein paar Augenblicke hegte er Zweifel an seinem Vorhaben. Andererseits konnten all diese jungen Leute unmöglich Masochisten sein. Vielleicht tat es in seinem Fall ja auch ein winziges Bildchen, irgendein Symbol, auf der Schulter angebracht. Er dachte an die amerikanische Flagge, Stars and Stripes. Oder das Emblem von Harley-Davidson. Nein, das würde eindeutig zu viele Fragen aufwerfen, wo er doch nicht einmal einen Motorradführerschein besaß. Da konnte er sich auf Fionas jahrelangen Spott gefasst machen. Ein Adler? Als Zeichen unbändiger Freiheit und Unabhängigkeit? Das wäre nicht schlecht. Mike Morgenstern, der Adler vom Altmühltal. Darüber würde er nachdenken. Und vor allem müsste er Fiona sorgsam darauf vorbereiten. Er würde es ihr als sein persönliches Statement gegen die Spießigkeit des polizeilichen Berufsbeamtentums verkaufen. Ja, ein Adler, der sich mit weit ausgebreiteten Schwingen in die Lüfte erhebt, das wäre das Richtige für ihn.

»Und den Motorradführerschein mache ich auch noch, eines Tages«, sagte er grimmig, bevor er nach Hause ging.

»Gut, dass du endlich kommst«, sagte Fiona, als er zur Tür hereinkam; entschlossen, seine Tätowierungspläne dem Familienrat zu präsentieren. »Wir haben in zwanzig Minuten einen Termin bei der Bank.«

»Quatsch, die Bank hat längst zu«, meinte Morgenstern. »Du kennst doch die Eichstätter Öffnungszeiten. Da geht nach fünf Uhr gar nichts mehr. Außerdem wüsste ich nicht, was wir bei der Bank sollten.«

Fiona sah ihn triumphierend an. »Habe ich alles heute organisiert. Wir treffen uns mit einer Immobilienmaklerin der Sparkasse. In der Sparkassenpassage. Von dort aus gehen wir dann gemeinsam zu einem Haus, das sie uns zeigen will.«

Morgenstern bekam weiche Knie. »Das … das … das geht mir alles zu schnell. Wie kommt die überhaupt auf uns?«

»Ich bin auf sie gekommen«, sagte Fiona. »Da war diese Anzeige in der Zeitung.« Sie wühlte in ihrer Handtasche, holte ihre

Geldbörse heraus und zog aus dem Geldscheinfach einen sorgfältig ausgeschnittenen Zeitungsschnipsel heraus.

Stirnrunzelnd las Morgenstern den Text: »Renov.bed. Jurah. in EI, zentr.nah, sucht furchtlosen Heimwerker. Preis: VB.«

Er hätte dieses Angebot, wenn er es selbst in der Zeitung entdeckt hätte, als hoffnungslosen Fall abgetan, nicht so offenbar Fiona, dieser Ausbund an Optimismus.

»Und wenn ich nicht rechtzeitig von der Arbeit gekommen wäre?«, fragte er misstrauisch und erhielt die befürchtete Antwort: »Dann wäre ich mit den Buben halt allein hingegangen.«

Fiona lächelte ihn an. »Wir haben doch ausgemacht, dass du mir freie Hand lässt.«

»Haben wir das?« Morgenstern war sich nicht mehr sicher, was er gesagt hatte. Vermutlich irgendetwas in der Richtung »Mach du nur«, in der Hoffnung, dass sich die Sache durch glückliche Fügung zerschlagen würde.

Wenig später stapfte Familie Morgenstern einträchtig über den Marktplatz. Vom weiß glänzenden steinernen Brunnen grüßte überlebensgroß Sankt Willibald, der vom Grünspan überzogene Gründerbischof des Bistums Eichstätt. Mit der segnenden Hand und seinem Bischofsstab erinnerte er Morgenstern jedes Mal an den mildtätigen Nikolaus.

Die Sparkasse befand sich in der Gabrielistraße, die von Osten in den Marktplatz mündete. Morgenstern wunderte sich, dass die Bank in bester Lage einen halben historischen Straßenzug durch einen ebenso zweckmäßigen wie gesichtslosen Neubau hatte ersetzen dürfen. Zudem hatten die Planer einst eine breite Schneise als Passage von der Gabrieli- zur Pedettistraße geschlagen.

»Wer das genehmigt hat, dem gehört der Hintern versohlt«, sagte er, als sie in die Passage traten, in der sich der Zugang zur Sparkasse befand. Ein Künstler hatte an die Wand Bilder eines Wasserfalls gemalt, über die unablässig echtes Wasser gepumpt wurde. Die beiden Morgenstern-Kinder nutzten die Chance umgehend dazu, sich mit Wasser zu bespritzen.

Als Morgenstern gerade zu einer Schimpftirade ansetzen wollte, kam die Maklerin in die Passage, eine knapp sechzigjährige große, dünne Frau mit umgehängter Handtasche.

»Ah, da haben wir ja schon die ganze Familie«, sagte sie strahlend und wandte sich zuerst an die Kinder: »Ihr seid aber zwei ganz Süße!« Sie tätschelte Marius den Kopf. Morgenstern sah, wie der Junge genervt die Augen verdrehte. »Dann wollen wir mal«, sagte sie. »Sie werden sehen, es ist ganz nah. Und es ist ein hochinteressantes Objekt.«

Warum ist es dann noch nicht weg?, dachte Morgenstern. Er hatte von Fiona gehört, dass der Immobilienmarkt in Eichstätt so eng sei, dass die wirklich guten Stücke alle unter der Hand verkauft würden und nie das gleißende Schlaglicht einer Zeitungsanzeige erleben dürften.

Der Grund dafür war ihm klar, als sie vor dem »Objekt« standen. Morgenstern fiel die Kinnlade nach unten. Das Haus, das ihnen angeboten wurde, schien kurz vor dem Zusammenbruch. Ein Jurahaus mit angebauter Scheune, der gesamte Komplex an eine dahinterliegende Felswand gelehnt, steil an einer schmalen Straße gelegen. Die Außenmauer der Scheune hatte sich bereits gefährlich Richtung Straße geneigt. Mit mächtigen Balken, die rabiat an die Mauer geschraubt worden waren, versuchte der bisherige Eigentümer, den Einsturz des Bauwerks zu verhindern. Ein gelbes Plastikschild warnte arglose Passanten und leichtsinnig parkende Autobesitzer vor herabfallendem Legschiefer. Für Schäden werde keinerlei Haftung übernommen. Das Wohnhaus selbst war einst wohl ein Schmuckstück gewesen, jetzt aber platzte in riesigen Brocken der Putz ab und gab den Blick frei auf etliche bedenkenswerte Risse, die sich quer durch die gesamte Fassade zogen.

Die Maklerin versuchte, mit einem extrabreiten Lächeln Zuversicht auszustrahlen. »Wie wir schon in der Zeitungsanzeige geschrieben haben: Es ist etwas für Liebhaber. Ich nenne es immer unseren ›Rohdiamanten‹.«

Morgenstern schielte zu Fiona in der Hoffnung, dass sie bei dem Anblick den Mut verloren hatte. Er war bereit, mit der gesamten Familie auf dem Absatz kehrtzumachen. Aber Fiona war offenbar anderer Ansicht. Sie zog zu seiner Überraschung den kleinen dunkelblauen Fotoapparat der Familie aus ihrer Filzhandtasche und begann, die Fassade aus verschiedenen Perspektiven zu knipsen.

»Beeil dich«, sagte Morgenstern ironisch. »Sonst ist die Bude zusammengefallen, ehe du fertig bist.«

Fiona hörte gar nicht zu, sondern wandte sich an die Maklerin. »Ein Rohdiamant?«, sagte sie, und Morgenstern hörte argwöhnisch einen schwärmerischen Unterton heraus. »Mir kommt es ein bisschen vor wie Dornröschen, das wach geküsst werden will.« Sie deutete auf das Buschwerk, das das Anwesen struppig umwucherte. »Die Dornenhecke ist ja schon da.« Sie lächelte.

»Sie werden sehen, das wird ein Märchenschloss«, sülzte die Immobilienvermittlerin, die ihr Handwerk offensichtlich beherrschte und rasch erkannt hatte, dass sie sich bei diesem Projekt besser an die Frau des Hauses hielt.

»Burg Schreckenstein«, murmelte Morgenstern.

»Nun sei doch nicht so negativ«, mahnte ihn Fiona. »Wir sehen uns das in aller Ruhe an. Die Lage ist auf jeden Fall schon mal attraktiv. Schau doch mal, es ist ruhig, man hat eine schöne Aussicht, es ist hell.«

»Da haben Sie völlig recht«, bestätigte die Maklerin eifrig. »Und hier haben Sie jede Menge Platz, auch für Ihre lieben Kleinen.«

Marius und Bastian verzogen die Gesichter.

»Dann wollen wir mal reingehen.« Die Sparkassen-Frau rasselte mit einem Schlüsselbund und machte sich mit einem mächtigen Bartschlüssel an der verwitterten, einstmals dunkelgrünen Haustür zu schaffen. Nach einigem Gestochere hatte sie die Tür endlich offen, und die Familie drängte in den Flur.

»Hier wohnt natürlich schon lange niemand mehr«, sagte die Maklerin wie zur Entschuldigung und wedelte mit der linken Hand so beiläufig wie möglich einige Spinnweben zur Seite.

»Wer ist denn der Eigentümer?«, fragte Fiona.

»Sie werden es nicht glauben: der Tierschutzverein. Die letzten Eigentümer waren große Tierfreunde und hatten keine unmittelbaren Angehörigen. Sie haben das Haus dem Verein vermacht. Der Vorstand wusste mehrere Jahre lang nicht, was er damit anstellen soll. Und jetzt bietet er es über uns zum Verkauf an.«

Fiona hatte wieder die Kamera gezückt und begann, vom Flur aus verschiedene Türbeschläge zu fotografieren. »Das musst du dir mal anschauen, Mike«, sagte sie. »Das ist alles noch original.«

»Original Mittelalter«, sagte Morgenstern und schnupperte misstrauisch. »Hast du nicht auch den Eindruck, dass es hier ein bisschen modrig riecht?«

»Ich rieche nichts«, sagte Fiona.

»Also, ich auch nicht«, beeilte sich die Maklerin.

»Aber das Haus ist direkt in den Hang hineingebaut, wenn ich das richtig sehe«, beharrte Morgenstern. »Direkt in den Dreck rein.«

»Nur ein wenig«, räumte die Maklerin ein. »Aber Sie haben nach vorn raus mehr Platz, als Sie jemals benötigen. Den rückwärtigen Bereich nutzen Sie dann für Funktionsräume. Fürs Badezimmer. Oder eine Speisekammer.«

»Oder als Reifekammer für Schimmelkäse«, sagte Morgenstern grinsend. »Gorgonzola à la Jura.« Fiona warf ihm einen strafenden Blick zu.

»Wir sollten uns erst einmal die einzelnen Räume ansehen«, empfahl die Maklerin mit einem gequälten Lächeln. »Kommen Sie, Frau Morgenstern. Hier ist die gute Stube.« Sie öffnete eine niedrige Tür. Morgenstern stieß sich beim Durchgehen prompt äußerst schmerzhaft den Kopf an. Die Kinder kicherten.

»Die Räume sind alle weitgehend leer. Der Verein hat das Mobiliar, so weit möglich, verkauft. Sie haben also freie Bahn und könnten sofort mit der Renovierung loslegen.« In den Fensternischen des kahlen, niedrigen Raumes standen verdorrte Geranienleichen in Tontöpfen.

Die Maklerin öffnete eine weitere Tür. »Und hier haben wir noch eine original erhaltene Ruaßkuchl.«

»Eine was?«, fragte Morgenstern.

»Toll«, schwärmte Fiona und versuchte, das Wort »Ruaßkuchl« möglichst authentisch zu wiederholen. »Das ist eine kleine Küche mit einem offenen Kamin.«

»Was du alles weißt«, sagte Morgenstern. »Aber so was braucht doch heutzutage kein Mensch mehr.«

Die Morgenstern-Kinder starrten staunend auf die altertümliche Herdstelle, deren Kamin an die Esse einer Schmiede erinnerte. Schwarz schimmerte im Rauchabzug das Pech, das sich im Laufe vieler Jahrzehnte an den Wänden angesammelt hatte. Im Nu hatten sich die Kinder die Finger rußig gemacht und begannen, sich kichernd gegenseitig die Gesichter schwarz zu malen.

»Aufhören, aber sofort!«, befahl Morgenstern unwirsch.

»Wir haben hier im Haus auch noch einen original erhaltenen Brotbackofen«, erklärte die Maklerin. »Frau Morgenstern, das ist doch was für Sie.«

Fiona nickte fasziniert.

»Und wo ist das Bad?«, fragte Morgenstern.

»Ähm …« Erstmals wurde die Maklerin verlegen. »Das Bad? Die früheren Bewohnerinnen, äh, sie hatten kein Bad, jedenfalls nicht direkt.«

»Was denn dann?«, bohrte Morgenstern nach.

»Das Haus, Sie sehen es ja selbst, ist noch auf Vorkriegsniveau. Die Menschen hier haben in einer Zinkwanne gebadet, direkt in der Küche. So war das halt damals.«

»Wie lange, sagten Sie noch mal, war das Haus bewohnt?«

»Bis vor etwa zehn Jahren.«

»Ich fass es nicht«, sagte Morgenstern. »Ich dachte immer, so etwas gibt es nur noch im äußersten Osteuropa.«

»Nun freuen Sie sich doch.« Die Maklerin fand zu alter Souveränität zurück. »Es ist alles weitgehend unverändert.«

»Und der Preis?«, fragte Fiona. »Im Inserat stand etwas von Verhandlungssache.«

»Die Tierschützer erwarten sich mindestens sechzigtausend Euro.«

Morgenstern pfiff durch die Zähne.

»So billig«, fragte Fiona überrascht und biss sich im selben Moment auf die Zunge.

Die Maklerin lächelte. »Es ist ja doch noch einiges zu machen.«

»Man muss natürlich viel Geld reinstecken«, sagte Fiona vorsichtig. »Ist das Dach denn in Ordnung?«

»Das Legschieferdach? Ein paar Kleinigkeiten müssten gemacht werden, aber die Substanz ist gut.«

»Sechzigtausend Euro, höchstens«, wiederholte Morgenstern bedächtig.

Die Maklerin lächelte. »Ein echtes Schnäppchen. Und in der alten Scheune haben Sie einen erstklassigen Stellplatz für Ihr Auto. Das ist in der Altstadt ein Wert für sich. Davon können andere nur träumen.«

»Ach, unser alter Landrover«, meinte Morgenstern. »Machen Sie sich um den keine Sorgen. Den klaut keiner.«

Die Maklerin musterte Morgenstern, schien erst jetzt seine Stiefel zu bemerken und fügte hinzu: »Und wenn Sie ein Motorrad haben oder sich eines Tages eines zulegen wollen, haben Sie auch dafür Platz, Herr Morgenstern.«

»Wie kommen Sie denn darauf?«, fragte Fiona erstaunt. Aber Morgenstern hatte mit einem Mal ein seltsames Leuchten in den Augen.

»Ich würde mir jetzt gerne mal in aller Ruhe alles andere ansehen.«

Die Maklerin nickte zufrieden. Dieser Fisch hing am Haken.

»Sagen Sie mal«, fragte Fiona, als sie schließlich vom kleinen mittelalterlichen Gewölbekeller bis zum niedrigen Speicher mit einer winzigen Dachkammer alles besichtigt hatten, »wie vielen Leuten haben Sie dieses Haus eigentlich schon gezeigt?«

Die Maklerin lächelte. »Das ist so etwas wie ein Betriebsgeheimnis. Aber ich kann Ihnen versichern: Sie haben noch Chancen … Wenn Sie sich mit Ihrer Entscheidung nicht allzu lange Zeit lassen.«

Die Morgensterns sahen sich an. »Bis wann müssten Sie Bescheid wissen?«, fragte Fiona.

»Ich will Sie auf keinen Fall unter Druck setzen«, flötete die Maklerin. »Aber ich meine, bis in drei Tagen sollten Sie sich entschieden haben. Wie sage ich immer: Viele Hunde sind des Hasen Tod.«

»So schnell«, ächzte Morgenstern.

Fiona nickte. »Rasche Entscheidungen sind immer die besten. Sie werden bald von uns hören.« Sie machte eine künstliche Pause. »Wir haben natürlich auch noch andere Angebote im Auge.«

»Aber bestimmt nichts Vergleichbares zu einem solchen Preis«, erwiderte die Maklerin. »Das hier ist ein richtiges Schätzchen.«

Sie standen schon in der Haustür, als Morgenstern eine wichtige Frage einfiel: »Steht das Haus eigentlich unter Denkmalschutz?«

»Da fragen Sie noch? Selbstverständlich. Das ist schließlich kein Allerweltshaus.«

»Ich hatte es mir fast gedacht«, sagte Fiona. »Jetzt müssen wir uns nur noch entscheiden. Wir melden uns bei Ihnen.«

Die Maklerin kramte beim Abschied kurz in ihrer Handtasche. »Kinder, wollt ihr einen Kaugummi?«, fragte sie und hielt Bastian und Marius ein Päckchen vor die Nasen. Die beiden griffen dankbar zu.

»Ich nehm auch einen«, sagte Morgenstern und hielt die Hand auf.

»Nehmen Sie ruhig die ganze Packung«, sagte die Maklerin großzügig. »Das gilt noch nicht als Bestechung.«

»Nein, wirklich nicht«, lachte Morgenstern. »Das läuft unter der Rubrik ›Kleine Geschenke erhalten die Freundschaft‹.«

SIEBEN

»Gibt es irgendwas Neues von Kevin Hofmeier?«, fragte Morgenstern am nächsten Morgen.

Hecht, der wie immer schon lange vor ihm im Büro war, wedelte mit einem Blatt Papier. »Keine Spur von diesem Zündler. Aber hier sind zwei Berichte aus dem Labor, die uns vielleicht weiterhelfen können. Zum einen eine Untersuchung der Gasflaschentrümmer. Ich hätte nicht gedacht, dass man da noch was herausfinden kann. Aber anscheinend sind tatsächlich Fingerabdrücke drauf.«

»Stark«, sagte Morgenstern.

»Wir haben allerdings keinen davon im Computer. Es sind Abdrücke von verschiedenen Personen. Aber nichts Relevantes. Leider.«

»Also auch nicht die Fingerabdrücke von Kevin Hofmeier?« Morgenstern hatte sie von dem konfiszierten Schnellhefter nehmen lassen.

»Hältst du mich für blöd?«

»Und die andere Sache?«

»Wir haben die Kontoauszüge von Dr. Ledermann bekommen. Die Sparkasse hat uns Kopien davon zur Verfügung gestellt.« Hecht deutete auf einen Stapel auf seinem Schreibtisch. »Ich habe schon daumenkinomäßig durchgeblättert.«

»Die Kontobewegungen eines Amtsrichters«, sagte Morgenstern. »Die stelle ich mir so spannend vor wie meine eigenen. Monatlich eine Gehaltsüberweisung. In meinem Fall noch das Kindergeld. Und der Rest: Abzüge, Abzüge und noch mal Abzüge.« Er zählte mit Hilfe seiner Finger auf, welche schmerzhaften Einschnitte das Morgenstern'sche Familienkonto regelmäßig hinnehmen musste: »Miete, Kfz-Steuer, Strom, Wasser, Heizung, ich zahle sogar Rundfunkgebühren –.«

»Ist ja gut«, würgte Hecht die Litanei ab. »Das hat unser verstorbener Richter auch alles bezahlt, wenn man mal von der Miete absieht. Auf dem Haus waren anscheinend auch keine Schulden mehr.«

»Der Glückliche.« Morgenstern dachte einen Augenblick an sein bevorstehendes Immobilien-Abenteuer und dessen finanzielle Auswirkungen bis zum Sankt-Nimmerleins-Tag.

»Glücklich?«, fragte Hecht. »Der Mann ist tot, vergiss das nicht. Allerdings gibt es einen Posten, der mir aufgefallen ist.« Er blätterte in den Bankauszügen. »Da ist er ja schon.« Hecht zupfte ein Blatt aus dem Stapel. »Hier, sieh dir das mal an. Das haben wir monatlich. Als Dauerauftrag.«

Morgenstern überflog das Blatt. »Abonnement der Tagespost. Katholische Zeitung für Politik, Gesellschaft und Kultur. Wundert mich bei dem konservativen Kerl kein bisschen.«

»Eins drunter«, sagte Hecht ungeduldig. »Hier, da steht es doch.«

»Das ist aber eine Menge Holz«, staunte Morgenstern. »Und das hat er jeden Monat überwiesen? Fünfhundert Euro!«

»Spannend, gell?«

»Und alles für einen guten Zweck.« Morgenstern las den Adressaten des Dauerauftrags laut vor: »Deutsche Stiftung Denkmalschutz, Bonn.«

»Nobel, nobel, der Herr Dr. Ledermann«, sagte Hecht. »Da werden die Leute von der Stiftung aber einen besonders schönen Kranz für sein Grab besorgen müssen.«

»Kaum zu glauben, was den Leuten alles einfällt, wenn sie zu viel Geld haben.«

»Der Mann war ein echter Gönner. Die Zahlungen haben vor ungefähr fünf Jahren begonnen. Macht summa summarum …«, Hecht rechnete kurz, »… macht insgesamt dreißigtausend Euro, die er an diese Stiftung überwiesen hat.«

Morgenstern dachte wieder an das Jurahaus vom Vorabend, und Neid keimte grünlich in ihm auf.

Hecht blätterte weiter in den Kontoauszügen. »Was dich interessieren dürfte: Er hat auch seine Tochter noch regelmäßig alimentiert.«

»Ist nicht wahr!«, sagte Morgenstern. »Und ich dachte, die ach so autonome Raphaela wäre längst flügge gewesen. In dem Alter muss doch keiner mehr für den Nachwuchs bezahlen, es sei denn, er würde studieren. Tut sie aber nicht.«

»Und trotzdem kam jeden Monat getreulich eine Überweisung von Papi. An die Hamburger Sparkasse, die Haspa.«

»Lass sehen«, drängte Morgenstern. »Aha, da haben wir es ja. Noch mal fünfhundert Euro im Monat, die unser Herr Ledermann gelöhnt hat. Braver Mann, ein guter Vater, ich sehe schon. Das hat ja beinahe etwas Biblisches. Der verlorene Sohn, oder in diesem Fall die verlorene Tochter, die der Vater nicht fallen lässt.«

»Tausend Euro im Monat einfach so raushauen«, bilanzierte Hecht und wedelte mit dem Bündel Auszüge. »Davon können wir beide nur träumen. Wenn ich am Bankautomaten Geld abhebe, muss ich jedes Mal erst kontrollieren, ob überhaupt noch was auf dem Konto ist.«

Morgenstern vermutete, dass sein Kollege seine geschiedene Frau unterstützen musste und deshalb finanziell besonders klamm war, behielt es aber für sich.

»Der Bankautomat …«, wiederholte er sinnend. Irgendetwas kam ihm seltsam vor. »Gib mir mal die Auszüge«, sagte er und blätterte sie erst schnell, dann noch einmal sorgfältig durch.

»Ist das sein einziges Girokonto?«, fragte er. »Vielleicht hatte er noch ein zweites, bei der Postbank oder so?«

Hecht schüttelte den Kopf. »Nein, das ist alles. Mit Ausnahme von mehreren Festgeldkonten, und die sind auch bei der Sparkasse.«

»Sonderbar«, sagte Morgenstern. »Von diesem Konto ist fast nie Bargeld abgehoben worden. Dr. Ledermann war, soweit ich das überblicken kann, praktisch nie am Geldautomaten. Nicht in Titting, nicht in Kinding, nicht in Weißenburg, nicht in Eichstätt. Nirgendwo.«

»Und wie hat er dann seine Einkäufe erledigt, den täglichen Kram? Seine Mahlzeiten?«, fragte Hecht. »Das kann er doch nicht alles mit Karte gemacht haben.« Er schaute in die Auszüge. »Noch nicht mal an der Tankstelle hat er mit der EC-Karte bezahlt, scheint mir.«

»Was schließen wir daraus?«, fragte Morgenstern.

»Dr. Ledermann hatte ein immer gut gefülltes Bargelddepot«, antwortete Hecht und schlug mit der rechten Faust in seine flache linke Hand.

»Hätte ich auch gern«, sagte Morgenstern. »Und jetzt brauche ich erst mal einen Kaffee. Willst du auch einen?«

Hecht nickte, und Morgenstern trottete in die kleine Teeküche am Ende des Flurs, in der seit dem frühen Morgen in einer simplen Kaffeemaschine ein braunes Gesöff langsam auf der Wärmeplatte zu einer Art Koffeinsirup eindampfte. Eine bittere, eigentlich ungenießbare Plörre, die sich Morgenstern dennoch regelmäßig als »Büro-Espresso« schönredete.

Er verteilte den eingedickten Kaffeerest auf zwei Tassen, verdünnte ihn mit viel Milch aus dem Kühlschrank, rührte noch je zwei gehäufte Teelöffel Zucker ein und kehrte damit ins Büro zurück.

Hecht nahm seine Tasse dankbar entgegen, trank einen Schluck und verzog noch in derselben Zehntelsekunde das Gesicht. Grimmig blickte er um sich, entdeckte dann den unschuldigen Ficus Benjaminus und spuckte Morgensterns Kaffeekreation mit wilder Entschlossenheit in den Pflanztopf.

»Bäh!«, sagte er entsetzt. »Das ist ja eklig. Willst du mich vergiften?«

Morgenstern zuckte die Schultern. »Hab's nur gut gemeint. Das war der letzte Kaffee, der noch in der Kanne war.«

Hecht packte die Kontoauszüge zusammen, bündelte sie mit einem kleinen Gummiring und schob sie in eine lederne Aktentasche.

»Auf geht's«, sagte er zu Morgenstern. »Jetzt gehen wir ordentlich frühstücken. Auf dem Viktualienmarkt. Da können wir genauso gut über Ledermanns Kontobewegungen brüten. Oder über der Frage, warum sich da so wenig bewegt.«

Auf dem Fußweg von der Direktion quer durch die Ingolstädter Altstadt kam Morgenstern eine Idee. »Diese Überweisungen an Raphaela, seit wann läuft der Dauerauftrag?«

»Da müsste ich noch mal nachsehen«, sagte Hecht. »Ich meine aber, ungefähr fünf Jahre.«

»Also in etwa genauso lange wie die Spenden an die Denkmalschutz-Stiftung.«

Hecht blieb stehen, kramte in seiner Tasche und holte die Auszüge heraus. »Haben wir gleich … Ah, da ist es. August, Juli. Genau gleichzeitig. Er muss der Bank beide Aufträge am selben Tag erteilt haben. Damals gingen die fünfhundert Euro für die Tochter aber noch an die Sparkasse in Eichstätt. Logo, da war sie noch nicht in Hamburg.«

Der Viktualienmarkt lag in der Nähe des Stadttheaters und hatte den Status einer Fressmeile.

Die Stadt hatte eine Reihe von gleichartigen modernen Imbissbuden errichten lassen, flankiert von zahlreichen Biertischgarnituren, an denen schon jetzt kaum noch ein Platz zu bekommen war. Das heißt, eigentlich hätte es durchaus genügend freie Plätze gegeben, aber bei näherem Hinsehen fanden die beiden Ermittler keinen Tisch, an dem nicht bereits einige biertrinkende Stammgäste mit deutlich abweisender Körpersprache allein gelassen werden wollten.

»Oh mei«, stöhnte Hecht. »Ich wollte eigentlich nur ein paar Weißwürste essen, stattdessen muss ich mich hier mit dem Schanzer Gschwerl auseinandersetzen.«

»Ziemlich viel Kundschaft von uns«, sagte Morgenstern, nachdem er das Publikum gemustert hatte.

»Dabei bilden sich die Schanzer so viel auf ihren Viktualienmarkt ein.« Hecht blickte noch einmal ratlos über die Tischreihen, dann entdeckte er schließlich doch eine freie Biertischgarnitur. »Na also«, freute er sich, »jetzt wird es doch noch was mit meinen Würsten«, und marschierte mit eiligen Schritten los, um ihnen den Platz zu sichern.

Der Nachbartisch war von fünf rotgesichtigen älteren Zechern belegt, die lautstark die zentralen Weltthemen diskutierten, im konkreten Fall die Position des FC Ingolstadt 04 in der zweiten Fußball-Bundesliga. Morgenstern setzte sich, während Hecht für sie beide Weißwürste holte und dazu – auch wenn es überhaupt nicht passte – je eine Tasse »frisch gebrühten Kaffee«, wie er ausdrücklich betonte.

Morgenstern konnte angesichts der Lautstärke, in der sie sich ereiferten, nicht umhin, den Frühschoppen-Fans in seinem Rücken zu lauschen. Dem FC Ingolstadt konnten sie demnach wenig abgewinnen, anscheinend weinten sie zwei anderen Ingolstädter Fußballclubs nach, aus deren Fusion vor einigen Jahren der neue Club entstanden war. Nostalgiker, dachte Morgenstern und hörte, wie sich die Herren über die Entwicklung der Stadt im Allgemeinen ausließen. Nicht einmal das Ingo-Bräu gebe es mehr, ein schmerzlicher Verlust, erfuhr er, und dass man gespannt sein müsse, was aus dem riesigen Brauereigelände am Rand der Altstadt einmal werden solle. Morgenstern kannte das Brauereiareal, schließlich lag es genau zwischen der Polizeidirektion und dem Stadtkern mit der Fußgängerzone.

»Immer dieser Denkmalschutz, das sind die schlimmsten Verhinderer«, schimpfte einer der Biertrinker.

»Aber die modernen Architekten sind auch nicht besser«, hielt ein anderer dagegen. »Schau dir bloß unseren Rathausplatz an. Mit der Sparkasse und dem neuen Rathaus. Alles wie geschleckt. So was passt doch nicht nach Ingolstadt.«

Morgenstern dämmerte, was dieser Runde als städtebauliches Ideal vorschwebte: der exakte Erhalt des Status quo aus den 1970er Jahren, gerne auch der 1960er. Mit den Fußballclubs MTV und ESV, mit einer überschaubaren Autofabrik, von der am Stammtisch hartnäckig als »Union« gesprochen wurde statt von Audi. Gut möglich, dass viele ältere Ingolstädter mit der rasanten Entwicklung ihrer Stadt nicht Schritt halten konnten und wollten, dachte er. Die boomende, reiche Stadt wuchs den Kleinbürgern über den Kopf.

Hecht kam mit Weißwürsten und Kaffee. »Mahlzeit«, sagte er. Genüsslich begannen die beiden mit dem Verzehr.

»Ich brauch nie ein Besteck, ich zuzel meine Weißwürste«, sagte Hecht, nahm eine Wurst, tunkte sie in den großen Klecks süßen Senfs und steckte sie sich in den Mund. Mit einem sonderbaren Saugen holte er den Inhalt aus der Pelle. Morgenstern sah erst fasziniert, dann eher angeekelt zu, wie Hecht die blässlich-weiße Wursthaut wie einen alten, schrumpeligen Luftballon zur Seite legte. Morgenstern selbst säbelte mit Gabel und Messer große Stücke von seiner Wurst, was wiederum Hecht mit einem Kopfschütteln verfolgte.

»Du isst die Haut mit«, stellte er fest. »Ist ja widerlich.«

»Nächstes Mal nehme ich Bratwürste.« Morgenstern friemelte sich ein Stückchen Petersilie aus den Zähnen. »Ich weiß echt nicht, was an diesen Weißwürsten so besonders sein soll.«

»Sie gehören halt zu Bayern wie die Berge oder wie die Lederhosen«, meinte Hecht.

Morgenstern sah sich demonstrativ um. »Ich sehe hier weder Berge noch Lederhosen«, sagte er. »Alles, was ich sehe, könnte auch in Castrop-Rauxel sein.«

»Du altes Lästermaul«, gab Hecht zurück. »Ingolstadt ist reinstes Oberbayern, immer schon.«

»Dann fehlt bloß noch, dass die Leute die Stadt als Urlaubsparadies entdecken.« Morgenstern schüttelte den Kopf. »Besuchen Sie die aufstrebende Großstadt im Herzen Bayerns. Erleben Sie bodenständigen Charme zwischen der Raffinerie Petroplus und dem Audi-Werksgelände ... – Wo fährst du eigentlich dieses Jahr in Urlaub hin?«, fragte er dann. »Hast du schon Pläne?«

»Ich weiß nicht recht. Vielleicht fahre ich ein paar Tage in die Berge.« Hecht machte einen unglücklichen Eindruck. »Allein macht es halt keinen Spaß.« Er zuzelte an seiner zweiten Weißwurst. »Früher, als wir noch verheiratet waren, Angelika und ich, haben wir weite Reisen gemacht. Mit meinem Fiat Ritmo.«

»Wo ging es denn hin?«, fragte Morgenstern, mehr aus Höflichkeit.

»Wir sind am liebsten nach Jugoslawien gefahren.« Hechts Augen leuchteten bei der aufkeimenden Erinnerung an glücklichere Tage. »Ans Meer. Erst nach Istrien, aber dann sind wir immer mutiger geworden. Sind immer weiter gefahren, nach Zadar und sogar bis nach Dubrovnik. Schön war es da, so schön.« Hechts melancholischer Dackelblick ging in die Ferne. Dann lächelte er gequält. »Aber jetzt fahre ich da nicht mehr hin«, sagte er kategorisch. »Seit es diesen Krieg gab.«

»Hä?«, staunte Morgenstern. »Der Jugoslawienkrieg? Der ist doch schon Ewigkeiten her. Das ist Schnee von gestern.«

»Ich mag aber nicht mehr. Ich hatte da so schöne Zeiten. Und dann fallen die Leute übereinander her, bloß weil der eine Kroate ist und der andere Serbe und der Dritte ein Bosnier und der Vierte ein Albaner. Ich verstehe bis heute nicht, warum die Leute nicht in Frieden zusammenleben können. Und dann haben sie sich gegenseitig auch noch die Häuser in die Luft gesprengt, wusstest du das? Ganz systematisch. Mit Gasflaschen. Haus für Haus. Der blanke Terror.« Hecht trank aus seiner Tasse. »Und jetzt ist mein Kaffee auch noch kalt«, schimpfte er.

»Was war das gerade?«, fragte Morgenstern plötzlich. »Was war das für eine seltsame Geschichte mit diesen Gasflaschen?«

Hecht stellte seine Kaffeetasse zur Seite, und Morgenstern sah, wie bei seinem Kollegen ganz, ganz langsam der Groschen fiel.

»Elvira Ledermann«, sagte er. »Mike, denkst du dasselbe, was ich gerade denke?«

Morgenstern nickte, und Hecht wühlte hektisch in seiner Tasche. »Gut, dass ich meine Mitschriften meistens mit dabeihabe.« Er fand seinen Stenoblock, blätterte eine Weile und hatte schließlich gefunden, wonach er gesucht hatte.

»Da ist er, Elvira Ledermanns Lebensgefährte. Ganz typischer Name für die Gegend da unten: Dragan. Dragan Starcevic.«

»Mann, wir haben ganz schöne Vorurteile«, sagte Morgenstern in einem Anflug von schlechtem Gewissen. »Wir stellen glatt ein ganzes Land unter Generalverdacht.«

»Ja mei« antwortete Hecht. »Wir dürfen uns bloß nicht dabei erwischen lassen. Und wir hätten schon längst im Computer nachsehen sollen, ob über die Ledermanns und ihren Dunstkreis etwas vorliegt.«

Am Nachbartisch war inzwischen ein sechster Stammtischbruder angerückt, in Begleitung eines riesigen grauen Hundes mit sabbernden Lefzen. Das Tier hechelte Morgenstern interessiert an. Als sich die beiden Kommissare nun erhoben und weggingen, sah Morgenstern über die Schulter, wie der Hund die Wursthäute von ihren Tellern fraß und auch noch den süßen Hausmachersenf sorgfältig ableckte.

Von den Zechern gab es dafür Lob und fröhliches Gelächter.

Sie waren schon kurz vor der Direktion, als Morgenstern an einem Zeitschriftenkiosk neben dem Zentralen Omnibusbahnhof stoppte. Umständlich kramte er nach seinem Geldbeutel und suchte eine Münze heraus.

»Was wird das jetzt?«, fragte Hecht.

»Wirst du gleich sehen.« Morgenstern legte einen Euro auf den Verkaufstresen, orderte ein Lotterielos und drehte es dann ein paar Sekunden zwischen den Fingern.

»*And the Oscar goes to* … Mike Morgenstern«, sagte er hoffnungsfroh, als er die perforierten Ränder des Bayernloses aufriss. »Zweihundertfünfzigtausend Euro als Hauptgewinn, dann wäre ich alle Sorgen los«, sagte er. »Hauskauf, Amerikareise, Motorradführerschein.«

Hecht sah ihn skeptisch an. »Dann mal los, mach auf!«

Wie in Zeitlupe klappte Morgenstern das gelbe Stück Papier auseinander. Er kniff die Lippen zusammen. »Einen Euro oder ein Freilos«, las er vor. »Was mach ich jetzt?«

»Nimm den Euro und steck ihn ein«, empfahl Hecht. »Der Spatz in der Hand ist besser als die Taube auf dem Dach.«

»Wer nicht wagt, der nicht gewinnt«, hielt Morgenstern dagegen. »Ich glaube, ich habe gerade einen Lauf.« Er orderte das Freilos, öffnete es genauso umständlich wie das erste, las kurz, knüllte das Papier zusammen und warf es enttäuscht in einen Mülleimer. »Leider nicht«, zitierte er das wenig überraschende Resultat seiner plötzlichen Zockerleidenschaft. »Was meinst du, soll ich mir noch eins kaufen?«

»Quatsch mit Soße«, war Hechts unmissverständlicher Kommentar, gefolgt von der Imitation einer schnarrenden Radiowerbungstimme: »Spielteilnahme erst ab achtzehn Jahren. Glücksspiel kann süchtig machen.«

Morgenstern steckte die Hände tief in die Hosentaschen und trottete weiter. »Der Hauptgewinn, das große Los, das wäre es. Wenn ich einmal nach Amerika fahre, dann mit Sicherheit auch nach Las Vegas. Auf eine Runde Poker.«

»Mach dich nicht lächerlich, Mike. Wetten, dass du noch nicht mal Schafkopf kannst?«

»Na und. Aber Mau-Mau.«

»Viel Glück damit in Las Vegas.«

Sie hatten die Direktion erreicht. »Jetzt kümmern wir uns um unseren Serben«, sagte Morgenstern. »Ob der wohl auch ein Zocker ist?«

»Durchaus möglich«, meinte Hecht. »Ich tippe auf Fußballwetten.«

»Manipulierte?«

»Was denkst du denn. Nur dumme Menschen setzen in Geldfragen aufs Glück. Echte Spieler sind am Ende immer Verlierer, merk dir das.«

»Danke für die Predigt. Und das alles bloß wegen eines einzigen Bayernloses.«

»Zwei Lose. Es waren zwei!«

ACHT

»Da wundert es mich nicht mehr, dass Elvira Ledermann wollte, dass wir ihren Lebensgefährten in Frieden lassen«, jubelte Hecht, als er einige Zeit später mehrere Blatt Papier mit Starcevic-Informationen in Händen hielt. »Schau dir das an: mehrfach vorbestraft wegen Autodiebstahls und Erpressung.«

Morgenstern überflog die Blätter. »Da hat sich Frau Ledermann aber ein echtes Herzchen angelacht. Der Bursche riecht dreißig Meter gegen den Wind nach organisierter Kriminalität. Den will ich hierhaben.«

Morgenstern rief in München bei Elvira Ledermann an und bekam sie direkt an den Apparat. Sie versprach, noch am Nachmittag in Begleitung ihres Lebensgefährten Dragan Starcevic nach Ingolstadt zu kommen. Das lasse sich problemlos einrichten, auch für ihren Freund. Als selbstständiger Kaufmann könne er den Nachmittag gewiss freimachen. Was die Polizei denn konkret von Starcevic wissen wolle? Morgenstern blieb die Antwort schuldig. Dafür hatte er aber noch eine weitere Frage, die ihn schon länger beschäftigte:

»Ich würde gerne wissen, ob Ihr Exmann eine neue Lebensgefährtin hatte.«

»Eine neue Lebensgefährtin hatte er bestimmt nicht, das wüsste ich«, kam es kurz angebunden zurück.

»Hatte er einen guten Freund, jemanden, zu dem er ein besonderes Vertrauensverhältnis hatte?«

»Einen guten Freund …?«, sagte Elvira Ledermann.

Es blieb für eine ganze Weile still in der Leitung, sodass Morgenstern schon dachte, das Gespräch wäre unterbrochen.

»Also, einen gab es da, jetzt, wo Sie mich so fragen«, sagte sie schließlich. »Mit dem hat er sich regelmäßig zum Schachspielen getroffen. In Eichstätt.«

»Und wer ist das?«, fragte Morgenstern.

»Der Stadtbaumeister. Der Leiter der Bauverwaltung im Rathaus. Baisler. Erich Maria Baisler. Die beiden kannten sich schon ewig. Sie sind gleich alt und kommen aus derselben Ecke in Oberfranken. Wie es der Zufall will, hat es sie eines Tages beide in den Landkreis Eichstätt verschlagen.«

»Vielen Dank, Frau Ledermann, dann sehen wir uns also heute Nachmittag. Da können wir alles Weitere besprechen.«

»Haben Sie denn schon etwas herausgefunden?«, fragte sie.

»Noch keine ganz heiße Spur«, gab Morgenstern zu. »Aber wir sind dran.«

Er zögerte kurz, doch dann fragte er kurz entschlossen: »Da gibt es noch ein Detail, das uns aufgefallen ist. Wussten Sie eigentlich, dass Ihr Mann Monat für Monat fünfhundert Euro an Ihre Tochter überwiesen hat und noch mal dieselbe Summe an eine Stiftung für Denkmalschutz?«

Auf der anderen Seite der Leitung herrschte Schweigen. Dann kam ein deutliches: »Nein, das wusste ich nicht. Wir waren uns immer einig, dass Raphaela allein durchs Leben kommen muss. Das war unser klares Prinzip. Und was war das mit dieser Stiftung? Fünfhundert Euro jeden Monat? Ich fasse es nicht.«

»Was gibt es dagegen zu sagen?«, fragte Morgenstern.

»Rupert hat die Familie finanziell immer äußerst knappgehalten. All die Jahre. Wissen Sie, was Aurelius zu seinem achtzehnten Geburtstag von ihm bekommen hat?«, fragte sie. »Einen Karton Frankenwein. Sechs Flaschen. Das war's.«

Keine fünf Minuten später, nach einem kurzen Anruf beim Stadtbauamt, fuhren Morgenstern und Hecht mit ihrem Dienst-Audi nach Eichstätt.

Sie stellten den Wagen am verkehrsberuhigten Marktplatz, unmittelbar vor dem Eingang des Rathauses, ab. Hecht sah die Fassade des rot gestrichenen Gebäudes empor. Blumenkästen schmückten alle Fenster. Der gotische Bau glänzte zum Marktplatz hin mit einem geschwungenen Giebel, dahinter ragte ein Turm in den Himmel, in dem eine Glocke hing – als ob Eichstätt mit seinen vielen Kirchen nicht schon genug Türme und Glocken gehabt hätte, dachte Morgenstern. Aber die stolze Bürgerschaft hatte einstmals, als sie im Mittelalter ihr Rathaus baute, ein selbstbewusstes Zeichen gegenüber dem Fürstbischof setzen wollen.

Durch ein schmuckloses Treppenhaus stiegen sie in den zweiten Stock, in dem das Stadtbauamt residierte. Im Flur hingen

Baupläne der verschiedenen Eichstätter Großprojekte an den Wänden. Am westlichen Ende des Gangs stand ein hölzernes Stadtmodell in einem Plexiglaskasten, drei Meter breit, zwei Meter tief. Interessiert ging Morgenstern hinüber.

»Schau mal«, sagte er zu Hecht. »Das ist die Eichstätter Innenstadt, und da ist jedes einzelne Haus nachgebildet.« Er suchte angestrengt, dann hatte er gefunden, was er Hecht zeigen wollte. »Hier, das ist das Haus, das Fiona und ich uns angesehen haben«, sagte er.

»Gute Lage«, sagte Hecht. »Aber gibt es auch eine Garage?«

»Lässt sich einbauen«, sagte Morgenstern freudig. »Da kann ich sogar mein Motorrad unterstellen.«

»Welches Motorrad?«, fragte Hecht überrascht.

»Na, das, das ich mir dann kaufe.«

Hecht sah ihn von der Seite an. »Hiermit genehmige ich dir täglich ein Bayernlos«, sagte er. »Und nie die Hoffnung verlieren.«

Eine Stimme von hinten sagte plötzlich: »Sind Sie die Herren von der Kriminalpolizei?«

Die beiden drehten sich um und sahen einen hageren, großen Mann mit ergrautem Bürstenhaar, schwarzer Jeans und einem eng anliegenden schwarzen Rollkragenpullover. Das dicke Brillengestell aus Kunststoff: schwarz.

Morgenstern musste schlucken. »Mein herzliches Beileid«, sagte er reflexartig. Dieser Mann, so schien ihm, war in tiefer Trauer um den verstorbenen Freund und ließ das seine Umwelt mit seiner Kleidung wissen. »Sie tragen Trauer. Der Tod von Rupert Ledermann muss Sie sehr getroffen haben«, sagte er mit einer Extraportion Mitgefühl in der Stimme.

»Wie bitte?«, fragte der Stadtbaumeister.

»Äh, ich dachte, weil Sie Schwarz …« Morgenstern entnahm dem Blick des Stadtbaumeisters, dass er falschlag. Und ihm fiel ein, dass auch Apple-Gründer Steve Jobs immer ganz in Schwarz durchs Leben gegangen war.

Baisler sah an sich herab. Für einen Moment lächelte er. »In der Tat geht mir dieser Todesfall nahe. Aber was meine Kleidung betrifft, irren Sie sich. Architekten tragen mit Vorliebe Schwarz, das ist fast schon eine internationale Konvention, der Dresscode unseres Berufsstands.«

Er reichte Morgenstern und Hecht die Hand, der Druck war weich und unverbindlich.

»Baisler«, stellte er sich vor. »Erich Maria Baisler.« Er zeigte auf das hölzerne Stadtmodell. »Ich trage hier in der Stadt die Verantwortung dafür, dass sich an diesem Modell nicht zu viel ändert, und wenn, dann nur zum Positiven.«

Hecht sprang umgehend auf diesen Zug auf. »Herr Morgenstern hat mir gerade ein Haus gezeigt, das er sich kaufen möchte. Hier, dahinten.«

Es dauerte eine Weile, bis klar war, welches der streichholzschachtelkleinen Modellbauhäuser Hecht meinte. Erst als Morgenstern die Adresse nannte, wusste Baisler, worum es ging.

»Ach wirklich?«, sagte der Stadtbaumeister. »Das wäre wirklich verdienstvoll, wenn sich dafür endlich jemand finden würde.« Er sah Morgenstern freudig an, machte allerdings für einen Moment den Eindruck, als ob er an diesem Bauherrn gewisse Zweifel hegte.

»Ein schönes Anwesen«, sagte er dann. »Aber sicher nicht ganz einfach. Viel Glück.«

»Sind alles noch ungelegte Eier«, betonte Morgenstern. »Wir hatten den Besichtigungstermin erst gestern Abend.«

»Aber Sie sind aus einem anderen Anlass hier. Wir gehen am besten in mein Büro, da können wir ungestört sprechen.«

Das Büro des Stadtbaumeisters, erreichbar über ein Vorzimmer, erwies sich als lichtdurchfluteter großer Raum mit freiem Blick über den gesamten Marktplatz. »Direkt unter mir residiert der Oberbürgermeister«, erklärte Baisler und räumte auf einem riesigen Besprechungstisch Aktenstapel und Baupläne zur Seite. »Wundern Sie sich bitte nicht, bei Baumeistern herrscht in der Regel ein gewisses Maß an kreativem Chaos«, sagte er. »Das gilt auch dann noch, wenn man wie ich in der Verwaltung tätig ist. Einen Espresso?« Als die beiden Ermittler nickten, orderte er bei seiner Sekretärin drei Kaffee.

»Kreatives Chaos«, wiederholte er. »Das ist exakt das Gegenteil der Welt, in der Rupert Ledermann lebte. Und trotzdem war er mein Freund.«

Er mühte sich um ein bitteres Lächeln, nahm die Brille ab, putzte sie umständlich und wischte sich dann über die Augen.

»Rupert Ledermann und ich kannten uns schon seit unserer Kindheit. Wir waren zusammen im Internat. Nach dem Abitur Ende der sechziger Jahre studierte ich Architektur und Rupert Jura. Wir haben immer Kontakt gehalten, vor allem Rupert hat ihn gesucht. Er hatte nicht viele Freunde, müssen Sie wissen.«

Morgenstern nickte. »Das schien uns bisher auch so. Er hat es seinen Mitmenschen wohl nicht immer leicht gemacht?«

»Nein, das hat er nicht.« Nachdenklich kaute Baisler am Ende eines Bleistifts. »Rupert hatte von Anfang an einen ausgeprägten Gerechtigkeitssinn. Fast schon radikal.«

»Wie muss man sich das vorstellen?«, fragte Hecht.

Baisler trank einen winzigen Schluck des mittlerweile servierten Espressos. »Ich glaube, Rupert war der einzige Schüler bei uns, der damals in seinem aktiven Wortschatz das Wort ›Unterschleif‹ hatte. Für ihn war auch Abschreiben ein Verstoß gegen die Regeln, er hielt das für unanständig.«

Er versuchte sich erneut an einem kleinen Lächeln, diesmal gelang es ihm.

»Es war keine Überraschung für uns, dass er später Jura studiert hat. Seine Noten waren exzellent, und die Juristerei entsprach seinem Naturell. Er ging in den Staatsdienst. Und als er eines Tages in den Landkreis Eichstätt zog, war ich bereits hier, und wir nahmen wieder Kontakt auf. Das ist nun auch schon wieder viele Jahre her.«

»Waren Sie oft bei ihm in der Schwarzmühle?«, wollte Hecht wissen.

Ledermann kaute wieder am Bleistift. »Ab und an«, sagte er. »Vielleicht alle zwei Monate.«

»Dann haben Sie auch seine Renovierungsarbeiten begleitet?«, fragte Morgenstern.

»Was heißt schon ›begleitet‹? Er ließ sich, wie es seine Art war, nicht reinreden. Schon gar nicht von einem Architekten. Er hatte eine regelrechte Architektenphobie. War der Meinung, die wollten in Wahrheit gar nicht sanieren und renovieren, sondern einem alten Gebäude mit Gewalt ihren eigenen Stempel aufdrücken.«

»Und?«, fragte Morgenstern. »Hatte er damit recht?«

»Das ist Ansichtssache. Rupert jedenfalls vermisste bei Architekten grundsätzlich die Demut, wenn es um alte Bausubstanz ging.«

»Haben Sie mit ihm darüber gestritten?«, fragte Hecht.

»Nein, Streiten mit Rupert, das brachte nichts. Er war nicht der Mann, der von seinen Grundüberzeugungen abwich. Aber ich habe versucht, ihm ein wenig auf die Sprünge zu helfen.« Er lächelte. »Dem alten Sturkopf.«

»Wie das?«, fragte Morgenstern.

»Ich habe ihn zum Beispiel durch Eichstätt geführt. Ich habe ihm gezeigt, was Architekten alles können, wenn sie mutig sind, wenn sie ein Konzept haben. Kennen Sie den Ulmer Hof?«

Die Kommissare verneinten.

»Das frühere Humanistische Gymnasium in Eichstätt. Der ehemalige Innenhof dieses barocken Bauwerks ist heute komplett mit Glas überdacht, es ist der Lesesaal der Universitätsbibliothek.«

»Hat es unserem Dr. Ledermann gefallen?«, fragte Morgenstern.

»Er fand, dass es im Lesesaal zieht. Das sah ihm ähnlich.« Baisler blickte wehmütig. »Oder das ehemalige Waisenhaus an der Ostenstraße.«

»Ist das dieses Ding mit dem großen öffentlichen Parkplatz dahinter, dem Waisenhausparkplatz?«, fragte Morgenstern.

»Ich würde dieses wunderbare barocke Gebäude nicht ausgerechnet über einen öden Parkplatz definieren«, sagte Baisler. »Aber in der Tat haben wir hier ein phantastisches Beispiel für die Kombination von Alt und Neu. Der Architekt hat die Rückseite mit einer neuen Wand aus Beton abgeschirmt, mit viel Glas und Stahl.«

»Alles so schön bunt hier!«, kommentierte Morgenstern.

Baisler sah ihn tadelnd an. »So originell, wie Sie denken, ist dieser Spruch gar nicht, Herr Kommissar. Ein Stück weiter stadteinwärts steht der schon seit fünfundzwanzig Jahren als Graffito auf einer Betonwand, die übrigens vom selben Architekten stammt. Der Spruch ist nie entfernt worden, er blieb über all die Jahre stehen wie ein Menetekel.«

»Ein was?«, fragte Morgenstern.

»Ein Menetekel, eine alttestamentarische Mahnschrift an der Wand.« Als würde das dem begriffsstutzigen Kommissar auf die

Sprünge helfen können, zitierte der Baumeister den Beginn einer Ballade: »›Die Mitternacht zog näher schon, in stummer Ruh lag Babylon.‹«

Morgenstern sah Baisler verständnislos an. Doch zu seiner großen Überraschung führte Peter Hecht das Gedicht nahtlos weiter: »›Nur oben in des Königs Schloss, da flackert's, da lärmt des Königs Tross.‹«

Baisler nickte wohlwollend. »Wie auch immer. Rupert Ledermann war auch für das neu gestaltete Waisenhaus nicht zu begeistern. Er war eine harte Nuss. Ein Mann mit klaren Vorstellungen, auch bei der Denkmalpflege. Er hat sich sehr, sehr intensiv damit auseinandergesetzt. Er hatte sich sogar vorgenommen, nach seiner Pensionierung in Nürnberg Kunstgeschichte zu studieren. Davon hat er mir immer vorgeschwärmt.« In Baislers Augen entstand ein verdächtiges Glänzen, rasch wischte er sich mit dem Ärmel seines schwarzen Rollkragenpullovers eine Träne weg.

»Er war ja auch Mitglied im Jurahaus-Verein«, sagte Morgenstern. »Wir haben erst gestern mit dem Vorsitzenden gesprochen.«

»Mitglied war er, ja. Allerdings ein unzufriedenes Mitglied. Der Verein in seiner heutigen Form war ihm zu weich, der ganze Ansatz zu pädagogisch.«

»Aber er hat doch eifrig mitgemacht«, sagte Hecht. »Er wollte seine Mühle als gelungenes Vorbild für eine Sanierung präsentieren.«

»Stimmt alles. Aber ich verrate Ihnen jetzt etwas: Rupert Ledermann wollte seinen eigenen Verein gründen. Er hatte im Stillen schon alles vorbereitet.«

»Seinen eigenen Verein?«, fragten Morgenstern und Hecht wie aus einem Mund.

Baisler nickte, nahm seinen angeknabberten Bleistift in beide Hände und brach ihn mit einem kurzen Knacks in der Mitte durch. Versonnen blickte er auf die beiden Teile.

»Er wollte seine eigene Organisation zur Rettung der letzten Jurahäuser aufziehen. Er wollte die Sache nach Rupert-Art anpacken. Mit eisernem Besen kehren, das war seine liebste Formulierung.«

»Wie sollen wir uns das vorstellen?«, fragte Morgenstern. »Diese Rupert-Art?«

»Ich denke, er hätte alle juristischen Hebel in Bewegung gesetzt, um Hausbesitzern und Gemeinden Beine zu machen. Er wäre jedem einzelnen Bürgermeister und dem Landesamt für Denkmalpflege auf die Füße getreten. Er hätte vermutlich eine Prozesslawine in Gang gesetzt. So hat er das mir gegenüber einmal angedeutet.«

»Haben Sie ihm abgeraten?«, fragte Hecht.

»Selbstverständlich. Aber er wollte das nicht hören.«

»Wann wollte Rupert Ledermann bekannt geben, dass er seinen eigenen Verein gründet?«, fragte Morgenstern.

Die Antwort kam umgehend: »An seinem Tag der offenen Tür, gestern Abend. Er hielt das für den optimalen Zeitpunkt und vor allem für den idealen Rahmen. Deswegen wollte er auch die Presse einladen. Das hat er mir vor einiger Zeit am Telefon erzählt.«

»Hat sich Herr Ledermann Ihnen gegenüber in letzter Zeit anders als sonst verhalten?«, fragte Morgenstern weiter. »Wann haben Sie ihn zuletzt getroffen?«

Baisler dachte nach. »Erst in der vergangenen Woche«, entsann er sich. »Ganz überraschend, auch ungewöhnlich.« Er stand auf, ging zu dem hölzernen Stehpult, das auf der anderen Seite des Büros stand, und blätterte in einem Wochenkalender. Mit dem Kalender in der Hand kehrte er an den Besprechungstisch zurück.

»Das war am Montag vor einer Woche. Am Spätnachmittag. Er platzte mitten in eine Besprechung.« Baisler tippte auf einen Termin im Kalender. »Weil ich keine Zeit hatte, wartete er draußen vor der Tür, im Flur. Eine halbe Stunde lang. Das war völlig untypisch für ihn. Ich kann mich nicht erinnern, dass er jemals zuvor bei mir im Rathaus gewesen war. Er besuchte mich sonst immer privat.«

»Was wollte er von Ihnen?«

Der Stadtbaumeister senkte den Kopf. »Ich weiß es nicht. Das mit der halbstündigen Wartezeit hat mir meine Sekretärin erzählt. Rupert verlor anscheinend irgendwann die Geduld und ging wieder. Als ich aus der Besprechung kam, war er schon weg. Und leider hat er sich dann nicht mehr bei mir gemeldet. Ich selbst habe das dann auch vergessen.«

Morgenstern schaute in seine leere Tasse. »Dann können wir jetzt nur noch im Kaffeesatz lesen.«

»Möchten Sie noch einen?«, fragte Baisler; Morgenstern und Hecht bejahten.

Morgenstern fasste zusammen: »Dr. Ledermann mochte keine Architekten, keine moderne Architektur und keine Kompromisse. Ließ er sich denn von Ihnen überhaupt in irgendeiner Weise bei seiner Sanierung helfen, draußen im Anlautertal?«

»Nur in einem Punkt: wenn es um Zuschussmöglichkeiten und Genehmigungen durch das Landesamt für Denkmalpflege ging. Damit hatte er einfach keine Erfahrung. Da muss man sich auskennen, um die verschiedenen Möglichkeiten auszuschöpfen.«

»Und man muss die richtigen Leute kennen, in München«, fügte Hecht hinzu.

»Stimmt. Das erleichtert die Sache ungemein. Man muss sich und sein Projekt gut verkaufen. Da habe ich Rupert hin und wieder geholfen. Bei der Formulierung von Anträgen zum Beispiel. Die tragen alle meine Handschrift. Das ist das Wenigste, was man für einen Freund tun kann.« Baisler sah aus, als sei er mit sich zufrieden.

»Hat's etwas genützt?«, wollte Morgenstern wissen.

Baisler strahlte nun fast vor Stolz. »Oh ja, für die Generalsanierung der Schwarzmühle gab es den absoluten Höchstsatz an Fördermitteln. Da haben wir wohl ganze Arbeit geleistet. Am Ende bekam Rupert sogar noch einen ungewöhnlich hohen Zuschuss für die Rekonstruktion eines Kachelofens aus der Biedermeierzeit. Das hätte selbst ich in dieser Form kaum für möglich gehalten. Ich glaube, etwas Vergleichbares gab es in ganz Bayern noch nicht.«

Morgenstern dachte an den grün glasierten Putto-Kopf, den er aus dem Schutt der Mühle geborgen hatte und der nun in Ingolstadt auf seinem Schreibtisch lag. Da hatte er offenbar das richtige Souvenir aufgestöbert. Grübelnd schaute er durch das offene, mit Blumen geschmückte Fenster hinab auf den Marktplatz mit dem winkenden heiligen Willibald hoch auf dem Brunnen.

»Hoffentlich bekomme ich auch so viel Unterstützung, wenn ich eines Tages mein Haus renoviere«, seufzte er mehr für sich selbst.

Doch Stadtbaumeister Baisler schüttelte den Kopf. »Der Staat muss sparen, Herr Morgenstern. Das Geld fließt in die Milliardenschulden der Bayerischen Landesbank. Da wachsen für kleine Privatprojekte die Bäume nicht mehr in den Himmel. Leider, leider.«

»Dann hat Rupert Ledermann also gerade rechtzeitig das große Los gezogen. Und ich schau in die Röhre«, schimpfte Morgenstern.

Missbilligend sah Baisler ihn an. »Rupert Ledermann ist tot. Wenn das für Sie das große Los ist …«

Morgenstern errötete. »So habe ich das nicht gemeint. Ich dachte nur, dass ich auch gerne so viel Hilfe bekommen würde, wenn es so weit ist. Aber für mich gibt es dann bestimmt bloß Knüppel zwischen die Beine. Ich habe so etwas schon mal läuten hören.«

»Sie bekommen von mir und meinen Mitarbeitern jede Hilfe, die Sie brauchen, Herr Morgenstern, das verspreche ich Ihnen«, hielt der Stadtbaumeister dagegen. »Aber noch haben Sie das Haus nicht gekauft. Also ersparen Sie sich und uns bitte solche Latrinenparolen.«

Ein peinlicher Moment der Stille hielt im Büro Einzug, und Morgenstern verfluchte sich für das Formulieren seiner Bedenken. So wie es aussah, brauchten sowohl die Kriminalpolizei also auch die Familie Morgenstern die Kooperationsbereitschaft des Stadtbaumeisters in nächster Zeit noch. Zum Glück kam im nächsten Moment die Sekretärin mit drei weiteren Espressotassen herein.

»Störe ich?«, fragte sie in die Stille hinein.

»Nein, Frau Müller, ganz im Gegenteil. Stellen Sie den Kaffee einfach hier ab«, sagte Baisler. Zu Morgenstern und Hecht gewandt meinte er: »Ich habe meine Sekretärin noch gar nicht vorstellt: Das ist Rosmarie Müller, unser guter Geist hier im Bauamt.«

»Sie übertreiben«, sagte die Sekretärin im Hinausgehen. Doch Morgenstern konnte sich sehr gut vorstellen, dass die Bedeutung dieser Frau kaum zu überschätzen war. Wer das Vorzimmer beherrschte, hatte meistens nicht nur die Hoheit über die Kaffeemaschine, sondern auch über den Terminkalender des Chefs, war wahlweise der Zerberus, der das Höllentor bewachte, oder der heilige Petrus mit dem goldenen Schlüssel. An solchen Frauen führte kein Weg vorbei. Und oft waren sie auch noch mit einem phänomenalen Gedächtnis gesegnet. In Morgensterns Kopf machte es klick.

»Frau Müller!«, rief er der Sekretärin nach, etwas zu laut, wie ihm zu spät auffiel.

»Ich bin nicht taub«, kam es aus dem Vorzimmer zurück, zum Glück in freundlichem Ton. »Was gibt es denn?« Die Sekretärin erschien in der Tür.

Morgenstern griff sich Baislers Terminkalender, der immer noch offen auf dem Konferenztisch lag, und warf einen Blick hinein. »Am vergangenen Montag war hier eine Besprechung mit der Baufirma Obermeier. Dazwischen kam ein Herr Ledermann hier ins Bauamt und wollte mit dem Stadtbaumeister sprechen. Ein älterer Herr von zweiundsechzig Jahren.«

»Herr Ledermann …«, wiederholte Rosmarie Müller. »Das ist doch der Mann, der in der Mühle im Anlautertal gestorben ist.«

»Korrekt«, sagte Morgenstern. »Herr Baisler hatte keine Zeit für Herrn Ledermann. Aber vielleicht wissen Sie, was er von ihm wollte? Es muss ihm wichtig gewesen sein, denn er hat lange gewartet.«

Rosmarie Müller schüttelte den Kopf, und Morgenstern hielt das zunächst für ein bedauerndes Nein. Ein Irrtum, denn die Sekretärin sagte, mehr zu ihrem Vorgesetzten gewandt:

»Das war ziemlicher Unsinn, was Herr Ledermann da wollte. Stellen Sie sich vor: Er wollte Einsicht in unser Archiv bekommen. In sämtliche Akten über private Denkmalschutzprojekte im Stadtgebiet in den vergangenen fünfzehn Jahren.« Sie verschränkte die Arme vor der Brust. »Ich habe das natürlich abgelehnt, aus Datenschutzgründen. Das war doch richtig, nicht wahr?«

Baisler nickte nachdenklich und kaute dabei schon am nächsten Bleistift, den er kurz zuvor beiläufig von seinem Stehpult aufgelesen hatte. »Wirklich seltsam. Was wollte er bloß mit diesen Informationen anfangen? Glauben Sie mir, diese Unterlagen sind alles andere als spannend.«

Die Sekretärin zog sich wieder zurück und ließ die Männer allein.

Sie tranken ihren Kaffee aus und blickten eine Weile aus dem Fenster.

»Schön haben Sie es hier«, sagte Morgenstern schließlich. »Und bestimmt eine schöne Aufgabe.«

»So, finden Sie? Manchmal würde ich mir wünschen, ich dürfte kreativer sein. Architekten sind Künstler, keine Sesselfurzer. Aber was gibt es hier schon zu planen? Die Stadt ist klein, hat Schulden. Da gibt es nicht viel zu planen und zu bauen. Ich verwalte den Mangel. Und dann diese ständigen kleinen Anfragen, hier eine Dachgaube, dort ein neuer Balkon oder, huch, ein Neubau mit Doppelgarage. Ein neuer Fußgängersteg über die Altmühl ist das höchste der Gefühle. Und ständig mischen sich die Leute vom Stadtrat ein und der Oberbürgermeister. Und jeder weiß immer alles besser als einer, der das von der Pike auf gelernt, studiert hat.«

»So geht es doch überall. Das ist das tägliche Brot«, sagte Hecht mitfühlend.

»Graubrot, Graubrot«, sagte der Baumeister frustriert.

»Aber Sie haben doch eben erzählt, was es hier in Eichstätt an phantastischer moderner Architektur gibt«, sagte Hecht. »Alt und Neu, Hand in Hand.«

Der Baumeister stöhnte leise auf. »Stimmt, stimmt. Ich kann mir das alles ansehen, genauso wie Sie und jedermann. Die Katholische Universität ist in ganz Deutschland berühmt für ihre Bauten.«

»Ist doch spitze«, sagte Morgenstern aufmunternd.

»Aber nichts davon fällt in meine Zuständigkeit«, sagte Baisler bitter. »Das ist alles Sache des Diözesanbaumeisters. Vergessen Sie nicht: Die Eichstätter Hochschule ist eine katholische Universität. Da baut die Kirche, und die Stadt schaut zu.«

»Sie haben doch einen guten Job. Bestimmt ordentlich bezahlt und bombensicher.«

»Schmerzensgeld«, murrte Baisler. »Schmerzensgeld für entgangene Lebensfreude. Aber wenn ich in drei Jahren in Pension gehe, dann geht's noch mal richtig zur Sache. Dann richte ich mir ein privates Büro ein, dann wird gebaut. Ganz modern. Verlassen Sie sich drauf.«

»Viel Glück«, sagte Morgenstern und stand auf. »Wenn Ihnen zu

Ihrem Freund Dr. Ledermann noch etwas einfällt, rufen Sie uns bitte an.«

Bis zum Gesprächstermin mit Elvira Ledermann und Dragan Starcevic war noch Zeit, und Hecht und Morgenstern schlenderten durch die Herzoggasse zur Altmühl. Eine gewölbte Fußgängerbrücke führte über den Fluss, auf der anderen Seite befand sich ein großes Kioskgebäude mit Biergarten und Ruderbootverleih. Hecht sah sich die Holzboote von der Brücke aus an.

»Nicht gerade vertrauenerweckend«, meinte er. »In ein paar schwappt sogar das Wasser.«

»Seelenverkäufer«, stimmte Morgenstern zu. Unter der Brücke fuhr eine Gruppe von Kanufahrern entlang, die Altmühl war ein beliebtes Bootsfahrerrevier. Schwer bepackte Radfahrer schlängelten sich am Weg zwischen Kiosk und Biergarten hindurch. Es war Tourismushochsaison im Altmühltal. Bestimmt marschierten an der Hangkante des Tals, am Panoramaweg, gerade Kohorten von Wanderern Richtung Eichstätt.

»Schau mal, die haben sogar einen Schwan als Tretboot«, sagte Hecht.

»Kenne ich schon«, gab Morgenstern zurück. »Wieso? Willst du damit fahren?«

»Wäre doch lustig.« Und ehe sich's Morgenstern versah, war Hecht zum Kiosk gelaufen, vorbei an Zeitungsständern, Truhen mit Speiseeis und Kisten mit Fossilien aus dem Altmühltal, und hatte den weißen Tretbootschwan für eine halbe Stunde gemietet.

»Nun komm schon«, sagte er zu Morgenstern. »Wir schauen uns die Altstadt von der Altmühl aus an.«

»Kenne ich schon«, wiederholte Morgenstern. »Vergiss nicht, dass meine Frau gleich um die Ecke bei einem Kanuverleih jobbt. Wenn die uns mit dem Schwan sieht …« Doch dann kletterte er gehorsam in das weiße Kunststoffteil mit dem hohen Schwanenhals und nahm neben Hecht Platz. Ein junger Mann löste eine Kette mit einem Vorhängeschloss, und unter den neugierigen Blicken der Biergartenbesucher stachen die Kommissare in See.

»Hat was vom Märchenkönig Ludwig dem Zweiten«, sagte Hecht, als sie gemächlich tretend flussabwärts schipperten. »Ist der nicht auf Schloss Neuschwanstein auch mit so einem Schwan über einen künstlichen See gefahren?«

»Der Kini?«, fragte Morgenstern und imitierte den Klingelton seines Handys, Richard Wagners Walkürenritt: »Dada dada daaa-da.« Er erhob sich von seinem Platz, lehnte sich an den mannshohen Schwanenhals an, breitete die Arme aus und rief: »Ich bin der König der Welt!«

»Setz dich sofort wieder hin«, raunzte Hecht. »Du machst uns noch zum Gespött der Leute.«

Morgenstern nahm grinsend wieder im kippeligen Schwanenkörper Platz. »Der König Ludwig, für den hätte unser Stadtbaumeister bestimmt gerne gebaut. Schloss Linderhof, Schloss Herrenchiemsee, Schloss Neuschwanstein.« Sie strampelten noch zweihundert Meter weiter bis zur Spitalbrücke, die über die Altmühlbrücke direkt auf die Westfassade des Doms zuführte.

Morgenstern blickte hinauf zum steilen Dach der Spitalkirche. »Lass uns umkehren«, sagte er, und Hecht drehte eine Kurve um den betonierten Mittelpfeiler der Brücke.

Morgenstern fing erst leise, dann immer lauter zu singen an: »›Wir lagen vor Madagaskar und hatten die Pest an Bord …‹«

»Pscht!«, zischte Hecht. »Mit dir kann man sich nur blamieren. Nächstes Mal fahre ich allein.«

Sie kamen erneut unter dem Herzogsteg durch, passierten den Kiosk und fuhren nun flussaufwärts. Ein munterer Bach mit glasklarem Wasser mündete, vom Kloster St. Walburg kommend, in die Altmühl und vermischte sich mit der grünlich braunen Brühe.

»Ganz schön dreckig, euer Fluss«, kommentierte Hecht.

»Das kommt davon, dass er so langsam ist. Der langsamste Fluss Bayerns«, sagte Morgenstern und ertappte sich dabei, dass er irgendwie stolz war auf diesen sonderbaren Superlativ. Vor ein paar Wochen noch hätte er allein den Begriff *euer* Fluss vehement zurückgewiesen. Stattdessen schwadronierte er nun etwas von »Badequalität« und »Paddlerparadies«, als wolle er sich zum städtischen Gästeführer qualifizieren. Sogar den klaren Bach erkannte er nun wieder. Logisch, der kam am Kapellbuck mit seinen malerischen Jurahäusern direkt aus den Felsen geschossen.

Hecht zeigte sich mäßig beeindruckt und gab dem Schwanenboot durch besonders eifriges Treten die Sporen. Vor ihnen kam schon wieder eine Fußgängerbrücke. »Die führt zum Freibad und zum Jugendzentrum«, erklärte Hobby-Stadtführer Morgenstern. »Ein ganz modernes Bauwerk, schau mal, wie elegant die ist.«

Die Brücke bestand aus einem einzigen anthrazitfarbenen Stahlstück, das aerodynamisch gebogen über der Altmühl schwebte. Fast lässig wirkte die Konstruktion, flach und elegant.

Flach? Es gab einen dumpfen, kräftigen Schlag, verbunden mit einem abrupten Stopp des Bootes. Die Kapitäne wurden aus ihren Plastiksitzen nach vorn gehoben, konnten sich aber mit Mühe festhalten.

»Verdammt noch mal!«, rief Morgenstern. »Das darf doch nicht wahr sein, dass der Schwan nicht unter der Brücke durchpasst.«

Der Schwanenkopf, die Galionsfigur des Tretbootes, hatte eine hässliche Schramme abbekommen, stellte Hecht bei näherer Betrachtung fest. »Können die nicht eine höhere Brücke bauen?« Er schüttelte den Kopf.

Kleinlaut gaben die Havaristen ihr Tretfahrzeug ab.

»Ach, Sie sind am Badsteg hängen geblieben«, sagte der Mann am Verleih grinsend, als er den Schwan wieder an die Kette legte. »Das passiert regelmäßig, wenn die Leute nicht aufpassen. Wir haben doch eigens ein Warnschild am Ufer montiert.« Er tätschelte dem Schwan bedauernd über den Kopf und den großen orangefarbenen Schnabel. »Böse, böse Bootsfahrer. Haben sie dir wieder wehgetan?«

»Ist ja gut«, sagte Morgenstern und streichelte den Schwan nun ebenfalls. »Armer, armer Vogel. Lassen sie dich den ganzen Winter über an deiner Kette in der Altmühl hängen, sogar wenn das Hochwasser dich umwirft?«

»Ich sehe schon, der Herr ist ein Einheimischer«, sagte der Verleiher.

Morgenstern protestierte nicht dagegen.

Eine Stunde später saßen Morgenstern und Hecht mit Elvira Ledermann und Dragan Starcevic im Polizeipräsidium. Elvira Ledermanns Lebensgefährte war ein großer, kräftig gebauter Mann mit Nussknackerkinn, dunkelbraunem, gescheiteltem Haar und wachem Blick.

»Wie kommen Ihre Ermittlungen voran?«, fragte Elvira Ledermann.

»Ich antworte auf solche Fragen immer mit meinem Lieblingssatz: Wir ermitteln in alle Richtungen«, sagte Morgenstern.

»Das heißt, Sie haben nichts in der Hand«, gab die Witwe spitz zurück.

»Heißt es nicht«, konterte Morgenstern kühl. »Sonst hätten wir Sie beide heute nicht einbestellt. Es gibt Dinge, die wir gerne klären würden.«

Dragan Starcevic lehnte sich auf seinem Stuhl ganz entspannt zurück, als ob ihn das alles nichts anginge. Er trug einen schlecht sitzenden dunkelblauen Anzug, dessen Jacke er gleich zu Beginn über die Stuhllehne gehängt hatte. Nun löste er auch die Krawatte. Als er die Hemdsärmel hochkrempelte, kamen auf den Unterarmen mehrere Tattoos zum Vorschein: Anker, Kreuze, ein Drache.

»Hübsche Tätowierungen«, sagte Morgenstern, um den Serben aus der Reserve zu locken. Als der darauf nicht einging, fragte er offensiv: »Wie war's denn so in Stadelheim? Wir haben ein bisschen in Ihrer Akte geblättert und dachten, wir sollten uns mal mit Ihnen unterhalten. Ihre Partnerin war zwar bei unserem ersten Treffen der Meinung, das wäre nicht nötig. Das sehen wir aber anders.«

Starcevic sah Elvira Ledermann mit einer Art Lächeln an. Das hieß wohl »braves Mädchen«. »Was wollen Sie von mir wissen?«, fragte er. »Ich habe eine weiße Weste, glauben Sie mir.«

»Glauben ist für uns keine Option«, sagte Morgenstern. »Grundsätzlich nicht. Und ein Mann mit Ihrer Biografie ist immer einen Blick wert.«

»Das ist eine Gemeinheit«, sagte Elvira Ledermann empört. »Dragan ist ein wunderbarer Mann.«

»Das kann aus Ihrer Sicht durchaus so sein«, sagte Morgenstern bedächtig. »Ein wunderbarer Mann, aber einer mit Vergangenheit, nicht wahr? Wo stammen Sie her, Herr Starcevic?«, fragte er.

»Aus Bosnien. Aber das wissen Sie doch längst.«

»Sie sehen für mich aus wie ein Mann, der Konflikten nicht aus dem Weg geht.«

»Aus Prinzip nicht«, lautete die Antwort.

»Ich habe eine einfache Frage an Sie: Haben Sie damals, in Bosnien, im Krieg, gekämpft?«

»Ja. Und ich bin stolz darauf.«

»Auf welcher Seite?«

Starcevic schüttelte ungläubig den Kopf, ohne seine entspannte Körperhaltung aufzugeben. »Auf welcher Seite wohl. Sie wissen doch, dass ich Serbe bin. Das haben Sie alles in ihren Papieren. Ich bin Patriot, serbischer Patriot.«

Morgenstern entschied sich zum Frontalangriff: »Herr Starcevic: Wie zerstört man im Krieg ein Haus, wenn man keinen Sprengstoff zur Hand hat?«

»Sie beide haben vermutlich keine Idee, was Krieg ist? Was er wirklich bedeutet?«, fragte Starcevic zurück. »Und Sie halten mich für blöd. Ich habe mit der Explosion in dieser Mühle nichts zu tun.«

»Sie haben unsere Frage noch nicht beantwortet«, sagte Morgenstern. »Wie zerstört man ein Haus?«

Starcevic lehnte sich wieder zurück. »Sie brauchen nur eine Gasflasche. Und Gasflaschen gibt es im ehemaligen Jugoslawien in jedem Haus. Die meisten kochen mit Gas. Sie nehmen also diese Gasflasche, stellen Sie in ein Zimmer, machen das Ventil auf und zünden im selben Raum ein paar Teelichter an. Dann können Sie in aller Ruhe zum nächsten Haus gehen. Sie haben viel Zeit, bis es bum macht.«

Elvira Ledermann sah Dragan Starcevic an. »Davon hast du mir nie etwas erzählt«, sagte sie vorwurfsvoll.

»Schatz, glaub mir, es ist besser, wenn du nicht alles weißt. Davon bekommst du nur schlechte Träume. Und du brauchst deinen Schlaf, damit du weiterhin so schön bleibst.« Er strich ihr mit der rechten Pranke über das Haar.

Was für ein Gesäusel, dachte Morgenstern und sah, dass Hecht ebenfalls die Augen verdrehte.

»Das Haus von Dr. Rupert Ledermann hat auch bum gemacht«, sagte Morgenstern. »Es waren Gasflaschen. Propangas.«

Starcevic sah ihn an. »Sie wollen mir die Sache anhängen«, sagte er nüchtern. »Sie kennen meine Vorstrafen. Also gehöre ich für Sie automatisch zu den Verdächtigen. Ein Mann, der den Ex seiner Geliebten aus dem Weg räumt. Bloß dass ich dafür überhaupt keinen Grund habe. Dieser Rupert Ledermann hat mir nichts getan. Er hat auch Elvira nichts getan.« Er warf ihr einen tiefen Blick zu. »Außer dass sie sich mit ihm zu Tode gelangweilt hat. Und warum sollte ich so ein Risiko auf mich nehmen?«

Morgenstern ignorierte die Frage. »Aber Sie müssen zugeben, dass die Gasflaschen ein interessanter Aspekt sind.«

Starcevic wandte ihm den Kopf zu. »Gasflaschen, Sie sprechen immer von Flaschen. Wie viele waren das denn?«

»Das können wir Ihnen nicht sagen, Herr Starcevic, das ist sogenanntes Täterwissen«, meinte Morgenstern. »Aber es waren in der Tat mehrere.«

»Das ist Quatsch«, sagte Starcevic.

»Wieso?«, fragten die Ermittler unisono.

Starcevic hob den Daumen. »Eine. Eine einzige reicht. Es ist völlig unnötig, mehrere Flaschen gleichzeitig auslaufen zu lassen. Das ist auch viel zu gefährlich. Nein, eine Flasche ist perfekt. Die lässt sich kalkulieren und erfüllt genau den gewünschten Zweck.«

Hecht und Morgenstern sahen sich an. Vor ihnen saß ein Profi, wenn man das so bezeichnen wollte.

»Ein Haus – eine Flasche«, fasste Morgenstern zusammen.

»So ist es.«

»Wenn jemand mehrere große Flaschen benutzt, was würden Sie dazu sagen?«

Starcevic sah Morgenstern direkt in die Augen. »Ein Stümper. Oder ein Verrückter.«

»Wo waren Sie in der Nacht zum vergangenen Sonntag?«, fragte Hecht.

»Mein Alibi?« Dragan Starcevic musste keine Sekunde nachdenken. Er hatte sich vorbereitet. »In der Nacht, als Rupert Ledermann ums Leben kam, war ich in München. In einem Lokal in der Goethestraße, beim Hauptbahnhof. Wir haben Poker gespielt. Die ganze Nacht.«

Er zählte seine fünf Mitspieler auf, hatte auch ihre Telefonnummern im Handy eingespeichert und gab sie an die Kommissare weiter.

»Alle fünf können Ihnen das bestätigen.«

Morgenstern war sich sicher, dass die Angaben stimmten. »In dieser Nacht, beim Pokern: Haben Sie gewonnen?«

Starcevic verzog das Gesicht. »Nein, ich habe viel Geld verloren. Fast tausend Euro.« Er lächelte. »Ich hätte nicht gedacht, dass ich über diesen Pokerabend noch einmal froh sein würde. Das Geld ist gut angelegt.«

NEUN

Morgenstern wusste, dass es in der Ingolstädter Fußgängerzone, gleich neben dem Paradeplatz vor dem Schloss, eine Filiale von Jack Wolfskin gab, der Marke mit der Pfote. Nach ihrem Gespräch mit Elvira Ledermann und Dragan Starcevic machten Hecht und er sich auf den Weg, um sich über den Stoffbeutel kundig zu machen, den der Angler gestern erwähnt hatte.

»Ja, unser Tatzenlogo ist berühmt«, erklärte der Geschäftsführer und holte mehrere große Papier-Einkaufstüten hervor.

»Wir suchen nach jemandem, der eine helle Stofftasche mit dem Logo dabeihatte«, sagte Morgenstern. »Unser Zeuge war sich da sehr sicher.«

»Ein heller Stoffbeutel mit unserer Tatze? Gibt's nicht.«

»Wie?«

»Sie meinen so einen Öko-Beutel, nicht wahr?«

»Genau.«

»So etwas führen wir nicht. Garantiert nicht. Wir setzen voll auf Papier.«

Morgenstern und Hecht sahen sich ratlos an und verabschiedeten sich. Sie waren schon fast auf der Straße, als ihnen der Geschäftsführer hinterherrief:

»Hallo! Mir ist da grade noch was eingefallen.«

Die beiden drehten sich neugierig zu ihm um.

»Unser Logo, die Tatze. Die gibt es noch ein zweites Mal. Fast identisch. Unser Unternehmen hat deswegen sogar schon einen Prozess geführt.«

»Und was ist das für eine Firma, die das gleiche Logo hat?«, fragte Morgenstern.

»Das ist die taz, diese linke Tageszeitung aus Berlin. Die Typen hatten die Tatze schon vor uns als Markenzeichen. Aber sie haben versäumt, es als Logo eintragen zu lassen.«

»Die taz aus Berlin«, wiederholte Morgenstern.

»Genau. Und diese müslimäßige Stofftasche, nach der sie suchen, passt auch viel besser zu denen als zu uns.«

Zurück im Büro suchte Morgenstern die Telefonnummer der taz heraus. In einer Anwandlung von Naivität ging er davon aus, der Vertrieb der Zeitung in Berlin würde ihm problemlos die gesamte Liste der bayerischen Abonnenten zur Verfügung stellen, besser noch die Adressen der Leser in einem Umkreis von dreißig Kilometern um die Schwarzmühle im schönen bayerischen Anlautertal.

»Im Computerzeitalter ist so etwas doch kein Problem«, sagte er dem Vertriebschef am Telefon in kumpelhaftem Ton. Das seien nur ein paar Klicks, also sei es ein Klacks, nicht wahr, hahaha. Schließlich gehe es um die Aufklärung eines Verbrechens durch die bayerische Kriminalpolizei, und wer eine taz-Tragetasche sein Eigen nenne, sei zweifelsfrei kein Gelegenheitsleser, sondern, haha, »Überzeugungstäter«.

In Berlin löste seine Anfrage erst ungläubiges Staunen, dann schallendes Gelächter aus. Obendrein erhielt Morgenstern noch einen äußerst schnoddrigen Kurzvortrag über das Recht auf informationelle Selbstbestimmung im Allgemeinen und über die verachtenswerten politischen Mehrheitsverhältnisse im weiß-blauen Freistaat im Besonderen. Ob er überhaupt wisse, was die taz sei: eine erklärtermaßen linke Zeitung. Ein Anpfiff erster Güte, und das alles auf Berlinerisch. Morgenstern, abgebürstet wie ein Schulbub, hatte rote Ohren, als er auflegte.

»Informationelle Selbstbestimmung«, grummelte Morgenstern. »Was soll das denn überhaupt sein?«, fragte er Hecht.

»Datenschutz«, kam es wie aus der Pistole geschossen zurück. »Das solltest sogar du wissen, Mike.«

»Ich lauf halt nicht den ganzen Tag mit dem Gesetzbuch unterm Arm rum«, brummte Morgenstern. »Aber die paar Namen hätten sie uns trotzdem geben können. Die Leser hier bei uns kannst du an einer Hand abzählen. Aber nein, die hocken auf ihren Daten wie die Henne auf ihrem Gelege.«

»Ich glaube, der Bayernkurier hätte seine Adressen auch nicht rausgerückt«, wandte Hecht ein. »Wie schaut die Zeitung eigentlich aus? Ich kenne die gar nicht.«

Morgenstern zeigte ihm die Homepage der taz im Internet. Auf der Titelseite war demnach groß das Logo der Zeitung, nämlich eine rote Tatze, daneben der Titel »taz. die tageszeitung«.

»Irgendwo habe ich die schon mal gesehen«, sagte Hecht. »Erst diese Tage.« Er dachte angestrengt nach. »Wo war das noch gleich …? Ich könnte schwören, ich habe sie gesehen.«

»In Schrobenhausen?«

»Quatsch. Da lesen alle den Schrobenhausener Kurier. Und meine Mutter hat noch die Kirchenzeitung und den Altöttinger Liebfrauenboten.«

Morgenstern sah seinen Kollegen verständnislos an.

»Brauchst nicht so blöd zu gucken. Das liest man so auf dem Land. Die Altbayerische Heimatpost und den Bayernkurier. Und das Landwirtschaftliche Wochenblatt. Meine Oma hatte früher auch noch eine katholische Zeitschrift, die hieß Seraphischer Kinderfreund.«

Morgenstern schüttelte den Kopf. In diesem Umfeld brachte die linke taz kein Bein auf den Boden, das war logisch. »Die Abonnenten des Altöttinger Liebfrauenboten sind meistens auch keine Enduro-Fahrer«, sagte er.

»Genau«, sagte Hecht und strahlte plötzlich. »Jetzt weiß ich, woher ich die Zeitung kenne. Aus Raitenbuch, aus der verrauchten Wohnküche.«

»Ehrlich? Wo war die denn?«

»Du hattest ja nur Augen für die Vogelspinne und den Grashüpfer«, sagte Hecht und sah mit Vergnügen, wie Morgensterns Unterarme in derselben Sekunde von einer Gänsehaut überzogen wurden. »Spaß beiseite. Mit einer alten Titelseite der taz war eins der Terrarien ausgelegt.«

Morgenstern schlug Hecht begeistert auf die Schulter. »Spargel, du bist der Wahnsinn. Peter ›The Brain‹ Hecht.«

Er nahm das Telefon und drückte die Wiederwahltaste. Lange musste er nicht läuten lassen.

»Morgenstern hier, Kripo Ingolstadt. Genau, der von vorhin. Ich wollte Ihnen nur sagen, dass wir inzwischen einen Namen haben. Ihr Abonnent oder Genosse oder wie immer Sie das nennen, heißt Bachmeier. Andreas Bachmeier in Raitenbuch, Landkreis Weißenburg-Gunzenhausen in Bayern. Machen Sie sich schon mal darauf gefasst, dass es da demnächst einen Adresswechsel gibt. Das wird ein Knast-Abo.« Ohne auf eine Reaktion zu warten, legte er auf.

»Das musste jetzt einfach sein«, sagte er finster. »Da geht es um die Rettung meiner Restehre.«

Ohne Anmeldung machten sie sich nach Raitenbuch auf. Morgenstern hatte auf der Karte eine kürzere Strecke entdeckt, die sie dieses Mal ausprobierten. Sie fuhren auf der B 13 durch Eichstätt, über eine steile Serpentinenstrecke auf die Jurahöhe, durch Rupertsbuch und immer weiter Richtung Weißenburg. Rechts und links erstreckte sich Wald, ein riesiger Gutshof mit großen Pferdekoppeln lag direkt vor der Grenze zu Mittelfranken, und unmittelbar danach zeigte ein winziger gelber Wegweiser nach rechts. »Raitenbuch 7 km«. Ein Schotterweg.

»Das gibt es doch nicht!«, schimpfte Morgenstern. »Das ist eine ganz reguläre Ortsverbindungsstraße, und die ist nicht geteert?«

Rumpelnd und Schlaglöchern ausweichend fuhren sie an der Abraumhalde eines großen Steinbruchs vorbei in den Wald. Unablässig zweigten gesperrte Forststraßen nach rechts und links ab, und Morgenstern hatte bald Zweifel, ob sie noch richtig waren.

»So ist das halt an der Grenze zwischen Oberbayern und Mittelfranken«, sagte Hecht. »Das ist Niemandsland. Da findet man nur Förster und Jäger. Da braucht's keinen Asphalt.«

»Nächstes Mal nehme ich wieder die reguläre Strecke über die Dörfer«, versprach Morgenstern reumütig.

Nach schier endloser Fahrt durch den Raitenbucher Forst erreichten sie mit einem völlig eingestaubten Wagen ihr Ziel. Der Wald endete erst knapp vor Raitenbuch.

»Der Bachmeier wird Augen machen«, sagte Morgenstern voller Vorfreude.

»Hoffentlich ist er überhaupt da.«

»Aber sicher. Der muss doch an seiner Arbeit schreiben. Und sich um seine seltsamen Haustiere kümmern.«

Schwungvoll fuhr Morgenstern vor das Haus, dass der Kies der verunkrauteten Einfahrt nur so knirschte.

»Volltreffer«, sagte er und deutete zur Scheune, vor der beim letzten Mal nur drei alte Autos gestanden waren. Links davon parkte nun ein großes Motorrad. Eine weiße Suzuki-Geländemaschine in Weiß, mit blauem Sitz, einem schwarzen Hartschalenkoffer hinter dem Fahrersitz und aufgebogenem Nummernschild. Am Lenker hing ein schwarzer Helm.

Hecht stieg aus, ging auf das Motorrad zu und notierte sich Marke und Kennzeichen. Morgenstern hatte inzwischen zwei Mülltonnen entdeckt, die direkt neben der Haustür standen. Eine graue für den Restmüll, daneben eine grüne für Papier und Karton. Geräuschvoll klappte er die Papiertonne auf und wühlte darin herum. Er war sich sicher, dass er vom Haus aus beobachtet wurde, aber das war ihm gleichgültig. Mehr noch: Die Müllfledderei gehörte zum Konzept, Andreas Bachmeier zu verunsichern. Die Tonne war fast leer. Morgenstern musste sich weit hineinbeugen, bis er gefunden hatte, was er suchte: ein halbwegs gut erhaltenes taz-Exemplar, auf dessen Titelseite sich ein Aufkleber mit Bachmeiers Name, Adresse und Abo-Nummer befand. Morgenstern klappte den Deckel der Tonne in dem Moment zu, in dem die Haustür aufflog. Bachmeier baute sich mit verschränkten Armen vor ihm auf.

»Was haben Sie hier rumzuschnüffeln?«, fragte er. »Das ist eine Unverschämtheit, wie Sie sich aufführen.«

Morgenstern deutete erst auf die Zeitung, dann auf das Motorrad, neben dem nach wie vor Hecht stand. »Wir haben neue Hinweise im Fall Ledermann bekommen. Und denen wollten wir natürlich so schnell wie möglich nachgehen.« Er schaute auf seine Armbanduhr. »Eigentlich wäre ja schon Feierabend. Aber dem Kommissär ist nichts zu schwär. Können wir reinkommen?«

Bachmeier nahm die Arme von der Brust. »Nein. Die anderen sind gerade beim Fernsehen. ›Die Simpsons‹. Das ist unser Vorabendritual. Da stören wir nur.« Im Hof war eine Biertischgarnitur aufgestellt, grau von Wind und Wetter, wahrscheinlich machte sich niemand die Mühe, Tisch und Bänke wenigstens im Winter unters Dach zu holen.

Bachmeier setzte sich auf eine Bank, die Ermittler nahmen ihm gegenüber Platz. Hecht legte sorgfältig seinen Notizblock und seinen Füllfederhalter vor sich ab. Einen edlen Montblanc, den er hütete wie seinen Augapfel. Morgenstern wiederum nahm mit jedem x-beliebigen Griffel vorlieb – solange Hecht immer brav als Hauptschriftführer tätig war.

»Nächstes Mal wäre es mir lieb, wenn Sie erst läuten, bevor Sie auf meinem Hof herumstreunen«, sagte Bachmeier. »Sie werden wohl kaum einen Durchsuchungsbeschluss haben, auch wenn es bloß um unsere Mülltonne geht.«

»Haben wir nicht«, sagte Morgenstern. »Aber das kann sich rasch ändern. Übrigens scheint mir Ihre Mülltrennung vorbildlich. Das hätte ich von Ihnen gar nicht erwartet.« Er breitete die taz vor sich aus, und Bachmeier bemühte sich sichtbar, aus den Schlagzeilen der alten Zeitungsausgabe schlau zu werden.

»Steht da etwas drin, was mich betrifft?«, fragte er genervt, als er genug davon hatte, dass die Ermittler ihn zappeln ließen.

»Sie haben die Zeitung abonniert«, stellte Morgenstern fest. »Sie ist an Ihren Namen adressiert.«

»Na und? Hat die CSU in Bayern neuerdings die taz verboten?«

»Nein, vorerst noch nicht«, sagte Morgenstern.

Hecht fügte hinzu: »Das fällt unter die Liberalitas Bavariae. Jedem Tierchen sein Pläsierchen. Auch wenn Ihr Postbote die Zeitung wahrscheinlich bloß mit der Kneifzange anfasst.«

»Ich glaube, ich bin der Einzige in der ganzen Gegend, der ein taz-Abo hat«, sagte Bachmeier.

»Politisch links und stolz drauf«, bilanzierte Morgenstern. »Und deswegen laufen Sie auch gerne mal mit einem Stoffbeutel von der taz durch die Gegend.«

»Wie kommen Sie darauf? Was soll das alles? Und warum soll ich keine Tüte von der taz tragen dürfen?«

Hecht zeigte auf das Motorrad in der Hofecke. »Diese Suzuki. Starke Maschine. Eine 650er. Ist das Ihre?«

»Korrekt. Habe ich schon seit acht Jahren. Ich war damit sogar schon in Spanien. Und in Marokko.«

»Natürlich. Ein bisschen Stoff besorgen«, hämte Morgenstern. »Fährt außer Ihnen jemand hier auf dem Hof diese Maschine?«

»Nein«, kam es wie aus der Pistole geschossen. »Nur ich.« Bachmeier zögerte einen Augenblick. »Und früher ein paarmal die Raphaela.«

»Sie oder die Raphaela«, wiederholte Morgenstern.

Er sah Bachmeier in die Augen, machte eine bedeutungsschwere Pause und sagte dann: »Herr Bachmeier. Bei unserem letzten Gespräch haben Sie uns erzählt, Sie wären seit Ewigkeiten nicht mehr an der Schwarzmühle gewesen.« Hecht, wohlpräpariert für diesen Moment, raschelte demonstrativ mit seinem Notizblock auf der Suche nach dem besagten Zitat in den stenografierten Aufzeichnungen.

Bachmeier schaute gelangweilt über den Hof.

»Aber das entspricht wohl nicht ganz der Wahrheit.« Morgenstern schaute theatralisch traurig und machte »Ts … ts … ts«, als gebe es niemanden, den diese Tatsache mehr schmerze als ihn selbst.

»Wie kommen Sie darauf?«, fragte Bachmeier.

»Man hat Sie gesehen«, sagte Morgenstern. »Vor gut einer Woche, am Mittwoch früh, kurz nach sieben Uhr.«

Hecht zeigte zur Suzuki. »Mit dieser Maschine waren Sie unten im Anlautertal.«

Bachmeier schüttelte den Kopf, aber für die Ermittler war unklar, ob das Nein heißen sollte oder ob das der Gram war über sein Pech.

»Sie haben ein geländegängiges Motorrad. Für Sie ist kein Waldweg zu steil und zu unwegsam«, sagte Morgenstern. »Erinnern Sie sich noch? Sie sind durch den Wald gefahren und dann über die Wiese.«

»Sie wussten, dass der Richter schon weg war. Sie wussten, dass das Haus leer war«, schob Hecht nach.

»Und dann haben Sie aus Ihrem Motorradkoffer eine Stofftasche geholt. Nicht irgendeine Stofftasche. Sondern die Werbetasche Ihrer Lieblingszeitung.« Morgenstern tippte mit dem Finger auf die Zeitung vor sich. »So sind wir auf Sie gekommen. Denn Geländemotorräder gibt es im Naturpark Altmühltal viele.«

»Viel mehr als taz-Abonnenten«, bestätigte Hecht.

»Man hat Sie gesehen«, wiederholte Morgenstern. »Wir haben einen Zeugen.« Mit einem Mal wurde seine Stimme laut und scharf. »Sie haben fast eine halbe Stunde lang am Haus oder im Haus herumgeschnüffelt. Drei Tage bevor alles in Flammen aufging. Und Sie haben uns angelogen. So etwas nehmen wir persönlich. Da sind wir enttäuscht. Sehr enttäuscht. Nicht wahr, Herr Kriminaloberkommissar Hecht?«

Hecht gab sich Mühe, besonders grimmig dreinzublicken. In Wirklichkeit triumphierte auch er innerlich. Das war eine der Sternstunden im Leben eines Kriminalbeamten. Wenn ein Täter spürte, dass das Spiel zu Ende ging.

»Was haben Sie an der Schwarzmühle gemacht an jenem Morgen?«, bohrte Morgenstern mit der Hingabe eines sorgfältigen Dentisten. »Wir können das Gespräch auch jederzeit nach Ingolstadt verlegen, wenn Ihnen das lieber ist.«

Von der Wohnküche her hörten sie schallendes Gelächter. Die aktuelle Folge der ›Simpsons‹ ließ bei Bachmeiers Mitbewohnern anscheinend keine Wünsche offen.

Bachmeier dachte eine quälende Weile über Morgensterns letzten Satz nach. Währenddessen fummelte Hecht bereits in seiner Aktentasche nach seinem Diktiergerät. Er legte das schwarze Kästchen, ausgestattet mit einer Minikassette, auf den Biertisch und wartete mit dem Einschalten, bis Bachmeier sich tatsächlich einen Ruck gab und zu sprechen begann.

»Ich war's nicht«, war sein erster Satz.

»Was waren Sie nicht?«, fragte Morgenstern.

»Ich habe Raphaelas Vater nicht umgebracht. Das hätte ich nie fertiggebracht, trotz allem, was er mir angetan hat.«

»Wer war es dann?«, fragte Hecht. »Wissen Sie es?«

»Nein, ich weiß so wenig wie Sie.«

»Was haben Sie an diesem Mittwoch in Ledermanns Haus getrieben? Was wollten Sie da? Sie sind doch eingebrochen, oder täusche ich mich?« Morgenstern schoss ein ganzes Trommelfeuer von Fragen ab.

»Eingebrochen?«, fragte Bachmeier. »Nein. Ich weiß nämlich, wo der Schlüssel für die Hintertür versteckt war. Die Info ist Raphaela mal versehentlich rausgerutscht. Der Schlüssel liegt unter einer alten Gießkanne im Garten.«

»Was haben Sie im Haus gemacht?«

Bachmeier streckte den Rücken durch. Er zögerte. Dann hob er den Kopf. »Einen Sabotageakt.«

»Sabotage? Was soll das heißen?«

»Eine Guerilla-Aktion. Ich habe Ledermanns Haus ein bisschen präpariert.«

»Mit Propangasflaschen«, sagte Morgenstern.

»Nein. Mit diesem Brand habe ich nichts zu tun. Das passt doch auch vom Zeitpunkt nicht.«

»Na ja«, sagte Morgenstern unbestimmt. »Was haben Sie also angestellt, was war Ihr Sabotageakt?«

Bachmeier sagte darauf nur ein einziges Wort, das er langsam und betont aussprach: »Hausbock.«

»Hausbock?«, wiederholten Hecht und Morgenstern unisono.

»Ganz recht. Hausbock. Ich darf wohl sagen, dass sich in Deutschland derzeit niemand intensiver mit dem Hausbock beschäftigt als ich. Sie haben meine Balken gesehen. Meine Dissertation ist fast abgeschlossen. Ich weiß alles über diesen Käfer und seine Larven. Vor allem, was diese Tiere in Bauholz anrichten können.«

Er grinste. »Sie, Herr Morgenstern, haben Panik vor Spinnen. Und Richter Ledermann hatte immer Angst, dass Schädlinge sein Haus befallen könnten. Raphaela hat es mir oft erzählt. Das war sein Alptraum. Ich wollte ihn wahr werden lassen.«

Die beiden Ermittler sahen sich an: ratlos.

»Das ist kriminell«, sagte Morgenstern schließlich. »Sie haben die Schwarzmühle mit Ihren Schädlingen infiziert?«

»So ungefähr. Ich hatte Käfer dabei, vor allem aber Larven, die ich mir am Vorabend hier am Hof aus meinen Testhölzern geholt hatte. Dazu einen kleinen Handbohrer und ein bisschen Holzkitt, um die Löcher am Ende sauber zu verschließen. Den Rest übernimmt dann Mutter Natur. Ich habe im ganzen Haus Balken mit Larven präpariert. Vor allem im Dachstuhl, aber auch das Fachwerk in den Zwischenwänden. Die Mühle ist in Holzständerbauweise errichtet. Da gibt es überall Balken. Und damit Ledermann einen richtigen Schrecken bekommt, habe ich eigens ein paar tote Käfer aus meiner Sammlung im Haus ausgelegt. Die sollte er so schnell wie möglich entdecken, damit er weiß, was die Stunde geschlagen hat.«

»Sie haben das ganze Haus verwanzt«, sagte Morgenstern wider Willen beeindruckt.

»Wanzen? Ich bitte Sie. Das ist eine Beleidigung für den Hausbock. Wenn man ihn sich genau ansieht, ist er ein sehr schönes Tier.«

Morgenstern ignorierte die letzte Bemerkung. »Und warum haben Sie diesen sogenannten Sabotageakt ausgerechnet jetzt durchgeführt?«

»Ich habe erfahren, dass der Richter in seinem Haus einen Tag der offenen Tür hält. Er war so stolz, dass die Renovierung fertig ist. Da dachte ich mir: Das ist der perfekte Zeitpunkt. Ich wollte, dass er sein Lebenswerk in Gefahr sieht. Dass er den Dachstuhl austauschen muss. Oder das ganze Haus begasen lässt. Eine Großaktion halt. Aber nicht einmal das hätte geholfen, da bin ich mir ganz sicher.«

»Perfide«, sagte Morgenstern. »Eine ausgesprochen fiese Form der Rache. Aber die entscheidende Frage haben Sie uns noch nicht beantwortet. Warum ist Richter Ledermann heute tot? Warum fliegt die Mühle drei Tage später in die Luft? Mit allen Balken, mit allen Larven, mit allen Käfern und vor allem mit dem armen Dr. Ledermann?«

Bachmeier hob die Hände. »Ich weiß es nicht, ehrlich. Ich habe mir den Kopf zermartert, was da los war in der Nacht von Samstag auf Sonntag. Aber ich habe keine Idee.«

»Ich hätte da durchaus eine«, sagte Morgenstern langsam. »Wie wäre es, wenn Ihnen der Richter auf die Schliche gekommen ist? Sie haben selbst gesagt, dass er die toten Insekten möglichst schnell entdecken sollte. Mal angenommen, er kommt am Abend nach Hause, findet die Käfer, die da auffällig unauffällig in den Fluren und auf dem Speicher liegen. Und er fragt sich, wo die auf einmal herkommen. Soweit wir wissen, war Dr. Ledermann ein sehr sorgfältiger, reinlicher Mann.«

Bachmeier nickte. »Ich habe die Tiere nicht zu auffällig ausgelegt.«

»Wusste Ledermann, was Sie studieren?«, fragte Hecht. »Wusste er von Ihrer Forschung?«

»Woher sollte er das wissen?«

»Vielleicht von seiner Tochter.«

»Das glaube ich nicht.«

»Glauben heißt nicht wissen«, sagte Morgenstern. »Sitzt Raphaela Ledermann eigentlich momentan auch da drin vor der Glotze?« Er deutete auf das weit geöffnete Fenster, aus dem leise die quäkende Stimme von Homer Simpson zu hören war.

»Herr Ledermann war ein Mann, der eins und eins zusammenzählen konnte«, übernahm Hecht. »Mal angenommen, er wusste von Ihrer Forschung. Was hätte er dann nach einigem Nachdenken wohl getan?«

Bachmeier wusste keine Antwort.

Morgenstern spann den Faden weiter: »Er hätte Sie mit seinen Überlegungen konfrontiert. Er hätte Ihnen mit der Polizei und dem Staatsanwalt gedroht. Wegen Einbruchs, Sachbeschädigung und einer verschärften Form von Hinterfotzigkeit. Er hätte Sie vernichtet.«

»Das hätte er mir nie nachweisen können«, sagte Bachmeier trotzig. »Ein Käfer kann von überall her kommen. Der kann fliegen.«

»Hat Ledermann Sie angerufen, ja oder nein?« Morgenstern schlug mit der flachen Hand auf den Biertisch.

»Nein, hat er nicht.«

»Das werden wir überprüfen«, kündigte Morgenstern an. »Wir haben Ledermanns Telefonlisten schon angefordert. Morgen habe ich die auf dem Tisch. Und dann werden wir sehen, ob Ledermann Kontakt zu Ihnen aufgenommen hat.«

Hecht setzte nach: »Angenommen, der Richter droht Ihnen. Und daraufhin beschließen Sie, der Sache ein Ende zu machen. So schnell wie möglich.«

»So war es nicht«, sagte Bachmeier matt. »Ich habe Ihnen die Wahrheit gesagt. Und ich will nicht noch einmal in den Knast.«

»Mit heiler Haut kommen Sie aus dieser Sache nicht raus«, donnerte Morgenstern.

»Es waren doch nur Käfer!«

»Aber was für welche! Die Sache ist Ihnen aus dem Ruder gelaufen. Ihre sogenannte Sabotage ist eskaliert.«

»Nein«, sagte Bachmeier. »Sie können Ihr Tonband ausmachen. Ich sage jetzt nämlich gar nichts mehr. Sie glauben mir sowieso nicht.«

»Schade«, sagte Morgenstern, und Hecht schaltete, nachdem er noch ein bisschen gewartet hatte, das Aufnahmegerät ab.

»Lassen Sie uns mal Ihre Insektensammlung sehen«, sagte Morgenstern. »Ich würde auch gerne ein paar von den toten Käfern mit ins Präsidium nehmen. Das glaubt uns da sonst keiner.«

»Sie können so viele haben, wie Sie wollen.« Bachmeier stand auf.

Morgenstern wollte ihm gerade ins Haus folgen, als er an die Vogelspinnen dachte und erschauerte. Er bedeutete Hecht, er solle die Insekten-Inspektion allein vornehmen, er selbst werde draußen warten.

Ein paar Minuten später kamen die beiden wieder aus der Tür. Hecht hielt eine kleine Schachtel in den Händen und gab sie Morgenstern. »Da wird Schneidt staunen«, versprach er.

»Toffifee?«, fragte Morgenstern verblüfft. »Ich schenke dem Schneidt doch keine Pralinen.« Er schob die Süßigkeitenpackung auseinander, und die golden glänzende Plastikeinlage kam zum Vorschein. Doch anstatt Pralinen lagen in den halbrunden Vertiefungen, Stück für Stück liebevoll drapiert, tote, silbrig braun glänzende Insekten mit kurzen Fühlern. Alexander von Humboldt hatte bei seiner Südamerika-Expedition kaum weniger Sorgfalt an den Tag gelegt, als er unbekannte Krabbeltiere für die Nachwelt archivierte.

Es war kaum zu glauben, dass diese harmlos scheinenden, lachhaft mickrigen Tierchen der Schrecken der Hausbesitzer sein konnten, dachte Morgenstern. Aber es war am Ende wohl so, dass Größe nicht das Entscheidende war. Die heimlichen Herrscher der Welt, das waren nicht die Säugetiere, auch nicht der Mensch, der sich so viel auf sein großes Gehirn einbildete. Es waren die Insekten, so hatte er es jedenfalls irgendwo mal aufgeschnappt. Ameisen hielten den Globus in Schach. Winzige Moskitos verseuchten die halbe Welt mit Malaria, die Tsetsefliege machte ganze Landstriche unbewohnbar. Und in Bayern wurden die Fichtenwälder von Borkenkäfern hektarweise totgefressen. Erst neulich hatte Morgenstern in der Zeitung wieder einen Aufruf an alle privaten Waldbesitzer gelesen, ihre Bäume wöchentlich auf Befall mit Buchdrucker, Kupferstecher und sonstigen gefräßigen Schädlingen zu untersuchen und überhaupt nach Alternativen zu den anfälligen Fichten zu suchen. Der Kampf gegen die Käfer war nichts anderes als ein zermürbendes Rückzugsgefecht. Im Krieg gegen die Winzlinge stand der Mensch auf verlorenem Posten.

Morgenstern warf einen letzten Blick auf Bachmeiers Käfer und schob die Schachtel wieder zusammen. Er grinste, weil ihm Wilhelm Busch einfiel, der seine Helden »Max und Moritz« einst mit Maikäfern ausgestattet hatte. Psychologische Kriegsführung gegen den arglosen Onkel Fritz. Er schüttelte die Schachtel, dass die toten Insekten rappelten, und zitierte: »›Guckste wohl, jetzt ist's vorbei mit der Käferkrabbelei!‹«

»Und was wird mit mir?«, fragte Bachmeier vorsichtig.

»Das wird sich zeigen«, sagte Morgenstern. »Allein wegen dieser Käfergeschichte kriegen Sie ein riesiges Problem. Aber Sie können sich darauf einstellen, dass wir noch weitere Fragen an Sie haben. Morgen bekomme ich die Telefonliste. Halten Sie sich bereit.«

Bachmeier nickte gehorsam.

»Und wenn Ihnen einfallen sollte, dass Sie doch mehr wissen, als Sie uns bisher gesagt haben, dann melden Sie sich umgehend.«

Wieder nickte Bachmeier.

»Und jetzt schicken Sie mir bitte Frau Ledermann raus«, befahl Morgenstern. »Ich habe heute Sprechstunde.«

Als Bachmeier im Haus verschwunden war, sah Hecht seinen Kollegen skeptisch an. »Diese Käfergeschichte ist die seltsamste Nummer, die mir jemals untergekommen ist.«

»Mein ist die Rache, spricht der Hausbock«, gab Morgenstern zurück und schüttelte die Pralinenschachtel noch einmal.

In diesem Moment kam Raphaela Ledermann aus dem Haus, wie immer ganz in Schwarz, begleitet von ihrem ebenfalls schwarzen Hund.

»Was gibt's?«, fragte sie barsch. »Haben Sie endlich rausgekriegt, wer meinen Vater auf dem Gewissen hat? Oder tappt die Polizei mal wieder im Dunkeln und kümmert sich nur um die kleinen Kiffer und die Graffiti-Sprayer?«

»Wir kommen ganz gut voran, danke der Nachfrage«, sagte Morgenstern. »Eben erst haben wir eine besonders interessante Facette dieses Falls entdeckt.« Er hielt ihr die Toffifee-Schachtel auf der flachen Hand entgegen. »Näheres können Sie von Ihrem Freund erfahren.«

Raphaela Ledermann sah ihn verständnislos an. Morgenstern hatte den Eindruck, dass sie tatsächlich nichts von Bachmeiers Guerilla-Aktion an der Schwarzmühle wusste. Sie setzten sich an den Biertisch.

»Wir würden uns gerne mit Ihnen über Ihre finanziellen Verhältnisse unterhalten.« Morgenstern wies auf Hecht, der in seiner Tasche kramte und die Kopien von Ledermanns Kontoauszügen suchte. »Wir hatten nach unserem letzten Gespräch den Eindruck, Ihr Vater und Sie hätten keinen besonders liebevollen Umgang gepflegt«, sagte er, während Hecht einen braunen Papierumschlag aus der Tasche zog.

»Na und?«, gab Raphaela Ledermann zurück und verzog das Gesicht zu einem Grinsen. »Das kommt in den besten Familien vor. Gerade in den sogenannten besten Familien.«

»Wir haben ermittelt, dass Ihr Vater Sie finanziell unterstützt hat. Mit monatlich fünfhundert Euro. Obwohl er das nicht tun müsste. Er wäre nicht verpflichtet. Sie stehen auf eigenen Beinen.«

Raphaela Ledermann streichelte ihrem Hund über den Kopf und ließ sich Zeit mit einer Antwort. Hecht zupfte solange einen passenden Kontoauszug aus dem Kuvert.

»Ein Dauerauftrag«, sagte er. »An die Hamburger Sparkasse.«

Raphaela zog den Auszug zu sich heran und las sich die Überweisungen auf dem Blatt durch. Ihre Stirn, das sah Morgenstern ganz deutlich, legte sich in Falten.

»Na und?«, sagte sie zum zweiten Mal. »Er wollte mir halt was Gutes tun. Damit ich mir mein Geld nicht auf krummen Wegen besorgen muss. Mit fünfhundert Euro kommst du in Hamburg sowieso nicht weit. Sie brauchen um die Kohle also keinen Wind zu machen.«

Sie schob den Auszug zu Hecht zurück. Der nahm ihn, warf seinerseits einen Blick darauf und fragte: »Ist Ihnen aufgefallen, dass gleichzeitig mit der Überweisung an Sie jeden Monat eine Spende für den Denkmalschutz rausgegangen ist?« Er tippte auf den Beleg. »Immer am selben Tag, genau dieselbe Summe.«

»Na und?«, fragte sie wieder. »Mein Vater war der Meinung, dass er sein Geld mit warmen Händen ausgeben sollte. So nennt man das doch, oder?«

»Und warum hat Ihr Bruder dann nichts bekommen?«, fragte Hecht.

»Vater glaubte wohl, dass ich es nötiger habe. Aurelius ist gut im Geschäft, soweit ich weiß.« Sie kraulte wieder ihren Hund, der folgsam neben ihr Platz genommen hatte.

Morgenstern wünschte sich neidvoll, jemand hätte für ihn einen solchen Dauerauftrag eingerichtet. Er dachte an den Hauskauf, den sich Fiona so wünschte, und an seine klammen finanziellen Verhältnisse. Die ganze Sache war auf Kante genäht. Er spürte einen Anflug von Panik. Was, wenn Fionas Traumhaus sich zum Alptraum entwickeln würde? Zur Brutstätte von Holzwurm und Hausbock? Als Eldorado für Pilze und Salpeter? Nachdenklich sah er die junge Frau an, deren fünfhundert Euro ihn auf diese düsteren Gedanken gebracht hatten.

»Was ist? Hat es Ihnen die Sprache verschlagen?«, fragte sie.

Morgenstern schreckte hoch. »Nein, nein, äh, ich war nur einen Moment in Gedanken bei einem anderen Thema.«

»Welchem denn?«, fragte Raphaela frech.

»Nichts, was Sie interessieren wird. Ich habe vor, mir ein Haus zu kaufen, ein altes Haus. Das ist alles.«

»Ein altes Haus? Denkmalschutz?«, forschte sie.

Morgenstern zuckte mit den Schultern. »Klar doch.«

»Dann wünsche ich Ihnen viel Spaß damit.« Raphaela Ledermann grinste diabolisch.

ZEHN

Morgenstern hatte die Post bisher immer für ein grundsolides Unternehmen gehalten. Ein bisschen langsam zwar. Sehr langsam, wenn man es genau betrachtete. Aber doch seriös vom Scheitel bis zur Sohle. Umso fassungsloser war er, als er am nächsten Morgen zu Hause am Frühstückstisch den Eichstätter Kurier aufschlug.

»Hör dir das an, Fiona«, rief er Richtung Badezimmer und las die Überschrift vor: »Briefträger unterschlägt stapelweise Postsendungen«.

Dem Artikel war zu entnehmen, dass es der Post in enger Zusammenarbeit mit der Polizei gelungen sei, einen Zusteller der systematischen Unterschlagung von Briefen zu überführen. Der Mann habe vor etwa zwei Monaten damit begonnen, die Post seines Zustellbezirks auf Wertsachen hin zu untersuchen. Noch sei unklar, wie er die Briefe unter die Lupe genommen habe, möglicherweise mit einem Infrarotgerät. Jedenfalls habe er Schecks und Geldscheine mit erstaunlicher Präzision entdeckt und die entsprechenden Briefe an sich genommen.

»So ein Sauhund«, schimpfte Morgenstern. Wie es in dem Beitrag weiter hieß, bedauere die Post den Schaden, der den Betroffenen entstanden sei, und werde jedem Einzelfall nachgehen. Die Postsendungen, allerdings ohne Schecks und Geldscheine, seien in der Wohnung des Beschuldigten gefunden worden und würden nun den Adressaten zugestellt. »Die Kripo Ingolstadt ermittelt.« Im Übrigen weise die Post ausdrücklich darauf hin, dass die Versendung von Bargeld unvernünftig sei und im Zweifelsfall »mit dem Abschluss einer entsprechenden Versicherung einhergehen« müsse. Es sei deshalb auch zweifelhaft, ob jeder Kunde sein Geld nachträglich erstattet bekomme.

Fiona kam mit nassen Haaren aus der Dusche, eingehüllt in ein großes Handtuch. »Jetzt kann man also nicht einmal mehr der Post trauen? Da können wir gleich mal bei der Verwandtschaft rumtelefonieren, dass keiner mehr unseren Kindern Geld schickt. Neulich erst hat Bastian zum Geburtstag von der Oma einen Zwanzig-Euro-Schein bekommen, damit er sich was von Playmobil kaufen kann.«

Morgenstern erinnerte sich und lächelte, ganz der stolze Vater. Bastian hatte sich von dem Geld eine Plastik-Polizeistation gekauft, mit der er seitdem hingebungsvoll Morgensterns Arbeitswelt nachspielte – oder das, was der Bub dafür hielt. Da gab es Panzerknacker auf frischer Tat festzunehmen, da klickten winzige Plastikhandschellen, und ein Drogenspürhund schnüffelte an gut gelaunten, ewig lachenden Playmobil-Menschen, die aussahen, als hätten sie allesamt LSD genommen.

»Lass mal sehen.« Fiona zog die Zeitung zu sich her. »Titting«, sagte sie und tippte auf die fett gedruckte Ortsmarke der Meldung. »Der Zusteller war drüben in Titting. Gott sei Dank war es nicht unserer. Dem hätte ich das aber auch nicht zugetraut.«

»In einen Menschen kann man nicht hineinschauen«, sagte Morgenstern weise.

»Die Kripo Ingolstadt ermittelt«, las Fiona halblaut vor. »Und du weißt mal wieder von nichts. Alles erfährt man in diesem Haus erst aus der Zeitung.« Ihr Ton hatte etwas ironisch Vorwurfsvolles.

»Meinst du, ich kriege jeden einzelnen kleinen Fall mit?«, maulte Morgenstern zurück. »Da hätte ich was zu tun, wenn ich die ganze Zeit am Flurfunk hängen würde. Nur für den Fall, dass du es vergessen hast: Ich habe gerade einen Mordfall zu klären.«

Er kam in Fahrt. »Meine Güte: So leicht wie die Kollegen müsste ich es mal haben! Da lässt dieser Postler die geplünderten Briefkuverts bei sich daheim rumliegen. Dümmer geht's nimmer. Da kann man leicht einen Fahndungserfolg haben.«

Morgenstern brummelte noch ein bisschen vor sich hin und nippte bärbeißig an seiner Kaffeetasse. Dennoch nahm er sich vor, am Vormittag bei dem Kollegen vorbeizuschauen, der den Postbotenfall geklärt hatte, und Fiona mit ein paar Informationen eine Freude zu machen. So viel Indiskretion durfte schon mal sein.

Er stand schon in der Tür, als ihn Fiona noch mal aufhielt. »Du, wegen unseres Hauses.«

»Ja?«

»Hast du was dagegen, wenn ich mich ein bisschen wegen Denkmalschutzauflagen schlaumache? Du weißt schon: Nicht dass wir uns da ein Ei ins Nest legen.«

Das Haus. Morgenstern hatte den ganzen Morgen noch nicht daran gedacht. In der Nacht allerdings, das fiel ihm nun wieder ein, hatte er einen düsteren Traum gehabt. Einen, aus dem er völlig verschwitzt, mit durchnässtem T-Shirt, aufgewacht war.

Darin war er nachts ganz allein in dem Haus gewesen, das Fiona so gerne kaufen wollte. Er war durch alle Zimmer gegangen, von einem zum anderen, doch als er zurück ins Freie wollte, war ihm der Gang durch eine Armee von Käfern und Spinnen versperrt gewesen, die sich als schwarzer, wimmelnder, ekliger Teppich vor ihm ausbreiteten. Panisch war er zum Durchgang in die Scheune zurückgewichen. Doch dort dröhnte ihm bereits ein markerschütterndes Knarzen und Knacken entgegen, das Geräusch von riesigen Kauwerkzeugen, die sich durch Holz nagten, und gerade als er nach oben zum Dachgestühl geblickt hatte, war das schwere Steinplattendach in sich zusammengebrochen. Er war zur Seite gesprungen, um sich neben dem hölzernen Hackstock in Sicherheit zu bringen – und war neben seinem Bett aufgewacht, die Arme verzweifelt um das Nachtkästchen geschlungen. Fiona hatte von alldem nichts mitbekommen. Und er selbst war kurz danach wieder in einen fast narkoseartigen Tiefschlaf gefallen.

»Das Haus«, sagte Morgenstern und versuchte zu lächeln. »Ich habe zurzeit einfach keinen Bock drauf.«

»Das kommt schon noch, Mike«, versprach Fiona. »Das kommt schon noch.«

In der Direktion setzte Morgenstern seinen Vorsatz in die Tat um und informierte sich über den diebischen Briefträger. Ein altgedienter Kollege hatte sich darum gekümmert; in seinem Büro stapelten sich all die Sendungen, die der Postbote zu Hause gehortet hatte. Der Mann, so erfuhr Morgenstern, hatte sich eigens eine Apparatur gebaut, mit der er die Briefe daheim durchleuchtet hatte. Das Gerät des Bastlers sei sichergestellt worden. Der Postler sei voll geständig. Das Geld allerdings habe er bis zum letzten Euro in der Münchner Rotlichtszene verjubelt.

»Jetzt darf ich jeden einzelnen Adressaten anschreiben«, stöhnte der Kollege, und Morgenstern war sich nun nicht mehr ganz so sicher, ob er es hier mit einem Kripo-Glückspilz zu tun hatte.

»Und ich dachte immer, bei der Post wären noch die letzten echten, korrekten Beamten aus der Zeit des Königreichs Bayern im Dienst«, grinste er.

»Schnickschnack«, winkte der Kollege ab. »Aber korrekt war unser Mann trotzdem. Er hat zu meinem Glück sorgfältig Buch geführt über seine Beute. Wie ein Kommunionkind bei der Bescherung.« Er wedelte mit einem kleinen Taschenkalender mit schwarzem Einband. »Da steht alles drin. Willst du mal sehen?«

Er hielt Morgenstern das schmale Büchlein hin, nicht größer als ein Geldbeutel. Morgenstern griff mehr aus Höflichkeit danach und blätterte darin herum.

»Tadellos«, sagte er, als er die Eintragungen sah. Dann stutzte er. Blätterte zurück, blätterte wieder vor. Sah genauer hin, und in seinem Kopf rastete etwas ein.

»Tausend Euro, zweimal in elf Wochen«, murmelte er.

»Ja, man macht sich gar keine Vorstellung, wie unvorsichtig manche Leute sind«, stimmte der Kollege zu. »Das waren zwei Kuverts an dieselbe Adresse, und jedes Mal waren tausend Euro in bar drin. In zehn Hunderterscheinen. Unglaublich.« Es schien, als könne er so viel Leichtsinn einfach nicht fassen. »Den Namen des Adressaten kann man allerdings kaum entziffern. Selermau oder so ähnlich.«

Morgenstern beugte sich über das Büchlein, um sich zu vergewissern, dass er mit seiner Vermutung richtiglag. »Das heißt nicht Selermau. Das war Post für Herrn Ledermann. Herrn Amtsrichter Dr. Rupert Ledermann in der Schwarzmühle, Marktgemeinde Titting im Landkreis Eichstätt.«

Der Kollege sah ihn einen Moment lang verständnislos an, dann fiel bei ihm der Groschen. »Die Schwarzmühle. Dein Mordfall. Ich werd verrückt!«

»Tausend Euro, jeden Monatsanfang«, fasste Morgenstern zusammen. »Immer per Post. Und du hast alle Kuverts.« Gierig griff er nach einem von vier Briefstapeln, die sorgfältig mit einem Stück Schnur gebündelt waren.

»Finger weg«, befahl der Kollege. »Das sind meine Briefe. Du bringst mir bloß alles durcheinander. Ich suche dir deine Kuverts raus.«

»Nun lass mich halt«, drängelte Morgenstern.

»Raus hier. Ich bringe sie dir in dein Büro.«

»Hoffentlich gibt es einen Absender«, sagte Morgenstern, bevor er die Tür hinter sich zumachte.

»Alles andere würde mich bei der Summe wundern«, sagte der Kollege.

Er sollte sich getäuscht haben. Morgenstern und Hecht beugten sich nachdenklich über die beiden Kuverts. Ganz normale weiße, längliche Briefkuverts. Beide Male war die gleiche Fünfundfünfzig-Cent-Sondermarke verwendet worden. Sie zeigte, wie Morgenstern interessiert erkannte, ein Fossil: den versteinerten Urvogel Archaeopteryx. Eine weltberühmte Trophäe des Altmühltals. Er selbst hatte vor einiger Zeit einen Mordfall geklärt, in dem es um Achaeopteryx-Fossilien gegangen war. Vor hundertfünfzig Jahren, das war klein auf der Briefmarke zu lesen, war das erste Exemplar dieses berühmten Urzeittiers gefunden worden. Ein Schmuckstempel neben der Marke machte Werbung für die Landeshauptstadt München. Ansonsten war bei beiden Briefen nur der Stempel des Briefverteilzentrums Freising zu sehen, der Allerweltsstempel für ganz Oberbayern.

Ein Absender fehlte. Die Adresse war mit blauer Tinte in Blockbuchstaben groß aufs Kuvert geschrieben: »Rupert Ledermann, Schwarzmühle 1, 85135 Titting«.

»Kein zusätzlich eingelegter Zettel? Kein Hinweis?«, fragte Hecht den Kollegen noch einmal.

»Das habe ich euch doch schon gesagt. Die Kuverts sind alles. Und ich sage euch: Da war nie ein Schriftstück mit dabei. Ich habe noch mal bei den anderen geklauten Briefen nachgesehen. Da ist überall noch das normale Anschreiben mit drin. Unser Postbote ist kein Mann, der etwas wegwirft. Weiß der Kuckuck, warum er das alles so gründlich aufgehoben hat.«

»Weiß der Kuckuck?«, sagte Hecht. »In dem Fall müsste man eher die Elster fragen.«

»Wir sollten den Postboten fragen, ob er irgendetwas zu diesen Briefen weiß«, schlug Morgenstern vor. »Wenn man es recht bedenkt, ist er eine der wenigen Personen, die regelmäßig zur Mühle gekommen sind.«

Sie beschlossen, die beiden Briefe ins Labor zu geben. Vielleicht ließen sich Fingerabdrücke finden, möglicherweise konnte man Speichelproben von den Briefmarken bekommen, falls der anonyme Absender die Marken nach alter Väter Sitte mit der Zunge befeuchtet hatte.

»Unser Herr Richter hat, wenn ich mir das richtig zusammenreime, jeden Monat aus trüber Quelle tausend Euro bekommen«, sagte Hecht, »hatte damit immer ein schönes Bargeldkonto unterm Kopfkissen und musste deswegen nur selten zum Bankautomaten. Da sind wir uns einig.«

Morgenstern nickte.

Hecht überlegte weiter: »Und parallel dazu überwies unser Richter Monat für Monat genau dieselbe Summe von seinem Gehaltskonto zur Hälfte an seine Tochter und zur Hälfte für einen guten Zweck.«

Wieder nickte Morgenstern.

»Können wir daraus folgern, dass er dieses Geld nicht für sich selbst behalten wollte?«

»Denkbar.«

»Weil es in irgendeiner Form schmutziges Geld war, an dem er sich nicht die Finger dreckig machen wollte?«

»Der alte Knacker war ein Mann mit Prinzipien«, sagte Morgenstern. »Das steht fest. Einer der alten Garde.«

»Und trotzdem gibt es da draußen jemanden, der ihm monatlich einen Batzen Geld schickt. Ohne Quittung. Ohne Beleg.«

»Ein Gönner«, sagte Morgenstern und grinste. *»Hey, big spender!«*

Hecht grinste zurück. »Keiner spendiert einem alten Menschen eine monatliche Apanage. So etwas bekommt bloß Prinz Charles.«

»Warum also verschickt jemand heimlich so viel Geld?«

»Bestechung«, sagte Hecht. »Rädchen schmieren. Damit der Herr Richter regelmäßig ein Auge zudrückt.«

»Regelmäßig?«, fragte Morgenstern zurück. »Wer würde schon regelmäßig mit dem immer gleichen Richter zu tun haben? Die wechseln doch am Amtsgericht bei den Fällen durch. Da hat keiner seine Stammkunden, mit denen er sich eines Tages auf einen Deal einlassen könnte. Außerdem: Nach allem, was wir über Rupert Ledermann wissen, ist er am Gericht nie durch einen Anfall von Altersmilde aufgefallen. Das hätten die anderen ganz bestimmt gemerkt, wenn er sich gegenüber einem örtlichen Drogendealer überraschend nachsichtig zeigt.«

Sie grübelten noch eine Weile, kamen aber auf keinen grünen Zweig. Einen Richter zu bestechen: Das war zwar – selbst in Bayern – nicht völlig undenkbar. Aber das würde dann immer eine Einzelaktion sein. Ein einmaliges Ereignis, bei dem dann auch nicht mit tausend Euro hantiert würde, sondern gewiss mit einer sehr viel höheren Summe.

»Weißt du noch, wann dieser Dauerauftrag für die beiden Fünfhundert-Euro-Überweisungen in Auftrag gegeben wurde?«, fragte Morgenstern.

»Vor etwa fünf Jahren.«

»Dann rufen wir jetzt diesen diebischen Postillion an«, entschied Morgenstern.

»Der sitzt zu Hause und weint in sein Kissen«, sagte der Kollege. »Ist fristlos entlassen, kann sich auf einen Prozess gefasst machen. Und muss einen Haufen Geld zurückzahlen. Das Schlimmste für ihn ist aber: Er wohnt in Kipfenberg, wo ihn jeder kennt. Der bringt in seiner Gemeinde keinen Fuß mehr auf den Boden. Der wird geächtet bis ans Lebensende.«

Der Exbriefträger ging selbst ans Telefon. Als er hörte, er könne möglicherweise Ermittlern der Kripo in einem anderen Fall helfen, war sein Eifer kaum zu bremsen. Der Mann hatte etwas gutzumachen. Und er hatte ein gutes Gedächtnis.

Rupert Ledermann habe zum Glück nicht sehr viel Post erhalten, zum Glück deshalb, weil man jedes Mal mühsam zur Schwarzmühle habe fahren müssen. Umso mehr habe er sich über sinnlose Postwurfsendungen geärgert, die an alle Haushalte gingen und von Richter Ledermann, soweit er ihn einschätzen konnte, sowieso unbesehen in die grüne Papiertonne des Landkreises Eichstätt entsorgt wurden.

Kurzum: Er entsinne sich noch gut, dass seit etwa vier – oder waren das nun schon fünf? – Jahren regelmäßig Briefe an Ledermann geschickt worden seien, von Hand adressiert, aber ohne Absender. Immer am Monatsanfang. Und immer seien die Kuverts sonderbar dick gewesen. Er habe bald schon vermutet, dass Geldscheine darin sein könnten. Wer so viel mit Briefen aller Art zu tun habe wie er, bekomme dafür mit der Zeit ein Gespür. »Wissen Sie: Man fühlt das zwischen den Fingern, wenn ein Brief nicht normal ist.«

Kurzum: Als er begonnen habe, systematisch Briefe mit Hilfe der Speziallampe auf Geld zu filzen, sei Rupert Ledermann für ihn ein fast todsicherer Tipp gewesen. »Da hätte ich meine Lampe eigentlich gar nicht gebraucht«, erklärte der Postbote mit dem Stolz eines Mannes, der sein Handwerk versteht.

Am Telefon entstand eine kurze Pause. Dann fragte der Briefträger: »Glauben Sie, dass diese Geldbriefe etwas mit dem Brand in der Schwarzmühle zu tun haben?«

»Vielleicht eher das Ausbleiben dieser Briefe«, sagte Morgenstern in einer plötzlichen Anwandlung. »Ist doch ärgerlich, wenn solche Sendungen nicht ankommen. Da denkt der Adressat womöglich, dass der andere die Zahlungen eingestellt hat, nicht wahr?«

»Na ja. Es rechnet keiner damit, dass Briefe in der Post verloren gehen. Nicht zweimal hintereinander. Oder dass sie vom Personal … zurückgehalten werden. Nein, damit kann keiner rechnen.« Der Briefträger wirkte zerknirscht. Er fühlte sich offenbar als Nestbeschmutzer, und mit einem Mal hörte Morgenstern auf der anderen Seite der Leitung ein Schluchzen.

»Schon gut, schon gut«, sagte er. »Sie haben uns jedenfalls ein Stück weitergeholfen. Alles Gute noch, für Ihren Prozess und so.« Peinlich berührt legte er auf.

Wenig später saßen Hecht und Morgenstern bei einer Tasse Kaffee in Hechts Büro.

»Die Telekom hat die Telefonlisten immer noch nicht geschickt«, schimpfte Morgenstern. »Wie soll man da ermitteln?«

Hecht grübelte: »Was ich nicht verstehe, ist dieser Dauerauftrag an die Denkmalstiftung. Das ist mir wirklich ein Rätsel.« Er schaute auf einen von Ledermanns Kontoauszügen: Deutsche Stiftung Denkmalschutz, Bonn. »Ich rufe da mal an. Die sind bestimmt todtraurig, wenn ihnen ein so großer Wohltäter abhandenkommt. Vielleicht wissen sie etwas über seine Motivation.«

Hecht war bereits ins Internet getaucht und hatte sich die Homepage der Denkmalstiftung herausgesucht. Er wählte die Telefonnummer, die für wohlmeinende Spender angegeben war, und flötete einige Sekunden später bereits mit einer Mitarbeiterin der Stiftung. Er habe ihr leider eine sehr traurige Mitteilung zu machen bezüglich eines selbstlosen Gönners aus dem Herzen Bayerns.

»Blablabla«, flüsterte Morgenstern.

Hecht ließ sich nicht beirren. Er sei Kriminalbeamter in Ingolstadt und ermittle im Todesfall Dr. Rupert Ledermann aus der Marktgemeinde Titting. Und es gebe da einen Dauerauftrag, der vor fünf Jahren eingerichtet worden sei, zugunsten der Stiftung.

»Ja, richtig, die Kriminalpolizei. Wir wüssten gerne, ob Sie den Grund kennen, warum Ihnen Dr. Ledermann so viel Großzügigkeit angedeihen ließ.«

Es dauerte eine Weile, die Frau musste offenbar irgendwelche Ordner zurate ziehen.

»Ach, Sie haben ein Schreiben von ihm«, sagte Hecht erfreut. »Was steht denn drin?«

Wenig später kam Ledermanns Brief ratternd aus dem altmodischen Faxgerät im Sekretariat des Polizeipräsidiums, vor dem sich Hecht und Morgenstern bereits ungeduldig aufgebaut hatten.

»Meine Güte, das Ding braucht dringend eine neue Druckerpatrone.« Morgenstern zeigte auf den blässlichen Ausdruck, der von langen, schlierigen Streifen durchzogen wurde.

»Sparen ist das Gebot der Stunde«, stellte Hecht fest. »Und wer kann heutzutage schon damit rechnen, dass man noch mal ein Fax bekommt? Das ist längst aus der Mode.«

Gemeinsam begannen sie, den maschinengeschriebenen Brief von Rupert Ledermann zu entziffern. Dessen Schreibmaschine war anscheinend noch deutlich älteren Datums als ihr Faxgerät und er selbst ein sparsamer Mensch gewesen, der ein Farbband erst dann wechselte, wenn es sich aus seiner Sicht amortisiert hatte.

»Sehr geehrte Damen und Herren«, las Hecht, »erfreulicherweise sehe ich mich imstande, Ihrer verdienstvollen Stiftung ab sofort … mit einer monatlichen Zuwendung helfen zu können. Nach meiner Einschätzung sind die staatlichen Stellen trotz ihres eindeutigen gesetzlichen Auftrages außerstande oder nicht willens, ihren Verpflichtungen für die Denkmalpflege in erforderlichem Umfang nachzukommen.«

Nachdem sie den bürokratischen Bandwurmsatz zusammengestöpselt hatten, sahen sich Morgenstern und Hecht erstaunt an.

»›Nach meiner Einschätzung‹?«, sagte Morgenstern. »Wie wir von Baisler wissen, hat Ledermann die Höchstförderung für seine Mühle bekommen.« Er schüttelte den Kopf. »Manchen Leuten kann man es einfach nicht recht machen.«

Hecht las weiter. »Ich habe nun eine Möglichkeit gefunden, im Rahmen meiner bescheidenen Möglichkeiten an der Behebung dieses Mangels mitzuwirken, und stelle Ihnen eine monatliche Summe von 500 Euro (in Worten: fünfhundert) zur Verfügung. Meine Erwartung ist, dass Sie diese Summe insbesondere zur Bewahrung kleiner Privatgebäude verwenden, deren Förderung bis heute vielfach … überlassen ist. Erinnert sei hier an die sog. ›Jurahäuser‹ im bayerischen Altmühltal, die Ihnen zweifellos ein Begriff sein werden. Hochachtungsvoll Dr. Rupert Ledermann«.

»Kannst du das lesen?« Hecht deutete auf ein paar besonders verschmierte Worte auf dem Fax aus Bonn.

»Nö, beim besten Willen nicht. Das muss eine uralte mechanische Schreibmaschine gewesen sein.«

Er las sich den Text noch einmal durch. »Undank ist der Welten Lohn. Wenn das die Denkmalpfleger in die Hände bekommen, sind sie bestimmt nicht begeistert.«

»Fünfhundert Euro im Monat«, sagte Hecht zum wiederholten Mal.

»Und dieselbe Summe ging an die Tochter«, sagte Morgenstern. »Wir drehen uns im Kreis.«

Er dachte nach und kritzelte dabei ein Nikolaushaus nach dem anderen auf einen Schmierzettel. »Das ist das Haus vom Nikolaus«, murmelte er dabei. Mal gelang es ihm, das Haus mit dem X mit einem durchgehenden Strich zu zeichnen, mal ging es daneben. Das große X in der Mitte des Hauses, das war es, wonach sie suchten. Das X. Mister X. Morgenstern dachte an ein uraltes Englischbuch, mit dem man ihn einst in Nürnberg an der Realschule gequält hatte. Eine Geschichte darin hatte er nie vergessen: »X for

Danger« hatte sie geheißen. Er konnte sich nicht mehr genau an die Handlung erinnern, nur so weit, dass Kinder durch ein aus Ästen gelegtes X am Boden auf drohende Gefahr aufmerksam gemacht hatten. »Das ist das Haus vom …« Wieder schaffte er es nicht, ohne den Stift abzusetzen. Genervt warf er den Kugelschreiber auf den Schreibtisch. Es war der Stift der Hanns-Seidel-Stiftung.

»Fünfhundert Euro«, sagte Hecht, als sei er ein buddhistischer Wandermönch mit klappernder Gebetsmühle, der ein neues Mantra gefunden hatte. »Fünfhundert Euro für so eine blöde Stiftung.«

»Und fünfhundert Euro für die missratene Tochter«, fügte Morgenstern hinzu.

»Tausend Euro, ordentlich geteilt«, seufzte Hecht.

»Halbe-halbe«, sagte Morgenstern, und er stutzte. »Halbe-halbe.« Er ließ die vier Silben nachklingen. »Das macht man, wenn man sich was teilt. Eine Hälfte für mich, die andere für dich, und jeder kann mit seinem Anteil machen, was er will.«

»Worauf willst du hinaus?«, fragte Hecht.

»Vielleicht waren diese tausend Euro im Monat nicht nur für den alten Herrn bestimmt, der dann gnadenhalber der Tochter etwas hat zukommen lassen. Vielleicht war das ein gemeinsames Geheimnis von Vater und Tochter.«

»Dann sollten wir sie dringend danach fragen«, sagte Hecht. »Der Zusammenhang zwischen dem mysteriösen monatlichen Tausender und dem Dauerauftrag an die Tochter liegt auf der Hand. Da bohren wir jetzt nach.«

Doch Raphaela Ledermann war nicht zu erreichen. Nicht über das Festnetz, nicht auf dem Handy. Morgenstern hinterließ ihr eine Nachricht auf der Mailbox, sie solle sich umgehend melden. Er hatte allerdings Zweifel, dass sie die Mailboxbotschaft abhören würde. Er schloss da von sich auf andere. Für Mike Morgenstern war das Handy eine weitgehend unbekannte Größe. Er hatte nie die leiseste Lust verspürt, sich damit auseinanderzusetzen. Er konnte sich mit Mühe den Code des Familienhandys merken, und von der Nutzung technischer Finessen wie SMS war er meilenweit entfernt.

Er griff sich noch einmal das Fax aus Bonn, Ledermanns Brief an die Denkmalstiftung. Eigentlich war der Brief ein einziges Beschwerdeschreiben über die amtliche Denkmalpflege.

»Diese Denkmalpfleger sitzen zwischen allen Stühlen«, sagte er zu Hecht.

»Zwischen welchen Stühlen?«

»Zwischen denen, die alles abreißen wollen, und denen, die alles perfekt machen wollen, aber dafür nicht genug Geld bekommen. Den Job würde ich nicht geschenkt wollen. Da bist du bloß der Buhmann.«

»Der Depp vom Dienst«, bekräftigte Hecht. »Aber in Ledermanns Fall kann ich den Unmut nicht begreifen. Der hat doch immer gekriegt, was er wollte.«

Morgenstern zog seinen Geldbeutel heraus und kramte darin herum. »Schau mal, was ich hier habe.« Er hielt Hecht eine Visitenkarte unter die Nase.

»Was ist das?«

»Die Handynummer des amtlichen Denkmalschützers. Dem binden wir das jetzt auf die Nase, was unser Dr. Ledermann von seinesgleichen gehalten hat.«

Er tippte die Nummer, drückte Hecht den Hörer in die Hand und stellte gleichzeitig die Lautsprechertaste des Telefonapparats an.

Es klingelte zweimal, dann meldete sich eine Stimme: »Pfunder, Landesamt für Denkmalpflege.«

»Äh, äh, also. Hier spricht Hecht, Kriminalpolizei Ingolstadt. Wir hätten da eine Frage an Sie, äh, wegen des Todes von Dr. Ledermann in Titting.«

»Wegen Dr. Ledermann? Das tut mir leid, momentan ist es ein bisschen ungünstig. Ich bin gerade auf einem Ortstermin.«

»Es ist nur eine Kleinigkeit.«

»Nein, zu Fragen von solcher Tragweite äußere ich mich nur ungern am Telefon. Wenn Sie wollen, können Sie mich aber treffen. Ich bin in Ingolstadt, im Stadttheater. Wollen Sie kurz vorbeikommen? Sie haben es ja nicht weit. Wenn ich Ihnen dann helfen kann, gerne.«

»Wo finden wir Sie?«

»Im Foyer. Ich würde vorschlagen, in einer halben Stunde.«

»Wir sind da.«

Morgenstern sah Hecht stirnrunzelnd an. »Was macht denn ein

Denkmalpfleger im Ingolstädter Stadttheater? Das ist doch der scheußlichste Betonklotz von ganz Oberbayern?«

»Die Sprengung vorbereiten?«, schlug Hecht vor. Offenbar fiel ihm die Parallele zur Schwarzmühle auf. »War bloß ein blöder Witz«, schob er deshalb hinterher. »Ich habe jedenfalls keinen Schimmer, wo da ein Denkmal sein soll.«

Das Stadttheater lag dicht an der Donau, getrennt nur durch eine breite Straße, die die gesamte Altstadt vom Fluss abschnitt und schon im Ansatz verhinderte, dass in Ingolstadt so etwas wie »Promenadenstimmung« aufkommen konnte. Die meisten Ingolstädter nahmen die Donau gar nicht wahr, und wenn, dann allenfalls als Ärgernis, wenn sich der Verkehr vor einer der Brücken staute. Das Stadttheater selbst war ein verschachteltes, flaches Betongebäude. Als Morgenstern und Hecht ankamen, übten sich an der Tür gerade ein paar junge Burschen im Kronkorken-Weitwurf.

Sie fanden Pfunder mit zwei anderen Männern im Foyer des Theaters. Er deutete gerade mit euphorischen Armbewegungen zu riesigen, neblig angelaufenen Fensterflächen. Die beiden anderen blickten bekümmert drein. Als er Morgenstern und Hecht bemerkte, winkte er ihnen zu.

»Einen kleinen Moment noch bitte. Wenn Sie draußen warten könnten, dann komme ich gleich.«

Sie sahen sich um. »Das Ingolstädter Theater«, seufzte Hecht. »Ein Ort des Grauens.«

Morgenstern blickte ihn ratlos an.

»Hier hatte ich vor dreißig Jahren den Abschlussball meines Tanzkurses. Eins-zwo-drei tscha-tscha-tscha zwo-drei. Die ganze Schrobenhausener Realschule hat damals in der Schulaula Tanzkurs gemacht, und als krönendes Finale gab es dann hier in Ingolstadt den großen Abschlussball.« Hecht sah sich seine Handflächen an. »Ich bekomme heute noch schweißnasse Hände, wenn ich nur daran denke. Ich hatte einen viel zu engen, geliehenen Nadelstreifenanzug an. Meine Tanzpartnerin war einen Kopf größer und tanzte sogar noch schlechter als ich. Und das soll was heißen. Dieser Festsaal hier: Der ist das Grab meiner Jugend.«

»Und ein Theaterstück hast du dir hier nie angesehen?«

»Doch, klar. Wo denkst du hin. Ich kann mich noch ganz gut

erinnern. Das muss damals zur selben Zeit gewesen sein. Mit der Schule. Goethes ›Faust‹.«

»Also auch vor dreißig Jahren«, sagte Morgenstern unbarmherzig.

»Ja mei«, sagte Hecht und machte sich auf den Weg. »Aber für diesen Herbst habe ich Karten fürs Chiemgauer Volkstheater: Die spielen in der Schrobenhausener Stadthalle den ›Verkauften Großvater‹.«

»Na super, dann ist die Kultur ja gerettet«, sagte Morgenstern.

Sie setzten sich vor dem Theaterbau in die Sonne und warteten auf Pfunder. Nach einer Weile kam er mit den beiden anderen heraus, die noch missmutiger schienen als zuvor, und verabschiedete sie mit einem knappen Händedruck.

»So, da wären wir«, sagte er, als er zu Hecht und Morgenstern kam. »Die beiden Herren eben waren von der Bauverwaltung im Ingolstädter Rathaus. Ich kann Ihnen sagen: Man hat's nicht leicht. Überall nur Ahnungslosigkeit und Banausentum.« Pfunder deutete auf den riesigen Betonkomplex des Theaters. »Wenn man denen freie Hand ließe … dann würden die alles abreißen. Sie würden das Haus nicht wiedererkennen.«

»Ja, vorhin erst hat mein Kollege einen ganz ähnlichen Vorschlag gemacht«, sagte Morgenstern und grinste übers ganze Gesicht.

Pfunder guckte sauertöpfisch. »Laien haben da natürlich kein Auge für, deswegen gibt es uns. Dieses Theater ist ein hochwertiges Beispiel der Architektur der 1960er Jahre. Ganz und gar großartige Architektur. Ab-so-lut schützenswert. Und dann kommen mir diese Herren«, er deutete in Richtung Rathausplatz, »dann kommen mir die mit ihren Heizkosten und undichten Fenstern und kaputten Dichtungen und tropfenden Wasserrohren. Und mit ihren Brandschutzbestimmungen! Oh, dieser verdammte Brandschutz, dieses ewige Totschlagargument. Der Bau steht unter Denkmalschutz! Seit 2003. Basta!«

Als er immer noch verständnislose Blicke erntete, fügte Pfunder hinzu: »Oder würden Sie den Eiffelturm in Paris abreißen, bloß weil er rostet? Das hier ist ein Bauwerk, um das es sich zu kämpfen lohnt. Das ist jede Mühe wert. Und ich werde kämpfen. Wie ein Löwe.« Er ballte die Hände zu Fäusten.

Dann besann er sich. »Aber deswegen sind Sie nicht hier. Sie sprachen am Telefon von Dr. Ledermann von der Schwarzmühle. Wie kann ich Ihnen helfen?«

Hecht räusperte sich. »Wir haben hier ein Schreiben von Dr. Ledermann, in dem er sich über die, ähm, über die Unfähigkeit, verzeihen Sie, der amtlichen Denkmalpflege beschwert. Und da wollten wir gerne wissen, was Sie dazu sagen.«

»Entschuldigung, haben Sie eben ›Unfähigkeit‹ gesagt?«

»Ja, so ungefähr hat sich Herr Ledermann ausgedrückt.«

»Da überraschen Sie mich jetzt«, sagte Pfunder. »Wie Sie vielleicht wissen, haben wir gerade die Generalsanierung seiner Mühle ausgesprochen großzügig unterstützt. Ich muss schon sagen, dass mich so ein Vorwurf dann besonders schmerzlich trifft.«

»Das haben wir uns gedacht«, sagte Hecht.

Pfunder atmete hörbar durch. »Das Landesamt hat draußen auf dem Land nicht nur Freunde. Wir greifen in die Nutzungsrechte von Privatpersonen ein. Wir machen Vorschriften, manchmal müssen wir auch Verbote erlassen. Wir stellen uns quer. Das ist unsere Aufgabe, im Dienste der Allgemeinheit. Glauben Sie mir, ich habe mir im Laufe meiner Amtszeit schon manchen Hausbesitzer zum Feind gemacht. Das gilt übrigens auch für Bürgermeister und Landräte. Im bischöflichen Bauamt ist man ebenfalls nicht immer gut auf uns zu sprechen. Und dass es hier in Ingolstadt knirscht, haben Sie soeben live erleben dürfen.«

»Viel Feind, viel Ehr«, sagte Hecht.

»Sie sagen es. Aber bei Dr. Ledermann hatte ich eigentlich ein anderes Gefühl. Ich war sicher, wir beide ziehen an einem Strang. Und das Ergebnis war hervorragend. Diese Mühle war ein Musterbeispiel für gelungene Zusammenarbeit.« Pfunder schüttelte den Kopf. »Ich bin da wirklich enttäuscht.«

Hecht nickte voll inniger Anteilnahme. »Wir können uns den Brief nicht recht erklären, und deshalb dachten wir, wir fragen Sie einfach danach. Nichts für ungut.«

»Schon recht«, sagte Pfunder. »Mir ist es immer lieber, wenn mit offenen Karten gespielt wird. Dieser Brief … An wen ging der denn?«

»Ach, habe ich das noch nicht gesagt? Das war ein Schreiben an die Deutsche Stiftung Denkmalschutz in Bonn. Schon vor fünf Jahren. Wir sind eben erst drauf gestoßen.«

»Die Stiftung«, sagte Pfunder mit beleidigtem Unterton. »Unsere guten Partner aus dem Ehrenamt. Eine hervorragende Einrichtung. Sehr verdienstvoll. Doch, doch. Und was wollte Dr. Ledermann damals von der Stiftung?«

»Stiften natürlich«, sagte Hecht. »Stellen Sie sich vor: Seitdem hat er jeden Monat fünfhundert Euro nach Bonn überwiesen.«

»Sehr honorig«, sagte Pfunder und schwieg dann eine Weile, als ob er diese Nachricht erst einmal sacken lassen müsste. Schließlich sagte er: »Wir haben uns für diese Mühle finanziell relativ weit aus dem Fenster gelehnt. Die Mühle war aus meiner Sicht ein Baudenkmal von überregionaler Bedeutung. In ihrer Art absolut einzigartig. Und Herr Ledermann hat uns immer vermittelt, dass er auf finanzielle Hilfe angewiesen ist.«

»Ich verstehe«, sagte Hecht. »Aber in der Tat war es so, dass Herr Ledermann finanziell gewisse Möglichkeiten hatte. Diese fünfhundert Euro an die Stiftung waren das eine, aber er hat auch seine Tochter parallel dazu mit derselben Summe unterstützt.«

»Seine Tochter«, sagte Pfunder überrascht.

Hecht nickte. Pfunder überlegte. »Nun gut, er hätte seine Zuwendungen dennoch erhalten. Das sind schließlich keine Entscheidungen, die nach Gutsherrenart gefällt werden. Wir sprechen von Steuergeldern.«

Morgenstern dachte an den Nachbau des historischen Kachelofens mit den grünen Engelsköpfchen. »Sie wissen also auch nicht, wie Dr. Ledermann zu einer so kritischen Sichtweise gekommen ist?«, fragte er.

»Nein, ganz und gar nicht. Wir hatten immer ein außerordentlich, wie soll ich sagen, partnerschaftliches Verhältnis. Über all die Jahre.« Pfunder wandte sich ab. »Ich kann das alles nicht verstehen«, sagte er. »Jetzt ist der Mann tot.«

»Eine andere Sache fällt mir gerade noch ein, Herr Pfunder: Wussten Sie, was Dr. Ledermann bei seinem Tag der offenen Tür vorhatte? Er hatte eigens die Presse eingeladen.«

Pfunder richtete sich kerzengerade auf. »Nein, was wollte er denn bekannt geben?«

»Er wollte die Gründung eines eigenen Denkmalschutzvereins ankündigen. Eines Vereins, der besonders hart um die alten Häuser kämpfen sollte. Ohne Samthandschuhe. Unter seiner Führung.«

Pfunder machte einen runden Mund. »Oh«, sagte er langsam. »Ein neuer Verein.«

»Genau«, sagte Morgenstern. »Das hätte für eine knackige Schlagzeile in der Zeitung gesorgt.«

»Da haben Sie recht.«

»Wir gehen dann wohl besser«, entschied Morgenstern. »Herr Pfunder, wenn Ihnen noch irgendetwas einfällt, rufen Sie uns bitte an.« Er gab ihm eine Visitenkarte.

Pfunder warf einen Blick darauf. »Morgenstern«, murmelte er. »Morgenstern. Den Namen habe ich erst gehört.«

»Wir haben uns neulich an der Brandruine gesprochen«, sagte Morgenstern, konnte sich aber nicht mehr erinnern, ob er sich dabei nach allen Regeln der Höflichkeit vorgestellt hatte.

»Ach, das wird's gewesen sein«, sagte Pfunder. Aber ihm war anzusehen, dass ihn diese Antwort nicht ganz zufriedenstellte.

Die Kollegen von der Kripo in Ansbach hatten ganze Arbeit geleistet: Am Nachmittag erhielt Hecht den schriftlichen Bericht über die Ermittlungen bei Rupert Ledermanns »Justizopfern«.

»Außer Spesen nichts gewesen«, sagte er, nachdem er das Schreiben gelesen hatte. »Alle vier haben Alibis.«

»Den Versuch war es wert«, meinte Morgenstern, schaute nachdenklich aus dem Bürofenster und sah, wie unten gemächlich ein Motorrad vor den Haupteingang des Präsidiums fuhr: eine schlammverspritzte Enduro-Maschine. Der Fahrer stieg ab, nahm den Helm ab und ging, ohne auch nur einen Moment zu zögern, durch die große Glastür.

»Kevin Hofmeier ist im Anmarsch«, sagte Morgenstern zu Hecht. »Jetzt packt er aus.«

Wenig später stand der junge Mann blass, aber gefasst in einem Vernehmungszimmer vor Morgenstern und Hecht, begleitet von zwei Beamten, die ihn schon an der Pforte gründlich durchsucht hatten.

Er berichtete erst stockend, dann immer flüssiger, was es mit seiner Flucht auf sich hatte. Er hatte das Gespräch der beiden Kriminalbeamten mit seinem Vater vom Fenster aus mitverfolgt und schließlich erfasst, dass es um ihn selbst ging. Daraufhin hatte er in einer Kurzschlusshandlung das Haus durch den rückwärtigen Ausgang verlassen und war mit seinem Motorrad so leise wie möglich getürmt.

»Und wo haben Sie die ganze Zeit gesteckt?«, fragte Morgenstern.

»Ganz in der Nähe. In unserem Feuerwehrhaus. Ich hab einen Zweitschlüssel. Und als ich auf Radio IN gehört habe, dass nach mir gefahndet wird, habe ich so lange wie möglich den Kopf in den Sand gesteckt. Aber das ist jetzt vorbei. Ich bin da: Machen Sie mit mir, was Sie wollen.«

»Jetzt rufen Sie als Erstes Ihre Eltern an«, befahl Morgenstern und reichte Kevin Hofmeier sein Handy. »Und dann wollen wir jedes noch so kleine Detail zu Ihrer Brandserie wissen.«

»Die Schwarzmühle … Ich war's nicht«, sagte Hofmeier.

»Haben Sie ein Alibi?«, fragte Hecht.

»Ich war im Bett.«

»Das ist zu wenig.« Hecht schaute Morgenstern an und stimmte sich wortlos mit ihm ab. Dann wandte er sich wieder Kevin Hofmeier zu. »Sie telefonieren jetzt. Danach kommen Sie bis morgen früh in die Arrestzelle, da haben Sie Zeit zum Nachdenken. Morgen sprechen wir uns wieder. Und dann wissen wir auch, ob wir Haftbefehl gegen Sie beantragen.«

Der junge Mann begann herzzerreißend zu weinen.

Morgenstern dachte an den reuigen Briefträger. »Mir wird in letzter Zeit entschieden zu viel geweint«, sagte er. »Die Männer sind nicht mehr das, was sie einmal waren.«

Am Abend gab es für Morgenstern eine Überraschung: Fiona erwartete ihn mit den Kindern bereits am Eichstätter Stadtbahnhof. Er hatte seine Ankunft per Handy angekündigt, aber dass nun gleich ein Empfangskomitee am Gleis stand, hatte es noch nie gegeben.

»Was ist denn hier los?«, fragte er in die Runde.

»Wir holen dich ab«, sagte Bastian fröhlich.

»Wir müssen dir was Tolles erzählen«, erklärte Marius.

»Wir müssen anstoßen«, sagte Fiona. »Auf geht's ins Paradeis!«

Das Paradeis, eigentlich »Restaurant-Café im Paradeis«, befand sich mitten am Marktplatz und lag zwischen dem gotischen Rathaus und der Filiale der Volksbank-Raiffeisenbank Bayern-Mitte und bestand aus zwei aneinandergebauten Häusern, die für die gastronomische Nutzung zu einer Einheit verschmolzen worden waren. Der Vorderbau war äußerlich zwar barock, aber das lag nur an der vorgeblendeten Fassade. In Wirklichkeit reichten beide Paradeis-Häuser bis ins 14. Jahrhundert zurück. Nach vorn gab es eine große Terrasse, die jetzt im Sommer ständig bevölkert war; im Inneren dominierten dunkle gotische Balkendecken. Zu rustikal für Morgensterns Geschmack. Aber genau deswegen hatte Fiona das Paradeis ausgewählt.

Die Morgensterns gingen ins Innere, obwohl draußen die Sonne schien. Morgenstern sah auf der ganze Breite eines dicken Querbalkens eine hölzerne Schlange, die aus einem einzigen Brett gesägt war und den Bezug zum »Paradeis« herstellen sollte: die falsche Schlange, die einst Eva den Apfel aufgeschwatzt hatte. Und der dumme Adam hatte mitgemacht mit der Folge, dass die ersten Menschen ab sofort »jenseits von Eden« zu wohnen hatten.

Doch zum Nachdenken blieb keine Zeit. Die Kinder zogen und zerrten an Morgensterns Ärmeln. Fiona ging geradeaus in den rückwärtigen Bereich des Lokals, wo die dunkelbraune Holzvertäfelung am rustikalsten war. Im Vorbeigehen hatte sie bei einer Kellnerin zwei Gläser Sekt und zwei Gläser Coca-Cola geordert.

»Holla«, sagte Morgenstern. »Heute ist was im Busch.« Dabei wurde es ihm immer mulmiger, denn er konnte sich nur zu gut vorstellen, worum es ging. Er hatte den ganzen Tag über immer wieder an seinen Alptraum denken müssen.

Die Bedienung brachte die Getränke auf einem Tablett. Fiona verteilte die Gläser, hob dann feierlich ihre Sektflöte und verkündete: »Ich habe mit der Bank alles klargemacht. In nicht einmal einer Woche unterschreiben wir den Kaufvertrag für unser neues Haus. Mittwoch, zehn Uhr dreißig, ist Termin im Notariat an der Weißenburger Straße.«

Morgenstern fiel das Herz in die Hose. »Na dann prost«, sagte er, und es gelang ihm beim besten Willen nicht, ähnlich feierlich wie Fiona zu klingen. Alle stießen an, wobei die Kinder kicherten. Morgenstern trank sein Glas in einem Zug aus und hatte danach das Gefühl, er sollte den Sektkelch am besten gleich nach altem russischen Brauch gegen die Wand werfen. Er winkte der

Kellnerin und bestellte sich einen Averna mit Eis. Auf diesen Schreck brauchte er einen Magenbitter.

Fiona ignorierte die Bestellung und begann zu erzählen. Am Vormittag habe die Immobilienmaklerin angerufen. Der Tierschutzverein sitze ihr im Nacken und wolle das Haus so rasch wie möglich versilbern. Sie, Fiona, habe das als Signal verstanden, dass der Preis noch nach unten gedrückt werden könne, und habe die lächerlich niedrige Summe von fünfzigtausend Euro vorgeschlagen. Die Maklerin habe nach Rücksprache mit der Vereinsvorsitzenden fünfundfünfzigtausend angeboten. Und da habe sie, Fiona, zugeschlagen. Die Sparkasse übernehme die Finanzierung, das habe sie alles noch am Vormittag geklärt, berichtete Fiona mit leuchtenden Augen.

»Als die gehört haben, dass du Beamter bist, hätten die mir jeden Kredit der Welt gegeben.«

»Das erinnert mich an die Lehman Brothers in Amerika«, moserte Morgenstern. »Die haben den Leuten das Geld hinterhergeworfen, bis am Ende die ganze Blase geplatzt ist. Ich sehe schon vor mir, wie ein Fernsehteam von RTL mit diesem Schuldnerberater vor unserer Tür steht.« Mit näselnder Stimme ahmte Morgenstern den TV-Berater nach: »Ich stehe hier vor dem Haus der Familie Morgenstern in Eichstätt. Das Ehepaar hat mich zu Hilfe gerufen, weil die Zwangsversteigerung ihres denkmalgeschützten Anwesens droht.«

»Ach, Mike«, sagte Fiona. »Das ist alles kein Problem. Das machen wir mit links. Außerdem: Das mit dem Denkmalschutz ist noch gar nicht sicher.«

Morgenstern zog eine Schnute. »Mit mir redet ja keiner.«

»Ich habe zuerst bei der Stadtverwaltung angerufen. Das Haus ist in die Denkmalliste eingetragen und natürlich schützenswert.« Sie lächelte. »Deswegen kaufen wir es ja auch. Ich habe mich wirklich in dieses Haus verliebt. Liebe auf den ersten Blick. Wie damals bei dir.«

Die Kinder stießen sich mit den Ellbogen an und kicherten wieder. Morgenstern lächelte gequält. Ihm ging das alles viel zu schnell. War das wirklich möglich, dass er innerhalb einer Woche zum Haus- und Grundbesitzer wurde? Hier im Altmühltal, fernab von Nürnberg?

Sein Averna kam. Er hielt sich eine Weile an dem dickwandigen eiskalten Glas fest. Spürte, wie seine schwitzigen Hände abkühlten.

Im Hintergrund dudelte aus einem Lautsprecher das Feierabendprogramm des Regionalsenders Radio IN. Oldies. Morgenstern brauchte einen Moment, bis er die Melodie erkannte: »Das alte Haus von Rocky Docky« von Bruce Low.

»Das alte Haus von Rocky Docky hat vieles schon erlebt …« Er begann, fast schon zwanghaft, mitzusingen »… kein Wunder dass es zittert, kein Wunder dass es bebt. Das alte Haus von Rocky Docky sah Angst und Pein und Not. Es wartet jeden Abend aufs neue Morgenrot.«

Die Kinder sahen ihn mit großen Augen an und kicherten nicht mehr.

»Nun lass mich mal weitererzählen«, drängte Fiona. »Die bei der Stadt meinten, ich sollte auch beim Landesamt für Denkmalpflege in München anrufen. Die hätten sich das Haus vor einiger Zeit schon mal angesehen.«

»Und?«

»Ich habe angerufen. Gleich danach.«

Morgenstern beugte sich nach vorn. »Was sagen die?«

»Sie waren sich nicht ganz sicher, was sie von dem Haus halten sollen. Der Mann, mit dem ich telefoniert habe, war derselbe, der diese öffentliche Führung am Kapellbuck gegeben hat. Der heißt Pfunder. Er kennt das Haus und hat gesagt, dass es ein Grenzfall ist. Er wollte wissen, was wir damit vorhaben.«

»Was hast du ihm gesagt?«, fragte Morgenstern.

»Umbauen. Und dass wir nicht sehr viel Geld haben. Denkmalschutz wäre schwierig für uns, weil es da so viele Auflagen gibt. Er hat sich das alles in Ruhe angehört und hatte viel Verständnis für mich.«

»Und?«

»Er hat gesagt, dass man mit ihm reden kann. Es ist eben nicht eindeutig. Es hängt alles von seiner Stellungnahme ab.« Fiona nippte an ihrem Glas. »Für mich hat sich das so angehört, als ob das überhaupt kein Problem ist.«

»Na super«, sagte Morgenstern. »Und wie geht das weiter?«

»Er hat mir angeboten, dass er sich das Haus noch einmal anschaut. Als Privatgutachter sozusagen. Und dass die Sache dann bestimmt gut ausgeht.«

»Ein Privatgutachten?«, fragte Morgenstern erstaunt.

»So ähnlich hat er es ausgedrückt. Er hat nebenbei noch ein kleines Beratungsbüro, sagt er.«

»Wofür die Leute alles Zeit haben«, sagte Morgenstern. »Die sind alle nicht ausgelastet in ihren Behörden da droben in München.«

»Dieser Pfunder will sich schon morgen früh um acht mit mir am Haus treffen. Ich soll allein kommen, damit nicht so viel Trubel ist.«

Morgenstern trank seinen Averna auf einen Zug aus, nur noch die Eiswürfel klackerten im leeren Glas. Er knallte das Glas auf den Tisch. »Ich glaube, ich weiß jetzt, was das für ein Spiel ist«, sagte er dann. »Fiona, hat der Mann in irgendeiner Weise von Geld geredet?«

Fiona wurde rot, was Morgenstern bei ihr bisher äußerst selten erlebt hatte. »Du willst mir bloß den Abend verderben«, sagte sie, und es schien fast, als würde sie gleich zu schluchzen beginnen. »Du willst nur, dass wir dieses Haus nicht kaufen, nicht wahr, Mike?«

»Darum geht es jetzt überhaupt nicht, Fiona.«

»Geht es eben doch.« Zornig stampfte sie mit dem Fuß auf. Die Kinder zogen die Köpfe ein. »Ich regele das Ganze für uns, kümmere mich um alles, laufe von Pontius zu Pilatus und schaffe es am Ende sogar noch, dass dieses Haus von der Denkmalliste gestrichen wir. Was ist schon dabei, wenn dieses Gutachten dann fünfhundert Euro kostet? Das ist es definitiv wert.«

»Fünfhundert Euro«, wiederholte Morgenstern langsam.

Auf dem Heimweg machten sie bei der Sparkasse halt. Morgenstern hob am Automaten Geld ab. Fünfhundert Euro in zehn Fünfzig-Euro-Scheinen. Er steckte das dünne Geldbündel in die Brusttasche seiner Jeansjacke und knöpfte sie sorgfältig zu. So viel Geld hatte Rupert Ledermann monatlich an die Denkmalstiftung gespendet, dachte er. Und genauso viel an seine Tochter.

Als sie zu Hause waren, die Kinder ins Bett gesteckt hatten und mit einer Flasche Rotwein auf dem kleinen Balkon saßen, war

Morgenstern schweigsam wie nie. Unablässig kreisten seine Gedanken um Lothar Pfunder und Rupert Ledermann. Und auch Raphaela Ledermann fiel ihm ein. Wusste sie, woher das Geld kam, das ihr Vater ihr monatlich überwies?

Fiona ging ins Bett, und Morgenstern versprach, bald nachzukommen. Es war zehn Uhr abends und schon dunkel. Morgenstern, ermutigt durch Prosecco, Averna und Rotwein, suchte die Handynummer der jungen Frau, fand sie aber nicht. Er beschloss, in der Wohngemeinschaft des Hausbock-Züchters anzurufen.

Bachmeier ging nach zweimaligem Klingeln ans Telefon. »Nein, Raphaela ist nicht da«, beantwortete er unmotiviert kichernd Morgensterns Frage. »Wo sie wohl sein wird? In Eichstätt, in ihrer Lieblingskneipe.« Wieder kicherte er.

»Sie sollten nicht so viel verbotenes Zeug rauchen«, empfahl Morgenstern. »Sonst bringen Sie Ihre Doktorarbeit über den Hausbock nie fertig. Die Welt wartet drauf.« Damit legte er auf.

»Na, auch mal wieder hier?«, sagte der Wirt, als Morgenstern das Lokal betrat.

Morgenstern sah sich um. »Ich suche nach Raphaela Ledermann. Die sollte eigentlich hier sein.«

»War sie auch. Bis vor zehn Minuten. Wollen Sie ein Bier?«

Morgenstern nickte. »Wurm-Bräu.« Er grinste. »Holzwurm. – Sagen Sie mal, haben Sie ›The House of the Rising Sun‹ in Ihrem Computer?«

»Logisch«, sagte der Wirt und klickte sich durch seine Musiksammlung.

Wenig später schmetterte Morgenstern bereits freudig aus voller Kehle: »There is a house in New Orleans …« Die Zeile, in der es heißt, das Haus habe viele arme Jungs in den Ruin getrieben, sang er besonders laut mit.

»Ich kaufe mir jetzt auch ein altes Haus«, erzählte er dem Wirt unaufgefordert.

»Viel Spaß dabei. Wo denn?«

Morgenstern deutete vage nach Norden. »Da oben«, sagte er. Fiona hatte ihm eingeschärft, vor dem Notartermin noch nicht zu viel Wind um den Kauf zu machen. Nicht dass am Ende noch schlafende Hunde geweckt würden.

»Teuer?«, fragte der Wirt.

»Nein, kann man eigentlich nicht sagen«, murmelte Morgenstern.

Ein anderer Gast, der bis dahin schweigend am Tresen gesessen war, wandte sich an Morgenstern. »Da oben?«, fragte er. »Das wird dann wohl das Hallhuber-Haus sein.«

Als Morgenstern nicht antwortete, erklärte er dem Wirt: »Das ist diese uralte Burg mit dem Stadel. Die steht schon seit zehn Jahren leer. Die will keiner haben. Ich würde sie auch nicht wollen. Nicht einmal geschenkt.«

Morgenstern war beleidigt und wandte dem Lästermaul demonstrativ den Rücken zu. Auch wenn er von dem ganzen Projekt nicht restlos überzeugt war: So unqualifizierte Bemerkungen hatte das Haus nicht verdient. Es war eigentlich ein schönes Haus, fand er jetzt, wo er sich plötzlich in der Verteidigungsposition befand. Wie hatte die Maklerin gesagt: ein Rohdiamant. Er ärgerte sich, dass er hergekommen war und noch ein fast volles Glas Bier vor sich stehen hatte. Nun musste er sich mit einem solchen Ignoranten abgeben, der von Jurahäusern keine Ahnung hatte. Wenn Fiona hier wäre, die würde dem Kerl die Leviten lesen und ihm sämtliche Ausgaben des Vereinsmagazins »Das Jurahaus« um die ungewaschenen Ohren schlagen.

Morgenstern trank sein Bier in mehreren großen Schlucken aus.

»Ich geh dann wohl besser«, sagte er, immer noch beleidigt und inzwischen auch deutlich angeschlagen.

»Jetzt warten Sie halt«, sagte der Wirt. »Vielleicht kommt die Raphaela wieder.«

Der Gast schaute Morgenstern überrascht an. »Du suchst die Raphaela?«

»Habe ich doch gerade schon gesagt.«

»Hab ich nicht mitgekriegt.« Der Gast trank von seinem Bier. Wischte sich dann gemächlich den Mund ab und überlegte offenbar, was er diesem seltsamen Kneipenbesucher wohl erzählen durfte. Dann grinste er verschwörerisch. »Sie hat vorhin telefoniert, hinten beim Klo. Ich hab zufällig mitgehört. Sie wollte mit'm Motorrad zum Friedhof fahren, um sich mit einem Typen aus München zu treffen. Das ist bestimmt so 'ne Gothic-Sache. Schrill, oder?«

Morgenstern stand so abrupt auf, dass der Barhocker umkippte. »Am Friedhof?«, fragte er. »Mit einem Typen aus München?«

»Ist doch lustig. Oder nicht?«, fragte der Gast ratlos.

Morgenstern ging hinaus auf die Straße und lief die Luitpoldstraße hinab. Erst langsam, dann begann er zu rennen. Er bog in eine schmale Gasse nach links ab, die mitten durch einen alten Stadtmauerturm führte. Zur Linken, direkt an die Stadtmauer gebaut, befand sich das Gemeindezentrum der Katholischen Hochschulgemeinde. Die ganze Gasse war mit Fahrrädern zugestellt, denn die Hochschulgemeinde betrieb eine florierende Kneipe. Ein paar Studenten, die gerade ihre Räder abstellten, sahen dem rennenden Morgenstern erstaunt hinterher. Es ging über den Kardinal-Preysing-Platz, dann hinter einem Blumenladen wieder nach links, dann noch einmal hundert Meter geradeaus.

Schwer atmend stand Morgenstern vor dem schmiedeeisernen, doppelflügeligen Haupttor des großen Friedhofs, der sich in der Ostenvorstadt direkt hinter der Eichstätter Altstadt befand. Er überprüfte das Tor. Es war verschlossen. Hätte er sich denken können. Sein Herz schlug wild, er spürte den vielen Alkohol, den er heute schon zu sich genommen hatte. Vorsichtig sah er sich um, ob er vielleicht von den umliegenden Häusern aus beobachtet wurde. Alles schien ruhig. Er zögerte kurz. Dann zog er sich an dem Gittertor des Friedhofs hinauf. Er schwang gerade das rechte Bein über die spitzen Eisenstangen des Tors – eine ausgesprochen missliche Position –, als ihn der unbarmherzige Strahl eines Autoscheinwerfers frontal erfasste und blendete.

»Verdammt«, sagte er halblaut.

Der Wagen kam näher. Jetzt war auch zu erkennen, was für ein Auto das war: ein Streifenwagen der Polizeiinspektion Eichstätt.

Ein Beamter stieg aus und herrschte Morgenstern an: »Kommen Sie sofort da runter!«

Morgenstern lächelte gequält. »Hallo, Kollegen. Ich bin's. Mike Morgenstern von der Kripo.«

»Ich glaub, mich tritt ein Pferd«, sagte der Streifenbeamte. »Was hast du denn vor?«

Nachdem Morgenstern umständlich wieder zum Boden zurückgekehrt war, schilderte er die Situation. Gemeinsam mit den beiden Kollegen umrundete er daraufhin den Friedhof auf der

Suche nach ungebetenen Besuchern. Zehn Minuten später war klar, dass der Eichstätter Friedhof an diesem Abend ganz allein den Toten gehörte. Alle Eingänge waren ordnungsgemäß verschlossen. Im Inneren war nichts Verdächtiges zu hören oder zu sehen.

»Das gibt's doch nicht«, sagte Morgenstern. »Sie muss hier irgendwo sein.«

»Also noch mal, ganz langsam, zum Mitschreiben«, sagte einer der beiden Streifenbeamten. »Du suchst die Tochter dieses ermordeten Dr. Ledermann. Und die trifft sich mit einem Mann konspirativ auf dem Friedhof.«

»Genau.«

»Auf dem Eichstätter Friedhof?«

»Ja, sag ich doch«, gab Morgenstern genervt zurück. »Eben war sie noch in der Kneipe an der Luitpoldstraße, da hat man mir das gesagt.«

»Was genau hat man dir gesagt?«

»Dass Raphaela Ledermann sich mit jemandem auf dem Friedhof trifft.«

Die beiden Streifenbeamten sahen sich an. »Diese verrückten Gruftis!«, sagte der eine.

Der andere nickte. »Steig ein, Morgenstern! Du bist am falschen Friedhof.«

»Aber es gibt doch nur einen einzigen Friedhof hier, den Ostenfriedhof«, protestierte Morgenstern, während er sich auf den Rücksitz des Streifenwagens quetschte.

»Den einzigen Friedhof, der in Benutzung ist«, konkretisierte der Beifahrer. »Aber am anderen Ende der Altstadt, draußen an der Westenstraße, da liegt der alte Westenfriedhof. Die Leute sagen auch Pestfriedhof dazu.«

»Hab ich noch nie gehört«, sagte Morgenstern.

»Muss man auch nicht kennen. Der ist schon seit Ewigkeiten aufgelassen. Aber er ist immer noch ein Friedhof. Mit uralten Grabsteinen und großen Bäumen. Wie ein kleiner Park.«

Der Streifenwagen jagte durch die Innenstadt. Sie fuhren über den Marktplatz, die Westenstraße hinaus.

»Wo soll dieser Friedhof sein?«, fragte Morgenstern.

»Da vorn, gleich rechts, gegenüber der Einfahrt zum Freibad.«

Morgenstern sah ein dunkles Kirchlein, eine Kapelle, deren

Glockenturm sich gegen den Nachthimmel abhob. Daneben eine Mauer mit einem hölzernen Gittertor. Ein paar steinerne Stufen führten zum Eingang. Der alte Pestfriedhof war an den Hang gebaut.

Sie stellten den Wagen ab und gingen die Treppen zu dem steinernen Torbogen hoch. Leise drückte Morgenstern die schlichte Türklinke. Das Tor war unverschlossen.

Morgenstern war froh, dass er die Begleitung der beiden Landpolizisten hatte. Die beiden hielten sich geräuschlos hinter ihm und lauschten. Doch das Einzige, was sie hörten, war das Rauschen der großen Bäume, die am ummauerten Hang standen. Hüfthohe schmale Grabsteine mit altertümlichen Schriften standen über das Gelände verstreut. Den Mittelpunkt bildete eine steinerne Kreuzigungsgruppe: Jesus am Kreuz, vor ihm, kniend, seine Mutter und der Apostel Johannes. Nachbarhäuser waren dicht an den Gottesacker gerückt. Ein Anwohner hatte sogar einen kleinen Schuppen direkt auf die Friedhofsmauer gebaut. Und doch wirkte der Friedhof wie aus einer anderen Welt.

Die Beamten gingen bis zum gekreuzigten Jesus und sahen sich um. An einem Grabstein war eine Tafel angebracht.

»Die Kettnerin«, sagte einer der Polizisten, nun schon lauter, nachdem von Raphaela Ledermann auch hier jede Spur fehlte. »Die Kettnerin war eine Frau aus Titting. Hat sich vor zweihundert Jahren als Soldat verkleidet und im Krieg mitgekämpft, bis man ihr eines Tages draufgekommen ist. Sie ist ehrenhaft entlassen worden, mit lebenslanger Pension. Dafür müssen wir noch ein paar Jahre arbeiten.«

»Du solltest Stadtführer werden«, schlug Morgenstern vor.

Gemeinsam gingen sie zurück zum Ausgang. Die Friedhofskapelle lag dunkel vor ihnen. Ein Gerüst war auf der Rückseite aufgestellt, anscheinend wurde das kleine Gotteshaus gerade renoviert. Einer der Beamten nahm seine Taschenlampe vom Gürtel und leuchtete auf die Kirchenmauer. Ein Werbeplakat war ans Gerüst gehängt: »Zimmerei Willibald Huber. Ihr Dachstuhl-Profi aus dem Altmühltal«. Der Strahl der Stablampe traf ein zweites, kleineres Schild: »Romanowski – Holzschädlingsbekämpfung«. Darunter war groß die schwarze Silhouette eines Käfers abgebildet.

Die Kapelle hatte an der Friedhofsseite zwei schmale, hohe Fenster mit gotischen Spitzbögen, außerdem eine niedrige hölzerne Tür. Morgenstern ging langsam darauf zu. Er schaute zu den beiden Kollegen. Einer nickte und hielt demonstrativ die rechte Hand auf die Pistole an seiner Seite. Kein noch so winziger Lichtschein drang aus den hohen Fenstern, kein Laut.

Morgenstern hielt kurz inne. Da ist nichts, dachte er. Dann sah er den Schlüssel. Ein großer, alter Schlüssel steckte außen im Türschloss. Morgenstern drückte die Klinke und zog sachte. Die Tür war abgesperrt. Er wollte den Schlüssel gerade im Schloss drehen, als ihm auffiel, dass an der Holztür drei gelbe Plastikteile hingen. Die Reste einer Informationstafel, die rabiat abgerissen worden war. Aus dem Augenwinkel sah er, dass im Gras, etwas abseits, ein gelbes Schild lag, achtlos zur Seite geworfen. Es war ein dreieckiges Schild aus Kunststoff, wie ein Verkehrszeichen, die Spitzen abgebrochen. Er deutete darauf, und der Lichtstrahl der Taschenlampe folgte seinem Finger. Das Schild war umgedreht, die Schrift nicht zu lesen. Morgenstern wandte sich von der Tür ab, bückte sich und drehte das Schild um. Die Taschenlampe tauchte es in gleißendes Licht. Das Schild zeigte einen Totenkopf mit zwei gekreuzten Knochen. Morgenstern legte es leise wieder auf den Boden.

Langsam, wie in Zeitlupe, ging er auf die dunkle Kapelle zu. Zwei Taschenlampen leuchteten ihm nun den Weg. Vorsichtig drehte er den Schlüssel in dem jahrhundertealten Schloss. Mit einem metallenen Knarzen schob sich im Inneren ein eiserner Bolzen zur Seite. Leicht schaudernd zog er die Tür nach außen auf. Der Strahl der Taschenlampen tastete sich durch den kleinen Raum.

»Da liegt jemand«, rief einer der Beamten. Sein Taschenlampenkegel huschte über den steinernen Boden aus polierten Solnhofener Platten.

Mitten in der Kapelle, zusammengekrümmt, lag ein lebloser Körper. Morgenstern lief hinüber, beugte sich hinab und drehte den Körper zur Seite. Er blickte in ein wächsernes Gesicht mit herausquellenden Augen. Die Zunge spitzte bläulich aus dem Mund. Die Haare über der Stirn trieften vor Blut.

Morgenstern atmete tief ein. »Lothar Pfunder. Denkmalpfleger«, keuchte er und drehte sich zu den Kollegen um, die draußen stehen geblieben waren. Er holte nochmals tief Luft, spürte einen seltsamen Geruch in der Nase. Dann war ihm, als würde ihm eine unsichtbare Pranke die Kehle zuschnüren. Er hielt sich die Hand an den Hals. Ihm wurde schwarz vor Augen.

ELF

Als er wieder aufwachte, lag Morgenstern im Gras, über ihm der gekreuzigte Herr Jesus Christus, neben ihm der Jünger Johannes mit flehentlich gefalteten Händen. Es sah aus, als würde der Apostel für den Mann zu seinen Füßen ein gutes Wort erbitten wollen. Einer der Polizeibeamten verpasste Morgenstern Ohrfeigen.

»Hör sofort auf«, hustete Morgenstern und richtete sich auf. Keine drei Meter neben ihm, bei der Jungfrau Maria, war Lothar Pfunder ins Gras des Friedhofs gebettet. Über ihm kniete der andere Streifenbeamte. Mit beiden Händen presste er rhythmisch auf Pfunders Brustkorb. Morgenstern konnte in der Dunkelheit nicht erkennen, ob die Bemühungen irgendeinen Effekt hatten. Er hustete erneut. In der Ferne hörte er das Signal eines Rettungswagens.

»Um Gottes willen!« keuchte Morgenstern. »Was ist denn in dieser Kirche los?«

»Gas«, sagte der Kollege. »Chemische Schädlingsbekämpfung. Deswegen das Schild mit dem Totenkopf. Die räuchern die ganze Kirche mit irgendeinem Gas aus.« Er sah Morgenstern sorgenvoll an. »Du hast ein paar Atemzüge davon abgekriegt. Ich hab dich an den Füßen vom Eingang weggezogen. Und der Kollege hat den Mann da geborgen.« Er zeigte auf Lothar Pfunder, der immer noch eine Herzmassage erhielt.

Morgenstern kannte die alte Regel: Wer einmal mit der Herzmassage begonnen hatte, durfte nicht mehr damit aufhören, bis ein Rettungssanitäter da war und den Fall übernahm.

»Ist er …?«, fragte Morgenstern.

»Tot? Weiß ich nicht. Er hat ja auch diese Wunde über der Stirn.«

Der Lärm des Martinshorns kam immer näher, bis er schließlich verstummte. Der Wagen hatte direkt am Friedhofseingang gehalten.

Das Zucken des Blaulichts wäre unter anderen Umständen, zwischen all den alten Grabsteinen, gespenstisch gewesen, aber nun wirkte es auf Morgenstern befreiend. Er rappelte sich auf, wobei er sich kurz am heiligen Johannes festhalten musste, dann ging er den heraneilenden Sanitätern entgegen.

»Schnell, da drüben liegt er«, rief er und deutete zur Kreuzigungsgruppe.

Er selbst ging noch einmal zur Kapelle. Die Tür war inzwischen wieder fest geschlossen. Morgenstern versperrte sie mit dem großen Schlüssel, der immer noch im Schloss steckte. Dann bückte er sich nach dem Warnschild und hob es auf. Sorgfältig klemmte er es über der Klinke fest. Der Totenkopf grinste ihn an.

»Vergiss es«, flüsterte Morgenstern dem knochigen Schädel zu. »In meiner Sanduhr sind noch massig Körner.«

Kurz danach rückte die Eichstätter Feuerwehr mit mehreren Fahrzeugen an. Die Männer leuchteten den Friedhof mit einem hoch aufgerichteten Lichtmast aus. Morgenstern erkannte den Kommandanten und klärte ihn über das Gas in der Kapelle auf.

»Das haben wir gleich.« Der Kommandant sprach ein paar Sätze in sein Funkgerät. Wenig später kamen drei Feuerwehrmänner mit Atemschutzgeräten und stellten einen kühlschrankgroßen Apparat vor der Tür auf. Ein starker Ventilator.

»Den verwenden wir, wenn wir ein verrauchtes Haus entlüften müssen. Das geht ganz schnell. Bei der kleinen Kapelle ist das eine Sache von zwei Minuten.«

Auf Kommando öffneten die Männer mit den Atemschutzmasken die Tür, schoben den Apparat in den Eingang, schalteten ihn ein und zogen sich zurück.

Kurz darauf trugen zwei Sanitäter des Roten Kreuzes Lothar Pfunder auf einer Trage an Morgenstern vorbei zur Straße hinab, zum wartenden Rettungswagen. Morgenstern wertete das als Zeichen, dass für den Denkmalschützer noch Hoffnung bestand.

»Wo bringen Sie ihn hin?«, fragte er.

»Erst einmal in die Klinik hier in Eichstätt, alles Weitere wird man sehen.«

Blitze zuckten, als die Trage in den Rettungswagen geschoben wurde. Die Lokalpresse war also auch schon informiert und fotografierte.

»Und was machen wir jetzt?«, hörte Morgenstern eine Stimme hinter sich. Er wandte sich um. Verschwitzt stand der Streifenbeamte neben ihm, der Lothar Pfunders Herz offensichtlich mit Erfolg bearbeitet hatte.

»Großfahndung«, sagte Morgenstern. »Großfahndung nach Raphaela Ledermann und ihrem geliehenen Motorrad. Ein Geländemotorrad der Marke Suzuki, mit Weißenburger Kennzeichen. Zugelassen auf Andreas Bachmeier aus Raitenbuch.«

Der Beamte nickte. Sein Kollege kam den gewundenen Kiesweg herabgelaufen.

»Schau mal. Das ist oben liegen geblieben.« Er hielt Morgenstern einen dunkelgrünen Trachtenjanker mit Hirschhornknöpfen und aufgenähten ledernen Eichenblättern am Kragen entgegen.

»Bin ich vielleicht das Fundbüro?«, fragte Morgenstern genervt. Dann erkannte er, dass es sich nur um Pfunders Jacke handeln konnte, die ihm wohl von einem der Sanitäter ausgezogen worden war. Er nahm die schwere Trachtenjoppe und klemmte sie sich unter den Arm.

»Großfahndung!«, wiederholte er, nahm sein Handy und tippte eine Kurzwahlnummer ein: Peter Hecht in Schrobenhausen.

»Mensch, ich bin gerade auf dem Weg ins Bett«, schimpfte Hecht. »Was ist denn los?«

»Der Teufel ist los, Spargel.« Er erklärte kurz, was passiert war, und Hecht versprach, schnellstmöglich ins Altmühltal zu kommen.

»Wir treffen uns bei der Polizeiinspektion in Eichstätt«, sagte Morgenstern.

Er warf einen letzten Blick zu der Kapelle, wo die Feuerwehrleute eben den Ventilator abstellten. Im harten, grellen Licht des Scheinwerfers sah er im Gras neben dem Eingang etwas Helles glänzen, das er bisher übersehen hatte. Er ging darauf zu und winkte dann ab. Es war nur ein Stück einer zerbrochenen dünnen Kalksteinplatte. Die Friedhofsmauer war mit diesen Platten gedeckt. Legschiefer, wie er auch auf den Dachstühlen der Jurahäuser lag. Immer sechs Lagen übereinander. Ohne Mörtel, ohne Kleber, ohne Nagel. Nur durch das eigene Gewicht gehalten. Doch hier, an der Friedhofsmauer, waren etliche Platten im Laufe der Jahre abgerutscht und auf den Boden gefallen.

Morgenstern gab der Platte im Gras einen Tritt mit dem Stiefel. Etwas Rotes schimmerte an ihrer harten Bruchkante. Er beugte sich hinab, tippte das Rote mit dem Zeigefinger an und hielt ihn gegen das Licht des Scheinwerfers: Blut.

Er ließ sich von einem Streifenbeamten eine Plastiktüte bringen und legte das Schieferstück sorgfältig hinein. »Die Tatwaffe«, sagte er.

»Ein Angriff mit einer Legschieferplatte«, antwortete der Beamte kopfschüttelnd. »Bei uns geht's zu wie in der Steinzeit.«

Von mehreren Türmen der Stadt schlugen die Glocken Mitternacht. Vom Dom, vom Rathausturm und von der Klosterkirche St. Walburg. Draußen vor dem Friedhof hatten sich zahlreiche Schaulustige aus der Nachbarschaft versammelt, manche hatten erkennbar nur schnell das nächstbeste Gewand über Schlafanzug oder Nachthemd gezogen und waren in Plüschpantoffeln auf die Straße geeilt, um das Spektakel nicht zu verpassen. Als Morgenstern aus dem Tor des Friedhofs kam, von zwei uniformierten Polizisten begleitet, musterten ihn die Gaffer neugierig. Manche vermuteten wohl, der Mann in der Jeansjacke werde soeben abgeführt, was auch immer er auf dem finsteren Pestfriedhof angestellt haben mochte.

Als sie zum Streifenwagen gingen, wich die Menge tuschelnd zur Seite.

»Einen Moment, Kollegen«, sagte Morgenstern, blieb stehen und wandte sich an die Schaulustigen. »Ist einer von Ihnen der Mesner oder die Mesnerin dieser Kapelle?«

Eine etwa fünfundsiebzigjährige Frau, rundlich, mit einer dunkelblauen Strickweste, Rock und Filzpantoffeln an den bloßen Füßen, meldete sich, als wäre sie in der Schule. »Das bin ich«, sagte sie. »Bauer, Katharina.«

»Aha, Frau Bauer. Können wir uns vielleicht kurz unterhalten? Ich bin von der Kripo Ingolstadt.«

Die Menge nahm diese Auskunft mit einem interessierten Kopfnicken und anschwellendem Wispern zur Kenntnis. Morgenstern ging mit der Mesnerin auf die andere Straßenseite.

»Der Friedhof war heute Nacht offen, Frau Bauer. Und die Kapelle hat zwei Türen. Eine vorn zur Straße und eine an der rückwärtigen Seite, auf dem Friedhof. An der Friedhofsseite steckte von außen der Schlüssel. Ist das üblich?«

Die Mesnerin sah Morgenstern empört an. »Ich habe das Tor am Abend um acht Uhr höchstpersönlich zugesperrt. Mein Mann kann das bezeugen. Aber es ist ein ganz einfaches Schloss. Das bringt jeder Depp mit einem Stück Draht auf, wenn er will.«

»Und wie erklären Sie sich, dass im Schloss der Schlüssel steckt?« Morgenstern fixierte die Frau.

»Ich weiß es nicht. Da darf niemand rein, hat mir die Firma gesagt. Das muss alles hundertprozentig verschlossen sein, weil doch gerade der Käfer vergast wird.«

»Das haben wir leider persönlich festgestellt.« Morgenstern hustete demonstrativ. »Der Mann, der gerade abtransportiert worden ist, ringt mit dem Tod.«

Die Mesnerin hielt sich entsetzt die Hand vor den Mund. »Ich war's nicht«, sagte sie. »Ich habe den Schlüssel nicht stecken lassen. Ich gehe sowieso immer nur durch die Vordertür.«

»Wer hat noch einen Schlüssel für diese rückwärtige Tür?«, fragte Morgenstern. »Viele wird es da wohl nicht geben?«

»Es gibt nur einen einzigen anderen. Und den hat diese Schädlingsbekämpfungsfirma. Die Firma Romanowski. Ich selber finde das alles viel zu gefährlich mit dem giftigen Gas. Aber die Oberen haben das so entschieden.« Sie zeigte mit dem Finger gen Himmel, um Morgenstern zu demonstrieren, welch mächtige Gremien sich da in die Renovierung ihrer geliebten Friedhofskapelle einmischten, sei es eine Kirchenverwaltung, sei es der Stadtrat, sei es gar das Bauamt des Bistums Eichstätt.

»Firma Romanowski«, murmelte Morgenstern und hatte die Abbildung des Hausbocks vor Augen, die das Werbeplakat des Unternehmens so passend schmückte.

»Ja, die sind, glaube ich, aus Fürth. Aber sie haben einen Mann hier aus der Gegend, der immer wieder kontrolliert, ob alles seine Richtigkeit hat. Einen Fachmann.«

»Und der hat den Schlüssel für die Kapelle?«

»Freilich. Und den fürs Friedhofstor auch.«

Morgenstern gab der Frau die Hand. »Frau Bauer, Sie haben mir sehr geholfen. Das kriegen wir über die Firma sofort raus, wer das ist. Das gibt Ärger. Richtig großen Ärger.«

Die Mesnerin nickte in freudiger Erwartung der weltlichen Strafen, die über die Firma Romanowski niedergehen würden.

Als Morgenstern zum wartenden Streifenwagen ging und einstieg, kam sie in ihren Filzpantoffeln mit eiligen Trippelschritten hinterher. »Herr Kommissar! Herr Kommissar!«

Morgenstern ließ die Scheibe herunter. »Was gibt's denn noch?«

Die alte Frau beugte sich weit ins Fenster, damit die Umstehenden sie nicht hören konnten. Morgenstern eröffnete sich dadurch ein atemberaubender Blick auf ihr faltiges Dekolleté.

»Dieser Fachmann. Er kommt immer mit einem Motorrad mit einem schwarzen Koffer hintendrauf. Mit so einer großen, lauten Maschine, dass man sich fast die Ohren zuhalten muss.« Sie beugte sich noch weiter ins Auto. Morgenstern stieg ein sonderbarer milchig-schweißiger Dunst in die Nase.

»Er hat ein Weißenburger Nummernschild«, sagte Katharina Bauer noch, bevor sie sich wieder aus dem Wagen schraubte.

»Wir brauchen sofort diesen Andreas Bachmeier aus Raitenbuch«, sagte Morgenstern und schaute auf die Uhr. »Mit dem habe ich erst vor eineinhalb Stunden telefoniert. Da war er daheim und klang ziemlich bekifft.«

Morgenstern hatte das Gefühl, dass ihm die Sache gerade ein wenig über den Kopf wuchs. Ihm war schwindlig. Er brauchte einen kleinen Moment der Regeneration. Also entschied er: »Wir fahren jetzt als Erstes zur Inspektion. Ich warte auf meinen Kollegen.«

Der Eichstätter Inspektionsleiter Manfred Huber wartete bereits auf Morgenstern.

»Ich wollte gerade zum Friedhof kommen«, sagte er. »Aber jetzt bist du ja schon hier. Kaffee?«

»Gerne. Und ein Aspirin.« Morgenstern fragte sich, wie er diese Nacht überstehen sollte. Er hatte zu viel getrunken, eine hoffentlich nur leichte Gasvergiftung, in der Klinik lag ein Mann mit blau angelaufener Zunge, und da draußen lief die Fahndung nach einer Hamburger Hausbesetzerin. Hatte sie, mit Hilfe von Andi Bachmeier, Denkmalpfleger Pfunder in eine diabolische Falle gelockt? Aber warum?

Gierig schlürfte Morgenstern seinen Kaffee.

»Du musst dich untersuchen lassen«, sagte Inspektionsleiter Huber, nachdem ihm Morgenstern in groben Zügen die Lage geschildert hatte. »Die Lunge, die ist ein ganz heikles Organ.«

»Alles halb so wild«, hielt Morgenstern mannhaft dagegen und streckte seine Beine lässig auf einem Schreibtisch aus, auf dem er schon Pfunders Jacke achtlos abgelegt hatte. Der Janker im Trachtenstil fiel zu Boden, und als Morgenstern sich hinabbeugte, um ihn aufzuheben, blieb ein längliches weißes Kuvert auf dem Linoleum liegen.

Er nahm den Umschlag, drehte ihn um. Ein Brief: ohne Absender, die Anschrift – Pfunders Privatanschrift in München – mit Schreibmaschine getippt, eine abgestempelte Standard-Briefmarke. Das Kuvert war offen. Morgenstern zögerte kurz, dann nahm er das Schreiben heraus. Wieder fehlte ein Absender. Und es gab keine Unterschrift. Nur einige wenige, mit Schreibmaschine getippte Zeilen. Morgenstern überflog den Text. Draußen fuhr ein Auto vor. Peter Hecht war gekommen.

Morgenstern sprang auf und lief zur Tür, den Brief in der Hand.

»Das ist es!«, rief er ihm zu und schwenkte das weiße Blatt Papier.

»Wie bitte?«, fragte Hecht, der gerade den Wagen absperrte. »Jetzt lass mich halt erst mal reinkommen.«

Doch Morgenstern war nicht zu bremsen. »Ein Brief. Adressiert an ›Denkmalpfleger Lothar Pfunder‹.«

Hecht warf einen Blick auf das Schreiben. »Da schau an! Die Schreibmaschine erkenne ich auf einen Blick. Das ist das alte mechanische Ding von Richter Ledermann.« Er nahm das Blatt und fuhr mit den Fingern über die Oberfläche. »Der muss auf die Tasten gehauen haben wie ein Stier, damit das alte Farbband noch ein bisschen Saft abgegeben hat. Den Punkt am Satzende hat es jedes Mal voll durchs Papier gedrückt.«

Gemeinsam standen sie unter der Lampe am Eingang der Inspektion und lasen das Schreiben Wort für Wort durch.

»Herr Pfunder! Nachdem Sie bereits zum zweiten Mal in Folge unsere Abmachung gebrochen haben, müssen Sie mit Konsequenzen rechnen, Ich werde, wenn es mir richtig scheint, die Öffentlichkeit darüber in Kenntnis setzen, wie schamlos Sie sich durch Nötigung und Bestechlichkeit bereichert haben und es vielleicht immer noch tun. Mit Ihnen wurde der Bock zum Gärtner gemacht.«

»Starker Tobak«, sagte Hecht.

»Nötigung und Bestechlichkeit«, las Morgenstern noch einmal. Und ihm fiel ein, dass in der Brusttasche seiner Jeansjacke zehn Fünfzig-Euro-Scheine steckten, vorbereitet für Lothar Pfunder, den Gebietsrepräsentanten des Landesamts für Denkmalpflege und angeblichen Betreiber eines privaten Gutachterbüros. Nicht auszudenken, wenn Kriminaloberkommissar Mike Morgenstern einen korrupten Beamten geschmiert hätte. Die Sache mit dem privaten Gutachterbüro hätte ihm kein Disziplinarausschuss der Welt abgenommen. Und da hätte es auch nichts genutzt, wenn er alles auf Fiona und ihre Naivität geschoben hätte. Der Schweiß perlte ihm auf der Stirn.

»Ist dir nicht gut?«, fragte Hecht, dem das nicht entging.

»Doch, doch. Ich bin nur so froh, dass ich heil aus dieser Sache rausgekommen bin.«

Hecht dachte offenbar, dass Morgenstern den Vorfall in der Kapelle meinte, und schlug ihm freundschaftlich auf die Schulter: »Unkraut verdirbt nicht.«

Zusammen gingen sie ins Inspektionsgebäude. Morgenstern grübelte immer noch. Wie konnte Pfunder so waghalsig gewesen sein, ausgerechnet einem Kriminalbeamten ein unmoralisches Angebot zu unterbreiten? Die Antwort fand er rasch. Pfunder hatte nur mit der ihm unbekannten, völlig euphorischen Fiona gesprochen. Ein leichtes Opfer. Schnell verdientes Geld.

Aber das Risiko musste dennoch hoch gewesen sein bei solchen Aktionen. Was, wenn er an den Falschen geraten wäre?

Noch einmal las er das lakonisch knappe Schreiben aus der Schwarzmühle durch. »›Unsere Abmachung …‹«, murmelte er. »Das war wohl eher eine handfeste Erpressung. Tausend Euro monatlich als Schweigegeld«, sagte er laut. »Als Dank dafür, dass der Richter den korrupten Denkmalpfleger nicht anzeigt. Seit fünf Jahren. Und nun ist der monatliche Brief zweimal ausgeblieben. Und der Richter sieht seine pädagogischen Bemühungen gescheitert. Er kann nicht ahnen, dass der Postbote das Geld einkassiert hat. So etwas ist in der Welt von Richter Ledermann nicht vorgesehen.«

Manfred Huber und die anderen Beamten der Inspektion hatten Morgensterns Ausführungen gespannt verfolgt.

Hecht spann den Faden weiter: »Und dann kündigt der Richter schriftlich an, dass er eines Tages an die Öffentlichkeit geht. Und Lothar Pfunder musste davon ausgehen, dass das bei diesem Tag der offenen Tür geschehen würde. Dabei wäre es da nur um die Vorstellung der Vereinspläne gegangen. Aber das konnte Pfunder nicht ahnen. Er wusste nur, dass die Presse eingeladen war, und hat das auf sich bezogen.«

Morgenstern übernahm: »Unmittelbar vor diesem Termin fliegt die Mühle in die Luft, und Rupert Ledermann stirbt. Zusammen mit seinem Geheimnis.«

Alle schwiegen und hingen ihren Gedanken nach.

Hecht nahm den Brief und steckte ihn ins Kuvert, das auf dem Schreibtisch lag. »Wo hast du den eigentlich her?«, fragte er.

Morgenstern zeigte auf den Trachtenjanker. »Da war er drin. In der Innentasche. Pfunder hat ihn wohl die ganze Zeit mit sich rumgetragen.«

Hecht nahm die Jacke und wühlte in den Taschen. »Was haben wir denn noch?«, sagte er und zog mehrere Plastikkarten heraus. »Ausweise für diverse bayerische Spielbanken. Bad Wiessee, Bad Füssing. Die üblichen Verdächtigen.«

Manfred Huber schüttelte ungläubig den Kopf. »Ein Zocker.«

»Wir müssen die Trümmer der Propangasflaschen aus der Mühle mit Pfunders Fingerabdrücken abgleichen«, ordnete Morgenstern an. »Und wir müssen Pfunder in der Klinik bewachen lassen. Falls er sich überraschend erholt, besteht Fluchtgefahr. Wir müssen auch seinen Wagen untersuchen.«

Huber nickte. »Und hoffentlich finden wir rasch diese Raphaela Ledermann.«

»Die kommt nicht weit«, sagte Morgenstern. »Selbst wenn sie bis nach Hamburg fährt, kriegen wir sie. Wir gehen in die Offensive. Wir lassen über Radio durchgeben, dass wir nach ihr fahnden. Wenn sie vernünftig ist, ruft sie ihren Bruder an, diesen Rechtsanwalt, und der rät ihr, dass sie sich stellen soll. Glaub mir, morgen haben wir sie.«

»Dein Wort in Gottes Ohr«, sagte Hecht.

Draußen fuhr ein weiterer Wagen auf den Parkplatz der Inspektion.

Es war Andi Bachmeier, der Käferforscher aus Raitenbuch.

Huber hatte ihn aus dem Bett geklingelt und als Zeugen nach Eichstätt einbestellt. In löchriger Jeans, einem roten Kapuzensweatshirt und Turnschuhen kam er zur Tür herein.

»So sieht man sich wieder«, sagte er, als er Morgenstern und Hecht sah. »Schaut so aus, als ob ich heute meinen Polizeitag hätte. Erst ruft mich der Kommissar Morgenstern daheim an, dann die Eichstätter Polizei, und voilà, schon hocke ich hier in der Inspektion.« Er sah Morgenstern an. »Haben Sie die Raphaela schon gesprochen? Was gibt es denn so Wichtiges?«

Es war offenkundig, dass Bachmeier ahnungslos war – oder ein verflucht guter Schauspieler.

»Es geht uns erst einmal um Sie«, sagte Morgenstern. »Wir haben erfahren, dass Sie für eine Firma Romanowski aus Fürth tätig sind. Die Firma Romanowski bekämpft Holzschädlinge.«

»Stimmt«, sagte Bachmeier. »Von irgendetwas muss ich schließlich leben. Und das passt genau in mein Spezialgebiet als Biologe. Ich arbeite auf Stundenbasis für die Firma. Alles ganz offiziell und auf Lohnsteuerkarte.«

»Und Sie führen für dieses Unternehmen auch gefährliche Aufträge durch?«, fragte Morgenstern. »Mit Gas?«

»Ganz selten«, sagte Bachmeier und wurde nun spürbar unruhig. »Meistens versucht man, der Biester mit Heißluft Herr zu werden. Oder man injiziert das Bekämpfungsmittel direkt in befallene Balken. Erst wenn das nicht klappt, nimmt man Gas. Ich habe eigens eine Schulung mitgemacht. Sie können mein Zertifikat sehen. Ich habe es zu Hause liegen.«

»Es gibt hier in Eichstätt, in der Westenstraße, eine Kapelle, die begast wird. Die alte Friedhofskapelle«, sagte Morgenstern langsam. »Sind Sie dafür verantwortlich?«

»Natürlich nicht«, antwortete Bachmeier. »Die Verantwortung liegt bei Herrn Romanowski. Der hat alles ausgerechnet, die Menge, die man braucht, die Dauer. Das legt alles er fest. Ich kümmere mich nur um die Details.«

»Zum Beispiel dass niemand in die Kapelle geht?«, fragte Morgenstern, und bei der Erinnerung daran stieg leichter Schwindel in ihm hoch.

»Ich habe alles sorgfältig gesichert«, sagte Bachmeier. »Und die Schlüssel fürs Friedhofstor und für die Kapelle habe ich immer dabei.« Er sah besorgt in die Runde. »Jetzt sagen Sie schon, was da passiert ist! Hat es einen Unfall gegeben?«

»Sie haben die Schlüssel immer dabei?«, hakte Morgenstern nach. »Wo sind sie jetzt?«

»Okay, ich hab sie fast immer dabei. Sie sind im Motorradkoffer. Aber jetzt bin ich mit dem Auto da. Mit meiner Maschine ist heute die Raphaela losgefahren. Ich habe sie ihr geliehen. Ihr alter Golf ist nicht angesprungen.«

Die Worte klangen eine Weile nach. Alle schwiegen. Ganz offenbar dämmerte Bachmeier allmählich, dass in der Kapelle etwas Schreckliches geschehen sein musste und dass Raphaela damit zu tun hatte. Er wurde blasser.

Hecht setzte nach: »Wusste Frau Ledermann von Ihrer Baustelle in Eichstätt?«

Bachmeier nickte. »Das wissen alle in der WG. Das ist kein Geheimnis. Die Ergebnisse fließen auch in meine Doktorarbeit ein.«

»Und wusste sie von den Schlüsseln?«

Wieder nickte Bachmeier.

»Was ist passiert?«, fragte er nun fast bettelnd. »Sagen Sie es mir einfach. Hat sich Raphaela etwas angetan? In meiner Kapelle?«

Morgenstern war sich nun definitiv sicher, dass Bachmeier nicht in die Pläne der jungen Frau eingeweiht worden war. »Nein. Sich selbst hat sie nichts angetan. Wenn man davon absieht, dass sie ihre Zukunft zerstört hat. Sie hat einen Mann in die Kapelle gelockt und dort eingeschlossen. Wir wissen noch nicht, ob er überlebt.«

Morgenstern ordnete an, dass Bachmeier die Nacht in der Arrestzelle der Polizei verbringen sollte, und ließ sich anschließend nach Hause fahren. Fiona schlief friedlich. Sein Fehlen hatte sie gar nicht bemerkt. Er weckte sie.

»Herzlichen Glückwunsch! Du hast gerade fünfhundert Euro gewonnen!«

»Wie bitte?«, fragte Fiona schlaftrunken.

»Erzähle ich dir morgen. Dein Denkmalschutztermin mit Herrn Pfunder ist abgesagt.«

ZWÖLF

Am nächsten Vormittag fehlte von Raphaela Ledermann immer noch jede Spur. Morgenstern und Hecht hatten ihr »Lager« in der Polizeiinspektion Eichstätt aufgeschlagen, um direkt vor Ort zu sein. Manfred Huber hatte ihnen dort den Besprechungsraum zugewiesen. Die Fahndung nach dem Motorrad hatte bisher keine Hinweise gebracht. Aurelius Ledermann, Bruder und Anwalt, bei dem Morgenstern gegen zehn Uhr anrief, hatte ebenfalls nichts von ihr gehört.

»Wir können nur warten«, sagte Morgenstern zu Hecht.

»Hast du die Handynummer schon überprüft? Vielleicht können wir sie orten lassen?«, schlug Hecht vor.

»Schon geschehen. Das Handy ist in Raitenbuch. Sie hat es liegen lassen. Ein Typ von der WG ging ran.«

In der Inspektion ging der Dienstalltag derweil seinen geregelten, gemächlichen Gang. Ein Streifenfahrzeug patrouillierte altmühlabwärts durch die Dörfer bis nach Kipfenberg, wo die Zuständigkeit der Eichstätter Polizei an die Beilngrieser Inspektion überging. Manfred Huber saß am Bildschirm und tippte den Pressebericht des vergangenen Tages, in dem es um ein gestohlenes unversperrtes Fahrrad ging sowie um eine Unfallflucht, bei der ein Autospiegel zu Bruch gegangen war. Keine Rede war vom nächtlichen Drama am Pestfriedhof – für diesen Fall war das Polizeipräsidium zuständig. Kriminaldirektor Adam Schneidt wollte aber wegen des laufenden Verfahrens zunächst noch keine detaillierten Informationen herausgeben.

Ein Telefon läutete am Einsatzpult. Kein Notruf, sondern die allgemeine Nummer der Eichstätter Polizei. Morgenstern und Hecht lauschten durch die geöffneten Türen.

»Schon wieder das Seifensiederhäusl!«, hörten sie einen Beamten sagen. »Das gibt's doch nicht.« – »Ja, das letzte Mal waren es diese beiden Kinder, aber die sind jetzt bestimmt in der Schule.« – »Ja, wir schicken jemanden vorbei. Wiederhören.«

Morgenstern trat auf den Flur. »Welche beiden Kinder?«, fragte er und ahnte die Antwort.

Der Beamte grinste ihn an. »Deine natürlich. Das weiß inzwischen die ganze Inspektion. Stell dir vor: Es treibt sich schon wieder wer in dieser Bruchbude an der Rebdorfer Straße rum. Eine Anwohnerin hat angerufen, dass sie Geräusche gehört hat. Die haben da anscheinend eine gut funktionierende Neighbourhood-Watch aufgebaut.«

»Hä?«, fragte Hecht.

»Ein Nachbarschaftskontrollnetz. *Big Brother is watching you.*«

Hecht und Morgenstern sahen sich an.

»Wir kommen mit«, entschied Morgenstern. »Ich habe da so ein Gefühl.«

Mit einem Streifenwagen fuhren sie zur Rebdorfer Straße, stellten den Wagen ein kleines Stück von dem alten Haus entfernt ab und gingen den Rest zu Fuß. Still stand das Haus im Sonnenlicht, mit traurig in den Angeln hängenden Fensterläden und abgewittertem Verputz. »Vorsicht – Denkmal!« war mit roter Farbe auf die Fassade gesprüht.

Sie umrundeten das kleine Gebäude, das nur durch schmale Durchgänge von den Nachbarhäusern getrennt war. Hinten befand sich ein Garten, der in Terrassen den Hang hinaufreichte. War der Garten auch klein, so bot er immer noch Platz für einen windschiefen Holzschuppen, luftig aus Holzlatten konstruiert. Leise ging Morgenstern auf den Schuppen zu und öffnete die angelehnte Tür. Das Sonnenlicht fiel auf ein Geländemotorrad. Eine weiße Suzuki 650 mit blauem Sitz.

Die Hintertür des Hauses war abgesperrt, wahrscheinlich von innen durch einen Türriegel. Doch zwei Fenster waren eingeschlagen und dadurch leicht zu öffnen. Morgenstern wusste, wem er das zu verdanken hatte: den Steinschleudern seiner Kinder. Vorsichtig machte er eines der Fenster auf, gab Hecht ein Zeichen, sich an die Außenmauer zu lehnen und die Finger zur Räuberleiter zu verschränken, dann kletterten er sowie einer der beiden Landpolizisten ins Haus.

Als er vom Fensterbrett ins Zimmer sprang, machte Morgenstern mit seinen Stiefeln allerdings einen solchen Lärm, dass es durchs ganze Haus hallte, und so stürmten die beiden Beamten nach kurzem Blickwechsel nach GSG-9-Art in den Flur, schoben den Riegel der Haustür auf, ließen die anderen herein und rannten dann die steile hölzerne Treppe in den ersten Stock.

Raphaela Ledermann saß in einem abgedunkelten Zimmer auf einem eisernen Bettgestell mit einer alten, durchgelegenen Matratze und sah Morgenstern resigniert an. »So früh hab ich dich nicht erwartet, Bulle. Gibt's bei euch Kaffee?«

»So viel Sie wollen«, sagte Morgenstern.

»Dann komm ich mit.«

Bis zum Mittag hatte Raphaela Ledermann, assistiert von ihrem Bruder Aurelius, ein Geständnis abgelegt.

Vor fünf Jahren habe Denkmalpfleger Lothar Pfunder versucht, ihren Vater bei der Sanierung der Schwarzmühle unter Druck zu setzen. »Mit Zuckerbrot und Peitsche«, sagte sie. Pfunder habe unter vier Augen angeboten, hohe Zuschüsse möglich zu machen, allerdings nur bei einer gewissen finanziellen Beteiligung des Bauherrn. Andernfalls könne es leider geschehen, dass man im fernen München Herrn Ledermanns Begeisterung für die Schwarzmühle im Anlautertal nicht im erhofften Umfang teilen könne.

»Mein Vater hat eine Weile gebraucht, bis ihm klar war, was Pfunder wollte«, sagte Raphaela. »An dem Tag war ich als Einzige zu Hause. Und in seiner Verwirrung und Empörung hat er ausgerechnet mir von diesem Erpressungsversuch erzählt. Er wollte Pfunder auf der Stelle anzeigen. Aber ich hatte eine bessere Idee.«

»Sie haben ihm geraten, den Spieß umzudrehen«, sagte Morgenstern. »Aber wie war das möglich? Sie haben doch gesagt, dass es bei dem Gespräch keine Zeugen gab.«

Raphaela Ledermann tippte auf das Aufnahmegerät, das vor ihr lag. »Mein Vater war ein Perfektionist. Er hat von solchen Gesprächen immer Protokolle angefertigt. Und deswegen hatte er bei geschäftlichen Terminen immer ein kleines Diktiergerät dabei. Ganz unauffällig in der Brusttasche seines Anzugs. Er hat sich nichts dabei gedacht. Für ihn war das nur eine Erinnerungsstütze.«

»Ist aber verboten«, sagte Morgenstern.

»Na und? Jedenfalls hatten wir einen Beweis für diesen Erpressungsversuch. Und als mein Vater Pfunder damit am nächsten Tag konfrontiert hat, bekam er Panik. Er kam zu uns zur Mühle, und mein Vater legte fest, dass Pfunder monatlich tausend Euro zahlen sollte, für einen guten Zweck.«

»Für die Deutsche Stiftung Denkmalschutz«, sagte Hecht.

»Genau. Das war als Wiedergutmachung gedacht.«

»Aber Ihr Vater hat die Hälfte davon Ihnen gegeben, zur freien Verfügung. Weil Sie seine Mitwisserin waren«, sagte Morgenstern.

»Weil die Idee von mir war. Ich habe ihm klargemacht, dass ich die Kohle gut brauchen kann.«

»Hatten Sie denn nie Angst, dass Pfunder nicht mehr mitmachen würde?«, fragte Hecht.

»Warum denn? Mein Vater hatte die Kassette, und Pfunder hatte nichts gegen ihn in der Hand. Das lief alles mit Bargeld, in Briefen ohne Absender. Auch meine Idee. Die Sache war hieb- und stichfest.«

»Bis ein krimineller Postbote das Geld zweimal hintereinander geklaut hat. Wussten Sie das?«, fragte Morgenstern.

Raphaela Ledermann wurde blass. »Nein.«

»Die letzten zwei Monate kam kein Geld. Ihr Vater wertete das als Zeichen, dass Pfunder nicht mehr mitmachte. Wir haben bei Lothar Pfunder einen Drohbrief Ihres Vaters gefunden.«

»Und Pfunder hat sich gewehrt wie eine Ratte, die in die Ecke getrieben wird«, sagte Raphaela. »Ich wusste vom ersten Augenblick an, dass er es gewesen sein musste.«

Aurelius, der Anwalt, mischte sich alarmiert ein. »Raphaela, du musst das nicht erzählen«, sagte er warnend.

»Ich sage, was ich will«, zischte sie zurück.

»Warum wussten Sie, dass es Pfunder war?«, bohrte Hecht nach.

»Das war die totale Zerstörung. Er hat erst meinen Vater umgebracht und dann alles in die Luft gejagt. Mit voller Absicht. Alles, was meinem Vater heilig war. Haus und Hof. Und natürlich auch das Tonband.«

»Und Sie haben Ihren Vater gestern Abend gerächt«, sagte Morgenstern.

»Raphaela, sag jetzt bitte nichts mehr. Du bringst dich in Teufels Küche.« Aurelius wirkte ernsthaft besorgt. Aber seine Schwester schien ihn nicht zu hören, nicht hören zu wollen.

Langsam und deutlich sagte sie: »Auge um Auge, Zahn um Zahn.«

Für Morgenstern klang sie nun ganz so, wie er sich den »Richter Gnadenlos« vorstellte.

Ihr Bruder lehnte sich fassungslos in seinem Stuhl zurück, während Raphaela fortfuhr. »Ich habe erfahren, dass Pfunder gestern in Eichstätt übernachten wollte. Also habe ich ihn angerufen und mit ihm ein Treffen vereinbart. Konspirativ, spätabends. Ich machte Andeutungen, dass ich eine Kopie des Bands hätte und sie dabeihaben würde. Zu meiner Überraschung glaubte er mir sofort. Ich weiß nicht, wie, aber er wusste anscheinend schon, dass sich mein Vater das Geld mit mir geteilt hatte.«

Morgenstern und Hecht hätten es ihr sagen können. Sie hatten sich arglos verplappert, als sie Pfunder von den tausend Euro erzählt hatten.

Aurelius Ledermann nahm noch einen Anlauf. »Sie ist nicht bei Sinnen«, sagte er mit Blick auf Morgenstern. »Sie müssen die Vernehmung unterbrechen. Ich muss mit ihr reden.«

»Nein, lass mich«, sagte Raphaela scharf. »Das ist ganz allein meine Sache.« Aurelius hielt mit einem verzweifelten Lachen die Hände hoch.

Raphaela sprach weiter. »Pfunder dachte wohl, dass er mit mir leichtes Spiel hat.« Sie lachte bitter auf. »Er hat mich unterschätzt. Das tun viele. Wussten Sie, dass die DJK Eichstätt berühmt ist für ihre Judo-Abteilung? Da war ich schon als kleines Mädchen.«

»Wir haben die Steinplatte gefunden«, sagte Morgenstern. »Die Legschieferplatte mit dem Blut.«

»Die hat gereicht, um ihn zum Schweigen zu bringen. Den Rest hat das Gas erledigt. Andis Gas gegen den Hausbock. Ein passender Tod, finde ich, für eine Kakerlake.«

Morgenstern stand auf. Er hustete noch einmal und klopfte sich auf die Brust, damit sich der Schleim in seiner Lunge löste.

»Schafft sie mir aus den Augen«, sagte er.

Wenig später ließen sie Lothar Pfunders BMW zur genauen Untersuchung auf das Gelände der Eichstätter Bereitschaftspolizei abschleppen. Der Wagen war auf dem Parkplatz einer Eichstätter Pension geparkt gewesen, den Schlüssel hatten sie in der Jacke des Denkmalpflegers gefunden.

Der Experte der Spurensicherung musste nicht lange suchen: Im Kofferraum des Autos fand sich, sorgfältig zusammengeklappt und in eine Schutzhülle aus olivgrünem Hartplastik gesteckt, ein blutverschmierter Metallspaten, wie ihn die Bundeswehr an ihre Infanteristen ausgibt, ein Bestseller aller Militaria-Läden. Im Handschuhfach lag in einem Sammelsurium aus alten Benzinrechnungen und sonstigen Zetteln der Kaufbeleg eines Münchner Handelsunternehmens für drei Propangasflaschen. Unter dem Fahrersitz fand sich eine Aktenmappe mit verschiedensten Bauunterlagen und Zeitungsausschnitten. Erst bei näherer Untersuchung fiel Hecht und Morgenstern auf, dass Lothar Pfunder die Berichte über Kevin Hofmeiers Brandserie penibel gesammelt hatte. Er hatte gehofft, den Mühlenbrand als dramatischen Höhepunkt dieser Serie und Rupert Ledermanns Tod als tragischen Unfall inszenieren zu können. Stattdessen war es dem tödlich verletzten Ledermann noch gelungen, sich aus dem Haus zu schleppen.

»Dieser Ledermann war ein zäher Mann«, sagte Morgenstern zu Hecht.

Hechts Telefon läutete. Er ging ran, hörte kurz zu und legte nach einem knappen »Danke« wieder auf.

»Zäher als Lothar Pfunder.« Er deutete auf sein Handy. »Die Klinik war dran. Sie konnten ihn nicht mehr retten.«

DREIZEHN

Am nächsten Samstagmorgen hatte Morgenstern in aller Heimlichkeit etwas Wichtiges zu erledigen. Und wie gewünscht hatten weder Fiona noch die Kinder etwas davon mitbekommen. Er müsse sich ein wenig die Beine vertreten, hatte er gesagt, frische Luft tue ihm gut – der lästige Husten war allerdings verflogen. Nur ein leichtes Kratzen im Hals erinnerte Morgenstern noch an das schaurige Erlebnis in der Friedhofskapelle. Für den späten Vormittag, um elf Uhr, hatte Fiona einen Termin mit der Maklerin vereinbart. Sie wollte sich das Haus noch einmal gründlich ansehen, bevor sie den Kaufvertrag beim Notar unterzeichnete. Das sei nur vernünftig, hatte die Maklerin gemeint, aber gleichzeitig zur Eile gedrängt. Ein solches Angebot komme so schnell nicht wieder. Man könne fast von einem Schnäppchen sprechen. »Schnäppchen« war Morgensterns Hasswort Nummer eins.

Nach einem ausgiebigen Frühstück – für Morgenstern gab es zur Feier des Tages Rührei mit Speck – machte sich die Familie zu Fuß auf den Weg zum Jurahaus ihrer Träume. Als sie am Tätowierstudio vorbeikamen, stand eine kleine Traube junger Leute vor der offenen Glastür, rauchend, schwatzend, voller Vorfreude. Der Geruch von scharfem Desinfektionsmittel lag in der Luft, man hörte ein leises Rattern, wie von einer Nähmaschine.

»Stinkt ja eklig«, sagte Marius und hielt sich die Nase zu.

»Völlig bescheuert«, meinte Fiona und schaute missbilligend auf die aufgekratzten Jugendlichen. »Das wird denen bestimmt eines Tages leidtun. Ich möchte gar nicht wissen, an welchen Stellen die sich irgendwelche albernen Bildchen stechen lassen.«

»Lass ihnen doch den Spaß«, sagte Morgenstern. »Manchmal muss man auch mal was Verrücktes tun.«

»Ja, das sagst du immer: Ein Mann muss seinen Weg gehen.«

»So ist es«, sagte Morgenstern.

Die Maklerin wartete bereits vor dem Jurahaus. Die Haustür war weit geöffnet. Morgenstern hatte den Verdacht, dass so der Mief von tausend Jahren noch schnell entweichen sollte, bevor der Rundgang begann.

»Ach, da kommt sie ja schon, die Familie Morgenstern«, flötete sie. »Herzlich willkommen.«

Nacheinander gab sie erst Morgenstern, dann Fiona, Marius und schließlich auch Bastian die Hand. Den Kindern streichelte sie in einer Geste, die sie vermutlich für mütterlich-warmherzig hielt, über den Kopf.

»Also, dann sehen Sie sich ganz ungezwungen um. Das Haus steht Ihnen offen. Lassen Sie sich alle Zeit der Welt.« Sie wies auf die Haustür und ging dann voraus, um auch das Flügeltor zur kleinen Scheune von innen zu öffnen. Bastian und Marius stürmten hinterher, wild entschlossen, das ganze Haus bis zum letzten Balken unter die Lupe zu nehmen.

»Aber schießt keine Fenster ein!«, rief Morgenstern ihnen nach.

Wenige Augenblicke später waren sie zurück und erstatteten Meldung.

»Dahinten, an der Rückseite, ist ein Fenster kaputt, aber das waren wir nicht. Ehrlich. Das war schon so. Aber neulich war es noch heil.«

»Aha«, sagte Morgenstern. »Ich glaub's euch.«

Die Jungen zogen wieder ab. Morgenstern lächelte still und ging dann ebenfalls ins Haus. Der breite Flur mit seinem hellgelben Steinboden aus Solnhofer Platten strahlte im hellen Tageslicht, die Holztüren zu den Zimmern im Erdgeschoss standen offen. Staubkörner tanzten im Sommersonnenschein. Im ersten Stock war Fionas Stimme zu hören. Sie sprach mit der Maklerin. Es klang begeistert.

Morgenstern ging die Treppe nach oben. Die Dielen knarzten unter seinen Füßen.

»Mensch, Mike, das ist noch schöner, als ich es in Erinnerung hatte«, rief ihm Fiona entgegen und fotografierte mit ihrer kleinen blauen Kamera Türangeln und Holzfußböden, Kastenschlösser und Steinfliesen.

»Das Entscheidende ist immer das Dach«, sagte Morgenstern fachmännisch, und seine Stimme hatte einen warnenden Unterton.

»Ach, das ist alles gar nicht schlimm«, meinte Fiona. »Ich habe mir beim ersten Mal alles ganz genau angeschaut. Es gibt zwar allerhand zu machen, aber das ist alles im Rahmen.«

»Na dann«, sagte Morgenstern und ließ Fiona und der Maklerin den Vortritt zum Speicher.

Auch hier tanzte der Staub fröhlich in den schmalen Sonnenstrahlen, die durch zwei kleine rechteckige Fensterluken im Giebel kamen. Kühl war es unter der mächtigen Last des steinernen Daches. Die Kalkplatten waren von unten gut zu erkennen. Dunkelbraun glänzten die gewaltigen Eichenbalken, die seit Jahrhunderten das Gewicht der Legschieferschichten tragen mussten.

Der Dachboden war sorgfältig aufgeräumt worden, die Tierschützer hatten ganze Arbeit geleistet und die breiten Dielenbretter auch noch abgekehrt. Eine alte Pralinenschachtel, die in einer Ecke lag, schienen sie dabei vergessen zu haben.

»Gibt's kein Licht?«, fragte Morgenstern. »Mir ist es hier zu dämmrig.«

»Doch, natürlich haben wir Licht«, sagte die Maklerin mit liebreizender Stimme und ging zu einem der Tragbalken, an dem ein altertümlicher schwarzer Bakelitschalter angebracht war. Ein Lichtschalter zum Drehen, der beim Anmachen ein sattes, mechanisches Klacken von sich gab. Fiona war fasziniert und machte sofort ein Foto davon.

»Der ist mir schon neulich aufgefallen«, schwärmte sie. »Das bekommt man sonst nur noch bei Manufactum. Es gibt sie noch, die guten Dinge.«

Der Schalter brachte allerdings nicht, wie zu vermuten war, eine rustikale, mundgeblasene Lampe aus den 1920er Jahren zum Leuchten, sondern ließ mit einer kleinen Verzögerung und leichtem Surren zwei große Neonlampen anspringen. Unbarmherzig tauchte ihr Strahlen den Speicher in kaltes, technisches Licht.

»Jesus sprach, es werde Licht, doch Petrus fand den Schalter nicht«, sagte Morgenstern im Versuch, witzig zu sein.

Fiona ging mit der kleinen Kamera über den Dielenboden bis in die hintersten Ecken, sorgenvoll beobachtet von der Maklerin. Morgenstern blieb mitten im Speicher stehen, an einen der hölzernen Stützpfeiler gelehnt, die Arme vor der Brust verschränkt.

»Sieht alles gut aus«, sagte Fiona. »Hab ich doch gleich gesagt.«

Auf der Treppe gab es Radau.

Marius und Bastian trampelten zum Speicher hoch. »Ist hier was Spannendes?«, fragte Marius, als sein Kopf an der Bodenkante erschien.

Bastian drängte nach und blieb abrupt neben seinem Bruder auf der Treppe stehen. »Ii!«, sagte er. »Da sind ja überall so komische Käfer!«

»Lass sehen!«, sagte Marius und beugte sich zu den breiten Fichtendielen. »Bäh. Die haben vorn ganz seltsame Fühler. Aber die sind alle tot.«

Fiona kam näher. »Geht mal weg da!«, befahl sie und ging in die Hocke. Dann nahm sie den Fotoapparat und machte mehrere Aufnahmen von den Insekten.

»Nun komm schon, Mike«, sagte sie zu Morgenstern, der immer noch wie unbeteiligt am Balken lehnte. »Schau dir das mal an.«

Morgenstern stellte sich neben sie und bückte sich mit sorgenvoller Miene.

»Hm«, sagte er. »Hm.«

Die Maklerin eilte ebenfalls herbei. »Was ist denn das?«, fragte sie.

Morgenstern stand langsam auf. »Oh, mein Kreuz«, stöhnte er theatralisch und hielt sich die Wirbelsäule.

»Nun sag schon«, drängte Fiona.

Morgenstern blickte nachdenklich zum Dachgebälk, und Fiona folgte seinen Blicken.

»Hausbock«, sagte Morgenstern. »Da gibt es gar keinen Zweifel. Fiona, mach ruhig noch ein paar Bilder davon. Aber ich bin mir ganz sicher. Du weißt ja, die Kapelle …«

Fiona nickte. »Und was heißt das für uns?«

Morgenstern wog seine Worte sorgfältig. »Wenn das so viele sind, braucht das Haus vermutlich einen komplett neuen Dachstuhl. Und vielleicht stecken die Viecher auch schon in den Zwischendecken. Das ist ja alles aus Holz.«

Er nahm Fiona in den Arm. »Das tut mir jetzt wirklich leid«, sagte er. »Aber es ist ein Glück, dass wir es noch rechtzeitig entdeckt haben.«

Die Maklerin stand neben den beiden wie ein Häuflein Elend. »Heißt dass, dass Sie sich die ganze Sache noch einmal überlegen?«, fragte sie gequält. »Bloß wegen dieser paar Käfer?«

»Ein paar Käfer?«, fragte Fiona empört. »Schauen Sie sich doch um, die liegen hier überall. Ich kann nur hoffen, dass Sie nichts davon gewusst haben.«

»Aber nie im Leben«, sagte die Maklerin erschrocken. »Das kommt für mich so überraschend wie für Sie.«

Gemeinsam gingen sie die Treppe hinab. Jetzt sah auch Fiona, ob eingebildet oder nicht, an jeder Mauer im Erdgeschoss aufsteigende Feuchtigkeit und gelblichen Salpeter, entdeckte morsche Bodenbretter und zerbrochene Steinplatten.

Arm in Arm stand sie schließlich mit Morgenstern im breiten Flur im Erdgeschoss. »Das war's dann wohl«, sagte sie traurig. »Danke für deine Skepsis.«

»Gern geschehen.« Er drehte sich nach den Kindern um. »Kommt, wir gehen.«

Als sie aus einiger Entfernung noch einmal einen Blick zurück auf das Jurahaus warfen, fragte Fiona plötzlich: »Wo warst du eigentlich heute früh? Du warst eine ganze Weile weg.«

Morgenstern grinste. Ganz langsam zog er seine Jeansjacke aus und legte sie vor sich auf den Boden. Darunter trug er ein viel zu enges, zerschlissenes weißes T-Shirt mit dem Aufdruck »Born to be wild«. Er wandte Fiona seine rechte Seite zu und schob dann bedächtig den Ärmel bis zur Schulter hoch.

»Ich glaub es einfach nicht«, stöhnte Fiona. »Du hast ein Tattoo!«

Morgenstern lachte. »Das habe ich mir ganz sorgfältig ausgewählt. Das hat garantiert noch keiner.«

»Kein Wunder«, sagte Fiona.

Morgensterns nagelneue Tätowierung zeigte ein blaues Quadrat, ein blaues Dreieck und zwei weiße Dreiecke. Gemeinsam ergaben sie ein auf dem Kopf stehendes stilisiertes Haus mit Giebeldach.

»Das ist das Symbol für ein besonders schützenswertes Kulturgut, das im Kriegsfall geschont werden soll«, erklärte er, »gemäß der Haager Konvention.«

Fiona verdrehte die Augen.

»Ich finde, das passt ganz hervorragend zu mir. Und es passt zu Eichstätt: Dieses Symbol findest du in unserer Stadt an jeder Ecke.«

Fiona tippte Morgenstern an die Stirn. Dann malte sie die Tätowierung auf der geröteten Haut mit dem Finger nach: »Das – ist – das – Haus – vom – Ni-ko-laus.«

Richard Auer
VOGELWILD
Broschur, 256 Seiten
ISBN 978-3-89705-651-0

»Richard Auer mischt nicht nur Bayern mit James Bond – die Handlung beruht auf Tatsachen: Ende der 1990er Jahre ist im Altmühltal tatsächlich ein Archäopteryx unter dubiosen Umständen verschwunden.« Bayerischer Rundfunk

»Eine spannende, witzige, kluge und fröhlich erzählte Geschichte.« Augsburger Allgemeine Zeitung

Richard Auer
WALBURGISÖL
Broschur, 224 Seiten
ISBN 978-3-89705-763-0

»Es ist wieder eine spannende, eine geheimnisvolle und sehr lesenswerte Geschichte, die Auer erzählt. Und es ist eine Geschichte, die auf Tatsachen beruht.« Augsburger Allgemeine

»Morgensterns zweiter Fall ist ein echtes Lesevergnügen für jeden Krimifan und kann es locker mit einer guten Tatort-Folge aufnehmen.« Weißenburger Tagblatt

Richard Auer
TEUFELSMAUER
Broschur, 256 Seiten
ISBN 978-3-95451-133-4